価値と恐慌

価値と恐慌
VALUE AND CRISIS

伊藤　誠　MAKOTO ITOH

伊藤 誠・江原 慶 訳

岩波書店

VALUE AND CRISIS:
Essays on Marxian Economics in Japan, Second Edition

by Makoto Itoh

This Japanese edition published 2024,
by Iwanami Shoten, Publishers, Tokyo
by arrangement with Makoto Itoh
through The English Agency (Japan) Ltd., Tokyo.

はじめに

新自由主義のもとで、社会的規制から解き放たれた資本主義市場経済に内在的な矛盾が現代的に露呈され、働く多くの人びとや自然を荒廃させる多重危機が深い。多くの人びとの経済生活に大きな不安と困難を与える金融恐慌が反復され、非正規の不安定雇用が激増し、経済格差が広がり、ワーキングプアのような新たな貧困問題が拡大している。加えて地球温暖化、それにともなう台風や集中豪雨の被害、大震災と巨大津波、パンデミックのようないわゆる自然災害もおり重なり、さらにウクライナ戦争にともなうインフレの負担もあわせ、多くの働く人びとと社会的弱者にきびしい打撃を加え続けている。

これに対処し新自由主義を転換する新しい資本主義への構想が広く求められている。それとともに、資本主義そのものも問いなおされているのではないか。現代世界に広がる多重危機の淵源はどこにあるのか。それを体系的にあきらかにし、危機の時代をのりこえてゆくためにも、資本主義の歴史的特性とその限界に理論的考察をすすめたマルクスの『資本論』の経済学とその現代的適用可能性に、世界的にも日本でもあらためて期待と関心が大きくむけられつつある。

本書は、世界と日本における資本主義の発展の原理と現状を社会科学の基礎として解明するマルクス経済学の価値と恐慌の研究を、興味ある一連の論争点をめぐり、こうした現代的な世界的関心を念頭に、展開する試みをすすめている。広く『資本論』にもとづく経済学に関心をよせる学生、若手研究者、一般読者にも手にとっていただけるよう期待している。

もともと本書の底本 *Value and Crisis: Essays on Marxian Economics in Japan* (2nd edition, 2021) の初版は一九八〇

年に出版されている。当時は、一九六八年革命といわれるベトナム反戦闘争などを重要な契機とする、学生・市民の反体制運動の高揚のなかから、欧米諸国にマルクス・ルネッサンスが経済学の分野にも拡大しつつあった。その機運のなかで、日本に戦前から戦後にかけて蓄積されてきたマルクス経済学の学問的研究の争点や成果があまり伝えられていないまま、広く興味をもたれる状況にあった。

実際、『資本論』の経済学の基礎をなす労働価値説が、価値の生産価格への転化論の正否を問ういわゆる転形問題をめぐり、非マルクス学派からの諸批判に応え、その内容を学問的に確証できるかが世界的にあらためて広く争われていた。その労働価値説を基礎として、資本主義の自己矛盾の発現をなす恐慌の原理的必然性はいかに解明されるか。さらに現代資本主義の危機の解明にそれがいかに役立てられるかにも学問的関心が集められつつあった。日本における『資本論』研究とそれにもとづくマルクス経済学の発展がこうした争点にどのように貢献できるか。欧米諸国ではこうした潜在的可能性に期待と関心がよせられていた。

一九七四年に在外研究の機会をあたえられて、それを実感しつつ欧米マルクス学派と交流を深め、英語で執筆した論文を集めて本書の底本の初版が構成された。英語版からフランス語、オランダ語、中国語、韓国語にも翻訳出版され、とくにフランス語版はクロード・メイヤース、韓国語版は金秀行といった一流の研究者が翻訳の労をとってくださり、それも内心誇らしく感じている。

再版拡大版は、ポール・スウィージーの後継者としてマンスリーレヴュー社編集も担当しているジョン・ベラミー・フォスター教授のおすすめと助言をえて、初版から四〇年を経て四つの章(第二、第五、第九、第一〇章)を補いアップデートしている。初版と同じく広く世界の志を同じくする仲間にも、日本のマルクス経済学の研究から重要な現代的争点への理論的、現実的示唆を伝えたいという意図で補完作業をすすめた。

それを機に、日本語版もあってよいかと思うようになった。欧米のマルクス学派と協力しつつ、『資本論』にもとづくマルクス経済学の社会科学としての優れた特徴を重要な論争点をめぐりともに検討しつつ、歴史の未来への展望を大切に広く探ってゆこうとする本書の試みは、日本の若い世代の研究者、学生、一般読者にも、日本におけるマルクス経済学の発展の経緯やそれをふまえた現代的な研究の争点をわかりやすく読みとり、世界の読者とともに、未来をひらく思索を深めるよすがとしてもらえれば、と考えている。

序言

世界資本主義は一九七三年を境に、慢性的で連続的な恐慌と不況の反復をみるようになった。資本主義の経済成長をつうじ世界はよくなってゆくという信頼は一般的に大きく失われている。当時生じた悪性のインフレーションと長引く不況の共存(スタグフレーション)の災厄を解決しようと試みたケインズ政策もそれに代わるマネタリズムの政策も、まったく有害とまではいえないにせよ、有効でないことが示された。ケインズ理論をふくむ広義の新古典派経済学は、ほんとうの解決策を提供しえなかったのみならず、どこがおかしいのかを理解する総合的基礎を与えることにも失敗していた。その失敗は技術的で資本主義擁護的なブルジョア的社会科学への全般的な幻滅の重要な一環をなしていた。そのような幻滅はすべての資本主義諸国の若者世代に広がる世紀末的不安感の一源泉ともなっている。世紀末が近づくにつれて、袋小路に入ったような歴史の進路への不安は、資本主義経済の実情を反映してさらに深まるにちがいない。

しかし、資本主義のゆきづまりによりひきおこされるそうした憂鬱な状況は、いうまでもなく人間の歴史的進歩そのもののゆきづまりと同一視されてはならない。西欧諸国と第三世界諸国との双方にわたり、若者世代がますますマルクス学派への関心を増大させ、危機からの代替的脱出の道を未来に向けて見出そうと試みつつあるのは不思議ではない。マルクス経済学は資本主義をその歴史的特性とあわせて科学的に解明するための健全な基礎をすくなくとも提示しているからである。とくにマルクス学派の価値と恐慌の理論は、新古典派経済学の価格理論と成長論とは異なり、資本主義経済の歴史的に制約された諸特性とその内的矛盾の解明に強力な潜勢力を有している。

『資本論』から学べる価値と恐慌の基礎理論は、資本主義の現状分析をただちに与えるものではないが、その現状の実証的分析に科学的参照基準として役立てることができる。そのような基礎理論についての理解が正確になれば、それだけ現代世界についての理解も、あまりに抽象的、機械的ないし断片的接近手法をさけて、誤りを少なくすることが期待できる。とはいえ、マルクス学派の長い歴史においても、その基礎理論の土壌は十分に開墾されてきたとはいえない。

そのひとつの理由は、『資本論』におけるマルクスの諸理論が、多くの重要な論点で、実際にはさらにしあげられなければならない論点を残しているにもかかわらず、マルクス主義者たちにより、教条的にすべての点で訂正されてはならない完成された体系とみなされすぎていたことに由来する。そのような傾向は、マルクスの諸理論の課題と内容を十分理解しないままくりかえされてきた、外在的なマルクス批判と対となった反論としても継承されがちであった。そうした傾向はまたスターリン主義のもとで「正統派マルクス経済学」が国家イデオロギーとされ教条主義的に統制され不妊化されたことで強化されていた。それはポール・スウィージーが新著『革命後の社会』(スウィージー 一九九〇)において指摘している、ソ連型社会に生じた歴史的変容の問題状況とも深く関わるところであった。

日本におけるマルクス経済学の発展は、第一次世界大戦のころにさかのぼるが、基礎的な思想と理論の教条主義的化石化を比較的まぬがれていた。ソビエトの「正統派」は強い影響をおよぼしてはいたが、競合的学派も出現して、『資本論』の基礎理論と一八六八年の明治維新以降の日本資本主義の発達の特徴をめぐり、両大戦間期の初期から興味深い諸論争を展開してきた。ファシズムがそれを弾圧したが、第二次世界大戦後にはマルクス経済学は解禁されて諸大学に再生し、海外でのマルクス学派の重要な著作のほとんどすべてを吸収し、国内での論争を深めて成長する。そのなかからとくに、宇野弘蔵(一八九七—一九七七年)の著作にもとづく宇野学派の成長が論争と研究を活性化するうえできわだっていた。

宇野は、社会科学としてのマルクス学派の研究は、政治的なイデオロギーや権力による統御あるいは個人崇拝から解放され、史実と論理にしたがって客観的学問的認識をめざさなければならず、そのことが社会主義の科学的基礎を強固にするためにも重要であると信じていた。その観点から宇野はその著書『経済原論』(宇野 二〇一六)にみられるように、マルクスに固有の価値と恐慌の理論を、『資本論』の包括的理論に学びつつ、より一貫した簡潔な論理体系として純化し再構成する試みをすすめた。

一九七四年にイギリスとアメリカをはじめて訪れて、西欧のマルクス理論家と学生たちとの交流をはじめてすぐに、日本におけるマルクス経済学への貢献を西欧世界に紹介する必要とその重要性とを実感した。それは西欧でのマルクス経済学のルネッサンスといわれる研究領域を、方法論的にも理論的にも拡大・深化させるうえでほんとうに役立ちうると思われたからである。とはいえ、既成の日本での研究成果をそのまま紹介するだけではおそらく十分ではない。日本における学問的研究成果が近年の西欧での諸論争にどのような意味で妥当性を発揮しうるかをあきらかにするよう、私自身の研究の進化も求められているように思われた。

すでに一九七三年に拙著『信用と恐慌』(伊藤 一九七三)にまとめられていた恐慌論への寄与は本書第六章に部分的に活かされているが、それに加えて、本書ではたとえば第三章での転形問題のとり扱い、第四章での結合生産に関する注をふくむいくつかの論点、第八章での当時のインフレ恐慌の原因と歴史的特徴の分析などに新たな理論的挑戦が試みられている。本書のいくつかの箇所(たとえば恐慌の形態変化についての第七章の最後の部分や第八章での分析など)にはさらに推敲が加えられてよい素描にとどまっていることは十分気づいてはいるが、それらをふくめ本書の諸章での挑戦的試みが日本と世界でのマルクス学派の健全な成長に寄与するよう願っている。

本書に集められた論稿執筆にさいし、数多くの日本におけるマルクス学派の先輩と友人たちに負うところが大きいことはあきらかである。それに加え、それらの論稿は、多くのイギリスとアメリカにおける友人の励ましと寛大な協力なしには書けなかったものばかりである。メグナット・デサイは、一九七四年にマルクスの恐慌論について書いてみるように最初に促してくれ、ジェシー・シュウォーツがその原稿を *Bulletin of the Conference of Socialist Economists* に公刊するために懇切に校閲してくれた。第三章の「マルクス価値論の一研究」はデイヴィト・ライブマンが

Science and Society に公刊するよう編集してくれた。第一章の「日本におけるマルクス経済学の発展」は *Monthly Review* の編集者たちのランチタイム・ミーティングで一九七五年に概要を報告したさいにハリー・ブレイヴァマンがその執筆をすすめてくれた。一九七八年の春・夏学期にアンワール・シャイクがニュースクール・フォア・ソシアル・リサーチで、ジム・ベッカーがニューヨーク大学で招聘してくれた一連の講義が、そのすすめにしたがうよい機会を与えてくれた。ジム・ベッカーのコメントと英文校閲がその草稿改善に不可欠であった。「世界資本主義のインフレ恐慌」(第八章)は、*Capital and Class* に公刊するために、スー・ヒメルヴァイトが校閲してくれた。「マルクス学派の恐慌論」(第七章)は、アンドルー・グリン、ボブ・ローソン、ジョン・ハリソンらが開催した一九七八年のオックスフォード恐慌論研究会のために準備し、そこで検討してもらった。「マルクスの市場価値論」(第四章)は、横川信治と共同執筆し、ダイアン・エルソン編の論文集 *Value: The Representation of Labour in Capitalism* (Elson ed. 1979) のためにヒメルヴァイトとエルソンが校閲してくれた。ここに本書の形成に助力してくれたこれらすべての友人たちにあらためて謝意を表したい。本書にそれらの論稿を収録することを認めてくれた右記の雑誌や書物の関係者にも感謝している。

日本はいうまでもなく、イギリス、アメリカ、カナダ、ヨーロッパ大陸諸国においておこなってきた多くの講義やセミナーが、本書の誕生をうながしてくれた。とりわけ印象的であったのは、(第一章で扱った)日本資本主義論争と類似したとくに第三世界での歴史的経験にもとづく多くの質疑がよせられたことであった。そのような反応もふくめ、それらの講義やセミナーを開催してくれた友人たちやそこに参加してくれた学生やその他の参席者にも心から謝辞を述べたい。最後に本書の編集と制作の実務を注意深く担当してくれたロンドン、プルート社のピート・バージェスとニューヨーク、マンスリーレヴュー社のカレン・ジュードにも厚くお礼を申し上げる。

本書にふくまれているかもしれない欠陥があれば私にむろん責任があるとはいえ、本書は私個人の作品とはほとんど感じられない。本書の生誕の過程もそうであったように、本書の刊行が社会科学としてのマルクス経済学の領域における日本と世界の国際的協力と交流を促進するのに役立つなら、それも幸せで有益な貢献とみなしたい。

一九八〇年夏、ロンドンにて

伊藤　誠

第二版へのまえがき

本書『価値と恐慌』の初版出版から四〇年が経った。本書は幸いにも広く読まれ、国際的にもみとめられてきた。オランダ語版(一九八三年)、フランス語版(一九八七年)、韓国語版(一九八八年)、中国語版(一九九〇年)があいついで刊行されてきたことからも、またその訳者にヘンク・プラスメイヤー教授、クロード・メイヤース教授、金秀行教授のような一流の研究者をえたことからもそのことが例証される。いまだに国際学会などで見知らぬ若い研究者から*Value and Crisis*を読みましたといわれ、よろこんでいる。

本書の貢献のひとつは、マルクス経済学の分野での世界と日本とのかけはしの役割をはたしたことにある。一九七〇年代にいたるまで、日本におけるマルクス経済学の研究は、主に言語の障害もあって、海外諸国にはほとんど知られていないように思われた。それゆえ、本書では、日本におけるマルクス経済学の発展の経緯とあわせ、とくに影響力の大きい宇野弘蔵にはじまる独創的な理論とそれにもとづく実証研究の成果を、西欧マルクス派の現代的問題関心や論争に適用しつつ、紹介することにつとめた。

そのような本書の試みは、一九七〇年代以降の西欧諸国でのマルクス経済学のルネッサンスの精神にも適合するところとして、あたたかく歓迎された。その学問的ルネッサンス運動は、あきらかにケインズ経済学をふくむ正統派の新古典派経済学によっても、ソ連型マルクス経済学によっても満足に説明することが困難な、現代の資本主義と社会主義の歴史的危機の深化への広範な社会的懸念を反映していた。二〇世紀末に生じた資本主義と社会主義へのおり重なる幻滅、および新古典派経済学とソ連型マルクス学派とに対峙して、批判的分析の健全な参照基準を新たに求め、マルクスの価値と恐慌の基礎理論への広く深い関心があらためて再生しつつあったともいえる。

この第二版に新たに加えられた（第二、第五、第九、第一〇の）四章にも示されているように、現代世界の多重危機の分析に不可欠な参照基準として、マルクスの価値と恐慌の基礎理論を再考し適用する必要性は、新自由主義のもとにあったこの四〇年間にも失われていないどころか、むしろはっきりと増大している。

実際、この四〇年のあいだに大部分の働く人びとは、国民所得中の賃金シェアの傾向的低下、非正規雇用の増加による労働組合の弱体化、民営化の打撃、富と所得の格差の再拡大、およびバブル恐慌の反復による経済生活の不安定性の増大にともない、労働条件の悪化に苦しめられ続けている。その結果、日本をふくむ先進諸国の多くでは、労働者人口の比率が低下する少子高齢社会化をつうじ、人間の再生産をおびやかす人口動態の危機も深刻化している。

宇野は、社会主義イデオロギーとマルクス経済学における科学的研究の役割との方法論的区別を強調するとともに、マルクス経済学の研究を（1）マルクスの『資本論』にもとづく原理論と、（2）レーニンの『帝国主義』論で開拓されたような資本主義の世界史的発展段階論の研究と、（3）第一次大戦後の現代世界資本主義の具体的現状分析の三次元に体系的に分化する必要を重視していた。こうした宇野の方法論は、あきらかに『資本論』の価値と恐慌の理論を、イデオロギーとは相対的に独立の社会科学の基礎となる資本主義経済の原理論として、完成しようとする独自の学問的試みにもとづくものであった。

本書は、現代につうずるところとしてマルクスに特有な価値と恐慌の理論の意義を理解するために、宇野の方法論と理論的貢献に依拠している。それによってとりわけつぎの三つの問題に再考をすすめ、二一世紀の世界経済に資本主義の基本原理がどのように問いなおされているかに検討を加えてゆきたい。

第一に、われわれはいまや世界のどこでも、『資本論』で洞察されている資本主義の運動法則における基本的矛盾と限界にますます直面することとなっていないか。ことに『資本論』において、マルクスは資本主義経済の基本的な歴史的前提が人間の労働力の商品化にあり、資本主義的信用制度に内在的な不安定性とあわせて、そこにまた資本主義の矛盾の根源があることをあきらかにしていた。その点は、宇野がマルクスの過剰蓄積としての恐慌論によりつつ展開した、周期的恐慌の原理論においても強調されたところでもあった。本書でみてゆくように、宇野の『恐慌論』(宇野二〇一〇)は、そのような『資本論』の恐慌論を社会科学としての経済学の原理論の体系的一環として完成しようとする有力な試みであったが、同時にそれは一九七〇年代のインフレ恐慌から最近のサブプライム世界恐慌、さらには世界銀行(World Bank 2020)が強調するところの、それに続く途上諸国の債務危機の深化などの分析にも強力な参照基準をなしている。

宇野自身は、マルクス経済学の三段階論の方法論的区分を強調して、現代の世界経済の現状分析に、原理論を機械的に直接適用することはさけるよう慎重に注意していた。とはいえ、本書では、資本主義の基本的で内在的な矛盾や限界が、現代的様相をともないつつ世界的に経済危機を反復し深刻化していることも重要で、興味深いところとみなしている。新自由主義のもとで働く人びとの大部分に労働条件と経済生活の劣化が強いられ、地球温暖化のような環境危機の深化も重なっている状況も、こうした観点からすれば、支配的な資本主義企業の価値増殖過程のもとで、労働力の商品化にもとづく資本主義の矛盾の直接間接の帰結として分析されてよいのではなかろうか。

第二に、われわれはマルクスの独創的な価値形態論をどのように体系的に活用し、資本主義市場経済の歴史的特徴と限界をあきらかにする学問的基礎とし、それをマルクスの労働価値説をめぐる「転形問題」といわれる現代的論争の解決の試みに役立てうるか。宇野は『資本論』第一巻の最初の二編にみられる商品、貨幣、資本の関連の分析をすすめる価値の形態規定の展開が、それらの背後の価値の実体としての社会的労働時間の分析から論理的に分離可能であることを発見し、それらを市場経済一般にもつうずる純粋の流通形態論として再構成した。そのような再構成は、諸商品の交換は、資本主義にさきだつ諸社会の内部の共同体的再生産過程から生じたのではなく、共同体的諸社会のあいだの交易から発生したというマルクスの認識にも対応している。人類史上はじめて、資本主義経済は全面的市場経済社会を形成し、労働力の商品化にもとづき、社会的労働過程の全体を商品価値の形態的関連の背後の社会的実体として包摂し組織するにいたったのである。

マルクスに特有の価値形態論を重視する宇野の理論的試みは、この史実に依拠し、価値の形態としての諸商品の価格と価値の実体として諸商品に対象化されている労働時間とのあいだの関係に体系的に作用している、価値法則の社会的必然性を資本主義経済にそくして論証することを意図していた。資本主義経済においては、あらゆる歴史的諸社会をつうじ経済生活の原則的基礎をなす、社会的労働過程が、多様な欲求を充足するように過去と現在の労働時間を必要に応じ配分する過程とあわせて、完全に価格関係をつうじて達成されてゆかなければならないので、価値の形態としての諸価格は、価値の実体としての商品の再生産に要する労働時間にかならず規制されざるをえない法則的関係のもとにおかれる。それはまた同時に社会的労働時間の全体としての配分を法則的に決定する資本主義的社会関係をあきらかにすることともなる。

その資本主義的社会関係の基本的一環として、労働力の商品化にもとづき資本が購入した労動力商品の使用価値として獲得する活きた労働時間の総体のうちに、剰余労働の剰余価値としての生産関係がふくまれていることも論証されることとなる〔この一文は原書にない〕。そうしてみると、マルクスの価値論は、転形問題論争のなかで、ポール・サムエルソン（Samuelson 1971）やイアン・スティードマン（Steedman 1977）がそう解釈していたようなたんなる価格理論としての均衡価格の決定論にとどまるものではない。それは、資本主義経済の歴史的特殊性を、労働力商品からの剰余労働の搾取による剰余価値生産の秘密とあわせてあきらかにする理論をもなしているのである。

本書では、宇野の重視していた価値の形態としての諸商品の価格と、価値の実体としてのそれらの再生産に要する労働時間量との次元の相違と社会的相互関係を再考し、多年にわたる転形問題論争を解決する試みがすすめられる。そのさい、第三章で、従来の価値と生産価格を示す二つの表による考察に代えて、伊藤三表式といわれる三つの表が、生産された価値の実体とそれにもとづく生産価格とそれを介し取得される価値の実体の構造的関係を解明するものとされる。その考え方は、その章の注28にも述べたように、いわゆる単一体系をふくむ最近の転形問題のとり扱いの意義をあきらかにするためにも役立つよう期待している。また本書での転形問題論争への寄与を補完するところとして、伊藤(Itoh 1988)における熟練労働ないし複雑労働の理論問題のとり扱いも、マルクス価値論をめぐる論争解決への試みの一環として参照していただければ幸いである[Itoh(1988)に対応する日本語著作として、伊藤(一九八九)も参照]。それらは現代の西欧マルクス学派の一部で支持されているイサーク・ルービン(一九九三)の抽象的労働論への、ソ連正統マルクス学派とは異なる、理論的批判をもなしている。

第三に、マルクスの価値論と恐慌論のあいだの関係をどのように理解すべきか。本書はその両者を、資本主義経済の統合的で相互補完的な原理論として、学びとられ完成されなければならない理論として提示しようとつとめている。諸資本の競争的蓄積をつうずる変動の重心として、生産価格をおく価格メカニズムは、社会的欲求や需要にしたがい社会的労働を、たんに静態的諸条件のもとで合理的に配分する作用をはたしているだけではない。

資本主義的価格メカニズムは、弾力的な信用制度にも補助されて、現実的には好況に続く自己破壊的な経済恐慌と不況の諸局面をふくむ、動態的な景気循環をつうじても分析されなければならない。労働力の商品化にもとづく資本主義経済の(相対的に)自律的な運動法則の歴史的特殊性と内的矛盾は、経済学の原理論では恐慌論の領域においてもっとも具体的に論証される。それと同時に、諸資本と労働者階級のあいだの生産関係の動態も、商品生産物の価値の形態としての価格とその背後の価値の実体としての対象化された労働時間との規制関係の変化も、景気循環と恐慌をつうずる生産力の変化をつうじて、労働価値説の作用の具体的貫徹機構として整合的にあきらかにされることとなる。

本書の諸章でみてゆくように、社会的規制から解放された新自由主義的資本主義が、グローバルなスケールで、その内的矛盾と歴史的限界性とを、現代的な様相のもとに露呈していることも注目に値する。

それに加え、マルクスの価値と恐慌の理論は、別の著作(Itoh 1995)でも述べたように、ソ連型社会主義の諸問題と限界や、代替的な二一世紀型のこれからの社会主義の多様で広い選択肢を再考してゆくための有用な参照基準としても役立ちうる。

こうして、資本主義と社会主義の双方にわたる世界史的な多重危機の深化に直面し、われわれはマルクスの価値と恐慌の理論に残された論争点の解決に世界的に協力し、あわせてより健全な参照基準をもちい、現代の歴史的危機を批判的に分析する試みをすすめなければならない。この『価値と恐慌（*Value and Crisis*）』の拡充再版が、初版と同様に、日本と世界のマルクス経済学の分野での交流を促進しつつ、そのような課題に役立つことを切に願っている。二〇一八年のマルクス生誕二〇〇年を記念する多くのイベント、集会、研究会、出版物、メディアでの特集が示唆していたように、ソ連型社会主義の崩壊後も、先進諸国における新自由主義的資本主義への幻滅感ともあいまって、マルクスの思想と理論への社会的関心は衰えるどころか、むしろ増大している。

にもかかわらず、日本の学界ではマルクス経済学が、若い世代の経済学部や大学院での任用への逆風に苦しんでいる。そこにはいくつかの要因が作用している。

アメリカの主流派経済学による教育を受け、あるいはその強い影響を受けた新古典派経済学者が増すにつれ、彼らはなじみのあるアメリカの経済学部の多くの流儀にしたがい、マルクス経済学をイデオロギー的で非科学的な接近として一般的に排除する傾向がある。そのような経済学者が、経済学部や大学院の多くで支配的となっただけでなく、経済学教育の標準化や公的な研究資金配分にあたる文部科学省や日本学術会議の公的会議や委員会でも支配的となってきた。彼らの影響力はまた日本のマスメディアが、競争的資本主義的市場に好意的な発想や政策、世論にますます順応する傾向によっても助長されている。

そのような諸傾向のもとで、マルクス経済学の社会的背景をなしていた、（国会の議席の三分の一を占めるのがつねであった最大野党の）日本社会党や、その支持基盤をなしていた戦闘的（左派）労働組合運動、および学生運動があきらかに大きく弱体化した。ことに公企業の一連の民営化攻勢は、一九八〇年代半ばに官公庁労働者を中心に左派労働組合運動のナショナルセンターをなしていた日本労働組合総評議会（総評）に大打撃を与え、一九八九年にその解体と（民間労組を基盤とする）日本労働組合総連合会（連合）への吸収をせまられた。そのことが、ソ連型社会主義の解体とともに日本社会党にも致命的打撃を与え、その議席を大幅に減少させて、一九九六年に社会民主党に改組されるにいたる。

これにさきだち日本の学生運動も、一九七〇年代初頭に欧米諸国と連動して大きく活性化しながら、過激化してその党派間や各党派内にも内ゲバで殺傷事件も繰り返し、ついには連合赤軍の一派によるあさま山荘事件まで生じて、一般学生を大きく学生運動から遠ざけることとなった。同時代的にベトナム反戦運動などを共有して活性化した欧米の学生運動が、マルクス経済学のルネッサンス運動に連動していったのとは対照的に、日本の学生運動はこの時期を境に衰退を続け、若い世代のマルクス経済学者の任用や再生産に、直接間接にマイナスの作用をおよぼしてきたといえよう。

こうした諸要因の結果として、本書第一章で述べたような日本のマルクス経済学の堅固な学問的伝統と遺産とがいまや危うくなっているのではないかと憂えている。主としてマルクスの理論にもとづく日本の経済理論学会は、なお一〇〇〇名近くの研究者を維持してはいるが〔二〇二三年九月時点では六八〇名になっている〕、その会員のかなりの者は高齢化しつつある。ここ何年にもわたり、東京大学や京都大学をふくむ有力な国立大学の経済学部でマルクス経済学の理論家を任用しえない事例が少なからずみられる。マルクス経済学者からみると、日本には一九一〇年から第一次大戦までの冬の時代と一九三〇年代から第二次大戦にかけてのファシズムによる弾圧に続く、第三の冬の時代が訪れているように思える。

こうした日本におけるマルクス経済学に顕著な第三の冬の時代は、ある意味で逆説的でもある。というのは本書初版以降、この分野での宇野学派や置塩信雄の貢献など、日本の学問的研究業績に世界的関心があきらかに増大してきているからである。実際、経済理論学会の年次大会の英語での分科会や、それとも連携関係にある英語での季刊誌 *Japanese Political Economy* には海外からの参加者や寄稿者が増加し続け、日本のマルクス経済学者の著作、論文集、論文の英語への翻訳や執筆刊行も大幅に増加している。

そうしてみると、本書初版以降の四〇年間に、マルクス経済学の分野での日本と世界とのあいだの協力の橋はあきらかに拡幅されてきた。それは、われわれのあいだに共有されている、現代の資本主義と社会主義とにわたる多重危機と、新古典派経済学のかぎられた自然主義的接近とへの深い社会的懸念を反映しているところといえる。

この『価値と恐慌』の拡大再版の公刊が、現代資本主義の危機の分析の参照基準と、働く人びとのための二一世紀モデルの社会民主主義と社会主義の代替戦略への理論的基礎を、新古典派のせまい限界をこえて再考する試みへの国際協力をさらに促進する一助となるよう願っている。マルクス経済学の分野での国際的協力と連帯はまた、日本をふくむ多くの諸国に生じている、新古典派の主流派経済学によるマルクス経済学などの異端派経済学を排除する学界動向に対抗するためにも望ましいことであり必要でもあろう。

最後にこの再版に新たに収められた論稿の校閲や出版に助力された、年来の友人、研究仲間に心からの謝意を表しておきたい。本書の第二章は、*Japanese Political Economy*, vol. 45(2019)に編集長の横川信治教授のすすめで寄稿され、ジャヤティ・ゴーシュ教授による懇切な校閲をえた。第五章は、ジム・クロティ教授に招かれた国際コンファレンスで報告し、その後、論文集 *Heterodox Macroeconomics*, edited by J. P. Goldstein and M. G. Hillard(2009)に収められた論文にもとづいている。第九章は、ロバート・アルブリトン教授の発案による共著、*Phases of Capitalist Development*, edited by R. Albritton, M. Itoh, R. Westra, and A. Zuege(2001)に執筆した論稿によっている。第一〇章は、二〇〇七—〇八年にロンドン大学、東洋・アフリカ研究学院(SOAS)でコスタス・ラパヴィツァス教授が組織していた毎週昼食時の気楽なセミナーで報告し、ついで論文集 *Financialisation in Crisis*, edited by C. Lapavitsas(2012)に収録された論文にもとづいている。

これらの章を加えて英語での最初の拙著にあたる本書を再刊する企画は、どの論文を選択して追加するかについての助言とあわせ、ジョン・ベラミー・フォスター教授からの二〇一八年四月七日付の長い懇切なメールで大きく推進された。その推薦をうけてマンスリーレヴュー社編集部のマーティン・パディオ氏も本書全体の仕上げの作業をていねいに手助けしてくれた。

これらの方々に深く感謝するとともに、この再版もまた、マルクス経済学の観点から、資本主義世界に深刻化している多重危機を解明し、あらためて未来に向けて可能な代替路線を探りあう、国際的試みの協力をうながす一貢献として、ふたたび温かく広い読者にうけとられるよう願っている。

二〇二〇年一月　東京にて

伊藤　誠

凡例

- 原書でのイタリックによる強調は、傍点により示す。
- 原書での引用符“ ”は鉤括弧「 」により示す。
- 伊藤による補記・注記は角括弧［ ］により示す。
- 江原による補記・注記は亀甲括弧〔 〕により示す。
- 引用文が既存の邦訳からとられている場合において、その訳者による補記・注記は山括弧〈 〉により示す。

目次

Ⅲ　恐　慌

Ⅳ　現代資本主義の多重危機

I

日本におけるマルクス経済学

第一章　日本におけるマルクス経済学の発展

日本におけるマルクス経済学の研究は、第一次大戦前からいまやほぼ一世紀余にわたり、豊かな学問的伝統を積み重ねてきた。大学のなかで一九七〇年代までは、マルクス経済学者と新古典派経済学者の数は、かなり均衡していた(1)。多くの大学の経済学部は、「マルクス経済学」と通常明示してはいないにせよ、マルクス経済学による講義や教職を提供していた。たとえば東京大学では、マルクスの理論による経済理論Ⅰと新古典派理論にしたがう経済理論Ⅱとから、学習しはじめていた。

一般的にみてもマルクス経済学についての知識とマルクス主義についての基本的理解は、日本の知識人の一員となるにはほとんど不可欠の条件をなしていた。そのことは、マルクス理論をさほど専門としていなかった都留重人(2)や、まったくの新古典派数理経済学者の森嶋通夫が、世界的にもよく知られているようなマルクス理論への深い理解と関心を示していることからもわかるであろう。にもかかわらず、日本におけるマルクス経済学の主要な発展の流れは、西欧の学界にほとんど知られていなかった。海外でのマルクス経済学の重要な著作のほとんどすべては日本のマルクス学派により翻訳され利用されていたが、この分野での国際貿易はきわめて不均衡で偏っていた。

最近の西欧における真剣なマルクス学派の興隆は、日本におけるマルクス学派の諸貢献を、順次広く提示する好機を与えているように思われる。すでにいくつかの貢献は西欧の読者に紹介されてきた(3)。本章の目的は、日本におけるマルクス経済学の歴史的発展の概要を提示し、日本と西欧のマルクス経済学の研究者のあいだの交流の幅を広げる一助としたいということにある。短い紙幅で、多くの日本のマルクス経済学者の主要著作の要約すら解説するのは、あきらかに不可能であるから、ここではもっぱらそれらの主要な争点はどのようなところにあったのかを省みることに集中したい。

日本におけるマルクス経済学の歴史は、二つの世界大戦を区切りとする三つの時期に区分できる。とはいえ、ここでの目的はたんなる年代記を示すことにあるのではない。どのようにしてまたなぜ日本にマルクス経済学が根づいたのか。大戦間期を特徴づけていた主要な論争はなにを意味していたのか。戦後の時期におけるマルクス学派と新古典派との関係はどのようなものであり、また戦前の論争がどのようにひきつがれ、ことに私もその一員となる宇野学派の発展との関係において、戦前の争点の解決がいかに図られてきたか。こうした論点を検討しつつ、できるだけ客観的に、私自身の理論的見地が、その史的研究に偏向をもたらすことは極力さけて、むしろ整合的一貫性をもたらすのに役立つようつとめたい。

1　第一次世界大戦にいたる時期

一八六八年の明治維新は、一六〇三年以降の徳川封建体制の支配を終わらせ、日本における資本主義の発展の発端となった。すでに帝国主義段階に入りつつあった他の先進資本主義諸国に対応する必要に直面し、日本資本主義は高度に発達していた産業技術を輸入する道をたどる。日本の経済学もそれと同様に西欧から比較的短期間のうちに多様な異なる理論を移入して成長する。大まかにみれば、古典派経済学、ドイツ歴史学派、マルクス経済学、限界学派ないし新古典派経済学が、ほぼ西欧にあらわれた順序で、かなり圧縮された期間のうちに日本に移植される。

明治維新後二〇年ほどのあいだには古典派経済学が支配的影響を与えていた。たとえば、一八七八年以降、アメリカから東京大学に招かれて経済学の講義をしていたE・F・フェノロサ(一八五三―一九〇八年)やその後継者田尻稲次郎(一八五〇―一九二三年)はともにJ・S・ミルの『経済学原理』(一八四八年(ミル 一九五九―六三))をテキストとしその理論を重視していた。慶應大学の創始者福沢諭吉(一八三四―一九〇一年)も、神田《かんだ》孝平《たかひら》(一八三〇―九八年)や田口卯吉(一八五五―一九〇五年)らとともに古典派経済学を輸入し、自由主義政策を擁護していた。(4)(5)

しかし、古典派経済学やそれにもとづく自由主義政策は、日本経済の成長の世界史的環境やそのもとでの後発資本主義国としての複雑な特徴と十分適合していたとはいえない。明治政府自体も自由放任の経済政策とはほど遠い、国営での先進技術による工場、鉱山、造船所などを建設しては、それらを有力な資本家たちに(主として一八八〇年代に)あいついで好意的条件で売却し、資本主義的産業を保護育成している。さらに日清戦争(一八九四―九五年)、日露戦争(一九〇四―〇五年)にともなう軍事支出と朝鮮や中国への市場拡大も、日本の資本主義的産業の成長に強力な促進効果をもたらした。その結果、日本の工業生産指数は、一八九〇年の一一・一から一九〇〇年の四二・四、一九一〇年の七三・九を経て、一九一四年の一〇〇まで急成長をとげている。(6)

にもかかわらず、就業人口のなかで製造業の占める比率は一九〇七年にもわずか一五・一%にすぎず、六一・七%は農林業にとどまっていた。農村における大量の貧困な潜在的産業予備軍は、都市部での産業労働者の賃金を抑制する役割をはたし続けていた。資本主義的生産の急成長とは対照的に、農民や賃金労働者の多くは貧困と不安定な生活に苦しんでいた。そこで世紀の変わり目ごろから反戦の主張とともに、社会主義思想をともなう労働争議も都市部で生ずるようになり、広く社会的関心をひくようになる。それにともない、一八九〇年代ごろには、日本での経済学の問題関心も、経済発展の普遍的様相から、その国民的、歴史的特徴へ移されていった。それは、理論的には古典派経済学の普遍的自由主義の主張から、それに反対したドイツ歴史学派への関心の移行にあらわれていた。

たとえばドイツからK・ラートゲン教授(一八五五―一九二一年)やU・エゲルト教授がそれぞれ一八八二年と一八八

六年に招かれ、和田垣謙三教授(一八六〇—一九一九年)とともに、東京帝国大学にドイツ歴史学派の発想を紹介、移入している。これに続き、この学派の方法と主張は、高野岩三郎(一八七一—一九四九年)、矢作栄蔵(一八七〇—一九三三年)、福田徳三(一八七四—一九三〇年)らの諸教授により、さらに体系的に導入される。

そのさい、G・シュモラー、A・ワグナー、L・ブレンターノらによる新歴史学派ないし社会政策学派がとくに重視された。(7) 一九〇七年には、ドイツ社会政策学会にならって、日本社会政策学会が設立されている。この学会は、新歴史学派と同じく国民経済の考察に歴史的、倫理的接近を重要とみなし、資本と労働とのあいだの紛争、対立を緩和する社会政策の大切さを強調して、古典派経済学にも、マルクス学派にもドイツでは対抗していた。

福田徳三は、日本社会政策学会の見解を典型的に代表していた。東京商科大学(のちの一橋大学)におけるその講義やセミナーはかなりの影響を聴講生や世論に与えていた。注目すべきは、ドイツ社会政策学会と異なり日本社会政策学会は、当時の総合的経済学会として、片山潜(一八五九—一九三三年)や麻生久(一八九一—一九四〇年)のようなすでにあきらかに社会主義的見解を示していたマルクス派の理論家も会員として受け入れる寛大さを有していたことである。(8)

一八九〇年代には、労働争議を誘因として、日本における社会主義運動も、労働組合の確立、普選運動、日清戦争後の反戦運動などの試みを促しつつ成長しはじめていた。最初の日本社会民主党は一九〇一年に、幸徳秋水(一八七一—一九一一年)、片山潜、安部磯雄(一八六五—一九四九年)らにより設立されたが、直後に禁止された。片山や安部のドイツ社会民主党やキリスト教社会主義にならった発想が、アメリカ留学にともない日本にもたらされ、この政党設立への動機となっていた。

とはいえ、社会主義の理論的基礎が求められるとすぐに、マルクス学派の見地が優位を占めるようになる。たとえば、幸徳秋水『社会主義神髄』、片山潜『我社会主義』(ともに一九〇三年)、堺利彦・森近運平『社会主義綱要』(一九〇七年)などはすべて社会主義の基礎としてマルクス理論を紹介する試みをすすめていた。一九〇四年には、『共産党宣言』(一八四八年)の最初の邦訳も堺と幸徳によりおこなわれ、『週刊平民新聞』に公刊されている。一九〇七年には、山川均（一八八〇―一九五八年）による『資本論』の最初の部分の要約的紹介も、『大阪平民新聞』に連載されていた。

こうしてマルクス経済学の研究は日本では社会主義の参照基準を確認する試みとして開始され、まず大学の環境の外での活動的社会主義者たちによりすすめられていた。(9) その進捗は顕著ではあったが、その動機はなおマルクス主義とマルクス経済学の基礎を日本に輸入することにかぎられていた。

しかも一九一一年には、当局の捏造により仕組まれた「大逆事件」での「天皇暗殺計画」を理由に、幸徳秋水や森近運平ら一二名の社会主義者たちを刑死させ、その後の一〇年は、日本の社会主義運動に「冬の時代」といわれるきびしい弾圧が加えられ続けた。マルクス経済学の研究もその時期には不可能となっていた。

2　大戦間期の活発な諸論争

（1）その背景

第一次大戦を契機に、ロシア革命（一九一七年）が社会主義の現実的可能性を示すとともに、ヨーロッパ諸国にも広範に強力な社会主義運動とデモクラシーの拡大がすすんだ。それは日本の社会的、政治的状況にも開放的影響を与え、一九二〇年代には普通選挙の実現を求める普選運動が支配的関心事となる。

第一次大戦は、一九一四年と一九一九年のあいだに日本の工業生産指数を五倍におしあげる刺激となったが、その後、日本資本主義は戦後恐慌（一九二〇年）、関東大震災（一九二三年）、金融恐慌（一九二七年）、世界大恐慌（一九二九年―）の苦難をあいついで経験する。(10)（垂直的に統合された企業集団の支配的株式を所有する）財閥家族に支配されていた日本の金融資本は、これに対応し、すでに日露戦争後にすすめられつつあったカルテルの形成過程を強化して、独占的カルテルへ発展させていった。(11) 他方、そのもとで、多くの零細企業は抑圧され、労働者と農民も多大な困難を経験する。一九三〇年になっても就業人口の四七・八％は農林業にとどまり、製造業は一九・九％にすぎなかった。製造業の成長につれて生じうる賃金上昇の可能性は、農村部における潜在的産業予備軍の重圧のもとで妨げられていたのである。

この時期における日本での社会主義運動再生の基盤は、労働組合の急速な成長、農村での地主にたいする小作争議、および普選運動におかれていた。日本共産党は、一九二二年に結成され、一九二四年にいったん解散したが、一九二六年にソ連のコミンテルン（共産主義インターナショナル）の指令のもとに再組織された。一九二六年には、後の日本社会党につらなる日本労農党と社会民衆党も組織されている。

こうした動向に呼応して、第一次大戦後の二〇年間は、日本マルクス経済学の研究が再生し、活況を呈する。この時期には、在野の社会主義者とともに、大学における教授、若手研究者、学生もマルクス経済学の研究に熱心に広く参加する。それによって日本におけるマルクス経済学の強固な学問的伝統が確立された。この時期はまた、東京帝国大学をはじめ有力な国立大学において、法学部などから経済学部が分化独立する時期にもあたっていた。経済学の研究、教育にあてられる大学での教職ポストも、経済学部がなお独立していない大学までふくめ、大幅に増加する傾向も生じていた。そのポストの多くが、この時期の日本文化に強い影響を与えるようになったドイツに留学し、マルクス経済学に惹かれた若手研修者たちにより充たされてゆく。

こうした背景のもとで、この大戦間期には多くの重要なマルクス学派の著作の邦訳がおこなわれた。『資本論』全三巻の最初の邦訳も高畠素之によりおこなわれ、一九二〇―二四年に刊行されている。(12) 世界で最初の『マルクス・エンゲルス全集』（改造社）二七巻（三一冊プラス別冊）も一九二七―三二年に刊行されている。全一〇巻の『レーニン全集』（白揚社）も一九二六―二七年に出版されていた。

それらとあわせ、マルクス経済学の研究にとって関心を集めた焦点として、以下にみてゆくように、価値論、その応用としての地代論、および日本資本主義の歴史的性格が、活発な論争の的とされていた。

(2) 価値論論争

世界的にもそうであったように、日本でもマルクスの価値論についての論争は非マルクス学派とマルクス学派とのあいだではじめられる。非マルクス学派からの批判に応える試みをつうじ、マルクス学派の理論家たちもマルクスの理論のより体系的研究をせまられ、それにともないマルクス学派のなかにも論争が生じてゆく。

日本での口火を切ったのは小泉信三(一八八八―一九六六年)の論文「労働価値説と平均利潤率の問題――マルクスの価値学説に対する一批評」であった。それは内容的に真摯なものではあったが、ベーム＝バヴェルクのマルクス価値論批判をほぼそのまま踏襲するものであった。[13] 土方成美、高田保馬らのマルクス価値論批判もこれにならっている。これにたいする反批判は、山川均、高畠素之、河上肇(一八七九―一九四六年)、櫛田民蔵(一八八五―一九三四年)、山田盛太郎、舞出長五郎(一八九一―一九六四年)、向坂逸郎《さきさかいつろう》らにより提示され、この価値論論争は、一九二二年から一九三〇年ごろまでのあいだにとくにマルクス経済学研究の関心の的となっていた。[14]

当初、マルクス学派による非マルクス学派への反論は、マルクスの理論についての正確な解釈にもとづいていなかった。たとえば、河上肇「マルクスの労働価値説――小泉教授の之に対する批評について」は、マルクスの価値概念を、有用物の獲得のために人類が犠牲とする労働によるものと説いた。いわゆる価値人類犠牲説である。それは、労働価値説の動かしえない論拠を求め、人間社会一般につうずる人間労働の意義にそれを帰着させようとしたのであるが、その見解は、むしろ古典派経済学におけるA・スミスの労働価値説に近い。マルクスは、むしろこれを批判して、労働が本来は人間の正常な活動であり、その意味では犠牲としての労苦ではなく、よろこびの源泉ともなりうることを明確にしつつ、商品の価値関係とそれにもとづく資本主義的生産の歴史的特性をあきらかにする価値論の体系を展開していた〔この二文は原書よりも詳細に説明されている〕。櫛田民蔵「マルクス価値概念に関する一考察――河上博士の『価値人類犠牲説』に対する若干の疑問」は、ほぼこのようなマルクス価値論の意義を強調して、河上説の誤解を指摘し、河上に見解を改めさせる成功をおさめた。[15]

『資本論』第一巻の（諸商品に対象化される労働時間と比例する価格での等労働量交換を想定する）労働価値説と第三巻の生産価格論とが矛盾しないかとする、ベーム＝バヴェルク以来の非マルクス学派からの批判に関しては、櫛田は、第一巻での労働価値説をたんなる理論的仮説とみなしてはならないと主張していた。価値と生産価格との関係は、単純商品生産者社会から資本主義社会への発展にしたがった歴史的・論理的展開説の順序として理解されなければならないとみていたのである。この点で櫛田は、ベームにたいするR・ヒルファディングの反批判の主要論点を再生産していた。この見解は、第二次大戦までの日本のマルクス学派におけるこの論争点についての標準的理解ともなっていた。たとえば、山田盛太郎「価値論における矛盾と止揚」もほぼ同様の歴史的・論理的展開説を示している(16)。櫛田と山田は、日本資本主義論争では対立的立場の論客となっただけに、価値論論争でのこうした見解の一致は目につくところである。

もともと、マルクス価値論のこのような歴史的・論理的展開としての解釈は、『資本論』第三巻のエンゲルスによる「補遺」（邦訳⑧四五六―四五九頁）に提示されていた(17)。そこでは、『資本論』第三巻第一〇章に「決定的箇所」があると指摘しつつ、第一巻での価値法則を「現実的交換過程の説明のためにたてられた一つの科学的仮説」とみたC・シュミットを批判し、資本主義にさきだつ小商品生産者社会に価値法則がいかに現実に作用していたかを論証する試みをすすめ、価値法則の歴史的唯物論的基礎を強調していた。ヒルファディングや日本のマルクス学派の有力な理論家たちだけではなく、ソ連の理論家の多くやR・L・ミークのような欧米の一部のマルクス経済学者もこうした見解を採用し強調していた(18)。しかし、そこには深刻な諸問題が残されていた。

マルクスの価値法則は、諸商品の生産に要する社会的に必要な労働時間による諸商品の価値の規定にもとづいている。ある商品の過剰な生産に社会的にみて必要以上の労働が投入されるなら、その商品の価格は価値以下に下落し、それによって社会的労働の再配分を強いるであろう。こうした社会的規模での再調整が価値法則の貫徹に不可欠といえる。

かりに社会的再生産の主要な部分が共同体的しくみや政治権力のもとにおかれ、商品経済外でおこなわれ、諸商品の交換は共同体社会のあいだや周辺で、（剰余）生産物の一部に生じているなら、その交換は諸商品に対象化されている労働時間を完全に補塡する等労働量交換でなくともくりかえされうる。それゆえ、価値法則を単純商品生産者のあいだの交換関係により論証するには、理論的に社会的再生産が全面的に小規模の独立した商品生産者から成る単純商品生産社会を想定しなければならないこととなる。しかしそうなると、この歴史的・論理的展開説の提唱者たちの当初の意図であった価値法則の現実的・社会的実在性を示そうとする発想に反し、資本主義に先行する無階級の商品生産者社会を想定することにならないであろうか。それは、原始共産主義社会をのぞけば、資本主義にいたるまで階級社会の歴史が古代以来継続し組み替えられてきたとみなす唯物史観の基本にも適合せず、マルクスもおそらくそのような想定は現実性がなく架空のものとみなすにちがいない。

それればかりではない。かりに価値法則が直接的には前資本主義的商品経済のみに妥当するのであれば、『資本論』第三巻での生産価格論にさきだつ第一巻第三編から第二巻にかけての資本主義的生産の解明は、資本主義には妥当しない価値法則による仮説的分析にとどまることになるのであろうか。マルクスによるそこでの資本主義的剰余価値生産の理論は、仮説的理論モデルではなく、資本主義的生産の現実的運動法則の理論的提示であると思われるので、その基礎となる価値法則もそれにそった再解釈が望ましいのではないか。

こうした価値の生産価格への歴史的・論理的展開説の問題点は、大戦間期の日本の価値論論争で必ずしも十分にあきらかにされていたとはいえない。とはいえ、たとえば河上肇や舞出長五郎らのように、『資本論』冒頭の商品や価値の概念は、前資本主義的経済によるものではなく、資本主義経済から論理的に抽象されたものと主張する、マルクス理論家もみられた。この解釈は、『資本論』のはじめの二巻と第三巻との方法論的関連により整合的であるように思われる。とはいえ、商品交換の背後の生産過程が最初から資本主義的生産にかぎられるなら、そこにも一連の厄介な問題が残る。第一に、商品経済の性質は、歴史的にも空間編成としても、資本主義経済より広範にみられ、そのことがこの解釈では理論的に把握されえない。第二に、価値論の仮説的導入をさけて、その現実的基礎を資本主義経済に求めながら、資本主義経済における現実の商品生産物の交換が生産価格に支配されているかぎり、基本的価値法則として諸商品の等労働量交換をいかにして提示しうるか。われわれはふたたび、生産価格論にさきだち、価値法則にしたがう商品交換の現実的過程をどのように理論的に説くか、というもともとの論理的困難にたちもどることになる。それは、歴史的・論理的展開説の発端をもなしていた。

こうしてみると、『資本論』冒頭の商品の歴史的性格についての――単純商品生産者の商品かあるいは資本主義的商品か――いずれの解釈も、それぞれにディレンマをもたらし、この大戦間期の対立的主張では、十分解決されえなかったといえよう。戦後のマルクス学派がそれらをどのように扱おうとしてきたかはのちに第三節でみることとしよう。

(3) 地代論論争

価値論論争に続く第二の理論上の論争は、マルクス地代論をめぐって生じた。ここでも、非マルクス学派からの批判が発端をなした。

とくに土方成美「地代論より見たるマルクス価値論の崩壊」が争点を開き、高田保馬「マルクス価値論の価値論」がそれに続いた(19)。その中心的主張は、マルクスの労働価値説と差額地代論とは首尾一貫していないということにあった。前者では、商品に対象化される社会的平均労働量がその価値を決定するとされているのに、後者では、最劣等地での生産条件が農産物の市場価値を規定するとされているからである。それとともに、通常の商品では、同一産業内で平均的技術より優れた生産条件による資本が獲得する特別剰余価値は、平均以下の生産条件による資本からの剰余労働の移転によるものとみなされるが、差額地代に転化される特別剰余価値には、同一産業内にそのように移転される剰余価値は存在していない。最劣等条件より条件の良い土地への投資にともない得られる(平均利潤をこえる)特別利潤ないし特別剰余価値は、資本の競争により差額地代とされ、土地所有者に差額地代として配分されるが、市場価値が最劣等条件の土地の生産条件で決定されているので、移転すべき剰余価値がないからである〔この一文は原書にない。著者による不完全な挿入が前の文にあったため、それを補正しここに挿入した〕。マルクスは、こうした差額地代の源泉となる特別剰余価値ないし特別利潤を「虚偽の社会的価値」（『資本論』邦訳⑧八六頁）とも呼んでいた。この規定は剰余価値生産の理論と整合しているのであろうか。

そのような論評へのマルクス派からの応酬とその内部での論戦が、一九二八年からほぼ一九三三年までの地代論論争をなしていた。[20]それに参加したマルクス理論家は、河上肇、猪俣津南雄（一八八九―一九四二年）、櫛田民蔵、向坂逸郎らであった。彼らは主としてマルクスの価値論を用い差額地代の源泉を説明し、いかにして土地所有者がそれを獲得しうるかをときあかすことにつとめた。しかし当初はその試みはかならずしもマルクスの理論展開を正確に解釈するものになっていなかった。

たとえば猪俣津南雄「誰がマルクスを矛盾させたか——一つの反批判、並に地代論への一寄与として」（猪俣 一九三〇）は、最劣等条件の土地が農産物の市場価値を規定するのは、その種類の土地が耕地の大部分を占めているからであるとみて、『資本論』第一巻での価値論における平均原理を差額地代論にも貫徹させようとする解釈を示した。しかし、それは、マルクスが独占可能な異なる等級の土地により資本に与えられる特殊な運動の制限を理論的に扱おうとしていた差額地代論の理論内容をまったく否定するものとなっていた。

これにたいし、櫛田民蔵「差額地代と価値法則」（櫛田 一九三二）は、農産物などの土地生産物における市場調節的価格の決定原理を市場価値規定の特殊な展開としてあきらかにしようとした。そのさい、差額地代の源泉は、生産物地代としては農業内で生産されているが、貨幣地代としては他部門から流入するものとみなし、理論的に一貫性を欠いていた。

向坂逸郎は「マルクスの地代理論」（一九三〇年（向坂 一九三三、第二章））などの論稿で、さらに整理をすすめ、マルクスの差額地代論は、価値論の否定ではなく、『資本論』第三巻第一〇章での市場価値の法則論が土地の異なる性質をめぐる特殊な制約をうけて偏倚しつつ作用することを示していると主張した。それとともに差額地代も社会的剰余価値の商品流通をつうずる再配分形態のひとつであることを明確にしている。それは戦前の地代論論争をつうじ、最も筋の通った見解であったと思われる。その見解が一九二〇年代後半のソ連における地代論論争で通説的位置を占めていったリュビーモフ説とむしろ対照的結論に達していたことも注目に値する〔この一文は原書にない〕。

こうして地代論論争をつうじ、日本のマルクス理論家はマルクスの市場価値論の研究に考察をすすめていった。そこからさらに戦後に持ち越される問題として、市場価値(ないし市場生産価格)は、異なる生産条件のもとで産出される同種商品の個別的価値の社会的平均と一般的には規定されるべきか、あるいは農産物のような土地生産物の市場価値もふくむような一般的規定に再構成されるべきか、という論点が残されていた。

価値論、地代論にとどまらず、日本のマルクス経済学者の研究は、この大戦間期に、貨幣論、資本蓄積論、再生産表式論、恐慌論、帝国主義論などにも広げられ深められていた。とはいえ、総じてその研究は基礎理論の考察として、それぞれにかなり高い水準に達しつつあったにせよ、総じてもっぱら『資本論』をはじめとする古典的著作の解釈論にとどまる傾向もまぬがれていなかった。

(4) 日本資本主義論争

『資本論』にもとづき日本資本主義の歴史的特性をいかにあきらかにすべきか。この問題をめぐる日本資本主義論争は、一九二七年から一九三七年のあいだに、価値論論争、地代論論争と雁行しつつ、それらを上回る規模で展開された第三の大論争であった。この論争はまったくマルクス学派内部に発生し、社会主義運動の路線論争とも関わり、より直接的に政治的、実践的意義を有していた。日本のほとんどすべてのマルクス経済学者は当時この論争に参加し、講座派(封建派)と労農派とにわかれさまざまな検討をすすめた。

講座派の主要な論客には、野呂栄太郎(一九〇〇—三四年)、平野義太郎、山田盛太郎、服部之総《はっとりしそう》(一九〇一—五六年)、羽仁五郎らがあげられる。彼らの基本的見解は、日本共産党に伝えられたソ連のコミンテルンの一九二七年、一九三一年、一九三二年のテーゼ(政治綱領)を指針としていた。

一九二七年のテーゼ「日本問題に関する決議」は、日本における社会変革の戦略は、ブルジョア民主主義革命と社会主義革命との二段階に区分されうると主張していた。にもかかわらず、一八六八年の明治維新を日本資本主義の発端をなしたものと折衷的に特徴づけてもいた。一九三一年のテーゼ「日本共産党政治テーゼ草案」では、この後者の面に力点をおき、明治維新をブルジョア革命と規定し、したがって日本に社会主義革命への直接の前進を提示していた。最後に一九三二年のテーゼ「日本の情勢と日本共産党の任務」は、明治維新を一転して非ブルジョア的改良と特徴づけ、農村に封建的地主‐小作制が温存されており、これと都市のブルジョアジーとに支えられた絶対主義的天皇制の転覆をともなうブルジョア民主主義革命がまずおこなわれなければならない、と二段階革命論を、二七年テーゼよりはっきり主張していた。

こうしたコミンテルンのテーゼの動揺の背後では、レーニンの死後ソ連で、世界永続革命を主張するトロツキーが一九二七年一一月に党から除名され、スターリンに指導権が集中してゆく過程が進行していた。二七年テーゼの指導者ブハーリンは二九年に党政治局から追放され、三一年テーゼの主唱者サハロフは「トロツキー的偏向」のゆえに粛清される。最後の三二年テーゼは、ロシア革命の経緯を引き写すものであったが、同時にスターリンの一国社会主義建設の路線により適合的なものでもあった(21)〔この段落は原書より拡充されている〕。

講座派の研究者はこうしたコミンテルンのテーゼの変遷にしたがい動揺しつつも、最終的には三二年テーゼにもとづき、二段階革命論を裏づけるために明治維新を封建的地主制の再編とみなし、その後も農村部に封建的ないし半封建的小作農民の搾取関係が存続していることを強調していた。

たとえば野呂栄太郎の論文集『日本資本主義発達史』(一九三〇年)は、彼自身のそれに先立つ研究の改訂をふくみつつ、封建派の見地を採用している。彼はさらに全七巻の『日本資本主義発達史講座』(一九三二―三三年)の編集にも中心的役割を担っていた。[22]この『講座』は、封建派の研究者たちの論稿を集成したもので、彼らの講座派という名称の由来ともなった。山田盛太郎がこの『講座』に執筆した論文を別に著書としてまとめて刊行したのが『日本資本主義分析』(一九三四年)であり、それは講座派の日本資本主義論を代表する著作と評価されている。そこでは、日本資本主義の特殊な型の基盤が農村における半封建的土地所有と半農奴制にあることが強調されている。

たしかに大部分の農村にみられる小作小農民の劣悪な生活水準と、収穫のほぼ半ばにおよぶ高額な現物小作料の存続は、こうした講座派の見解に適合するようにみえた。その見解はまた、コミンテルンおよび日本共産党の方針に沿ったマルクス主義正統派の立場であるともみなされ、広い支持をえた。その主張は日本のマルクス主義者のあいだでも正統的な多数派の立場とみなされ、経済学をこえて他の社会科学や歴史学、文学にも日本社会の特性をめぐり広範な影響をおよぼしていた。明治維新以降の日本社会に残る封建的要素を強調する文学作品や、第二次大戦までの天皇制を絶対主義とみなす政治学や歴史学の論稿は、その例といえる〔この一文は原書にない〕。[23]

とはいえ、こうした「正統派的」講座派に対立して、日本はすでに明治維新以降、資本主義社会として発達してきているという主張する労農派のマルクス経済学者もみられ、講座派とのあいだに活発な論争を生じていた。彼らの多くは一九二七年に発刊された雑誌『労農』の同人ないし寄稿者となり、そのため労農派と総称される。たとえば山川均、猪俣津南雄、荒畑寒村、鈴木茂三郎(一八九三―一九七〇年)らはこの雑誌の創刊にたずさわり、櫛田民蔵、向坂逸郎、土屋喬雄らは寄稿者として参加している。

労農派の主張によれば、講座派は、もっぱら日本資本主義のたんに特殊な型に静学的関心を集め、日本資本主義の現実的発展を十分認識していない。そのうえ、近代日本社会の特性の基本的決定要因として、資本主義的生産よりも、土地所有を重視している点で、講座派の近代史の見方は転倒していないであろうか。こうした批判にともない、労農派は、総じて明治維新もすでに資本主義の発達を可能とした一種のブルジョア革命であって、農奴制から解放された農村部の小農民も資本主義の発達につれて賃金労働者階級に分解されつつあるという事実を強調していた。

こうして労農派が明治維新以降の農村に、封建的ないし半封建的生産関係の存続を否認することは、日本に一段階革命としての社会主義革命への前進を支持する意義を有していた。こうした見地は、日本共産党の外部に形成された、社会主義諸政党の左派に学問的基礎として役立てられていた(24)。

なかでも『櫛田民蔵全集』第三巻『農業問題』(一九三五年)、土屋喬雄『日本資本主義史論集』(一九三七年)、向坂逸郎『日本資本主義の諸問題』(一九三七年)などが、この論争に関わる労農派の代表的著作としてあげられる。それらにおける講座派批判は概して明確で鋭かったが、講座派にくらべ包括的な体系性に欠けていた。たとえば天皇制の役割などの社会の上部構造の機能には、労農派の分析は十分およぼされていなかった〔この一文は原書にない〕。それとともに、労農派は、日本における資本主義の発達の一般的法則性のみを強調し、その特殊性を無視あるいは軽視する傾向を示していた。たとえば高額現物小作料の存続も、講座派と異なり、半封建的経済外的強制による封建的搾取としてではなく、過多な小農間の商品経済的競争のきびしさから説明される。しかし、日本社会にきわめて多くの小農民が存続し、きびしい競争のもとで劣悪な生活水準を改善しえないまま高額小作料を支払い続けているのはなぜか、その特殊性を分析する問題がなお残されていたといえよう(25)。

方法論的観点からふりかえれば、日本資本主義論争は、『資本論』の理論体系にもとづき、日本資本主義の発達の歴史的特殊性と一般性とをいかに解明するか、という興味ある問題を提示していた。講座派も労農派も『資本論』の経済理論を日本資本主義の現実と直接ひきくらべ、労農派は『資本論』の一般理論が明治維新以後の日本経済にも妥当していることを強調し、講座派は農村部の特殊性をあげてこれを否定していた。そのさい、労農派は海外でのマルクス経済学の正統派的解釈にしたがい、資本家と賃金労働者とへの社会の両極分解と労働者の窮乏化法則を、『資本論』の経済理論の核心とみなし、日本資本主義の発達にもその一般法則がつらぬかれているとみていた。講座派もマルクスの経済学の核心をそのように理解することに反対していたわけではない。しかし、農村部の小農の窮乏は、資本主義発達の一般法則では解明できない、前資本主義的土地所有による半農奴的農民への経済外的強制によるもので、そのかぎりでは明治以降の日本社会の基礎を資本主義のみに帰着させることに反対していた。

そこで明治維新以降、封建的身分支配は解体され、土地も私有財産化されて、農民も土地への緊縛からは解放され、労働力を社会的に商品化しうることとなり、資本主義発達の基本的前提は与えられていた日本において、講座派が強調するような小農の広範な存続とその搾取関係が「農業問題」として残り続けていたのはなぜか。後発資本主義国としての日本資本主義の特殊性をより包括的に体系的に解明する試みが労農派にも求められていた。その課題にこたえるには、『資本論』のような資本主義の一般的原理のみを考察基準とするのでは不十分であり、イギリスに続くドイツ、アメリカのような後発資本主義をふくむ資本主義の世界史的発展段階論を、『資本論』にもとづき構成し、それもいわば中間理論としての参照枠組みとして、日本資本主義の分析をすすめる必要があったのではなかろうか。それとともにいわゆる窮乏化法則としての社会の両極分解論が『資本論』の経済理論の中核であるとみなしてよいかどうかにも検討の余地があった。

と同時に、講座派の研究が、コミンテルンとその指示をうけての日本共産党の政治方針につれて大きく動揺しつつ順応していった経緯からは、ほんらいマルクスによる経済学は、政治的立場やイデオロギーにたいし、社会科学としての客観的学問研究として相対的自立性を有するべきものであって、むしろそれによって社会主義の思想や主張に学問的基礎を提供しうることにもなるのではないか、といった反省も残されていったのではなかろうか〔以上の三段落は原書より大幅に拡充されている〕。

いずれにせよ日本資本主義論争は、はっきりとした結論的解決に達したとはいえないが、価値論、地代論をめぐる論争とあわせて、両大戦間期の日本における学問的、知的関心の大きな焦点となり、日本のマルクス経済学の研究者の大多数に刺激を与え、理論と実証の両面にわたり研究を促進する役割をはたしたことに疑いはない。

しかし、マルクス経済学のこの時期の研究は、そのような活発な進展のさなかにふたたび政治的弾圧により中断されることとなる。すでに一九二八年には、一六〇〇名におよぶ人びとを検挙した日本共産党や労働農民党への弾圧（三・一五事件）に関連して、河上肇が京都大学を、向坂逸郎ほか二名が九州大学を、さらに大森義太郎が東京大学を辞職している。一九三六年七月のいわゆるコムアカデミー事件で、山田盛太郎ら約三〇名の講座派研究者が逮捕され、ついで一九三七年には七月の日中戦争開戦に続き一二月には人民戦線事件でほぼ四〇〇名におよぶ労農派マルクス主義者が検挙され、一九三八年二月には労農派教授グループ事件で、大内兵衛、有沢広巳、宇野弘蔵ら三八名の検挙が続いた。

こうして日本のファシズムによる軍国主義化の弾圧のもとで、ほとんどすべてのマルクス経済学者は大学から追放され、同時に第二次大戦にかけてのきびしい検閲と弾圧のなかで、大学の外でのマルクス経済学の研究も現実的に不可能とされる。(26) 日本のマルクス主義とマルクス経済学とに再び過酷な「暗い夜」の時代が訪れたのである〔この一文は原書にない〕。

3　戦後の研究と論争

(1)　戦後日本経済の高成長とマルクス学派の再生と発展

第二次大戦後、日本資本主義は、終戦にかけての深刻な破壊、そこからの復興、ついで一九七〇年代初頭までの高成長を劇的な変遷として経験してきた。その変遷は、戦前期を代表する一九三四―三六年を一〇〇とする日本の工業生産指数の推移(27)にも読みとれる。

年	一九四六	一九五〇	一九五五	一九六一	一九六五	一九七〇	一九七五
指数	二八・九	八二・〇	一五九・七	四六三・四	六七七・五	一四〇九・〇	一五五一・〇

朝鮮戦争(一九五〇—五三年)の特需ブームで戦前水準までの回復を果たした後に日本資本主義は一九五一—七三年に年平均九・二%の実質経済成長を続け、この高成長期の一九六八年には国民所得総額で西ドイツをこえ、資本主義世界ではアメリカに次ぐ第二位の経済大国となっている。そのような高成長の過程で、就業人口中の農業従事者の比率は、一九五〇年の四五・二%から一九七五年の一二・六%に低下している。

アメリカの占領期(一九四五—五二年)に、当初はきびしかった賠償問題も東西冷戦がはじまると日本を資本主義国として復興させる方針に転換し、その方針に沿った復興援助プログラムの実施も日本経済再生に役立てられた。それに続きアメリカからの新たな産業技術の導入とその洗練化にむけて、継続的に高水準の産業投資が誘発されていった。終戦直後には戦前一九三四—三六年の二八・一%にまで低落していた実質賃金の低水準が、回復・向上したとはいえ、生産性の上昇には遅れる傾向があり、一九七〇年ごろまでは剰余価値率を資本に有利にし続けていた。というのも、農村部から都市部への安価で順応性に富み勤勉な労働者の着実な流入が、実質賃金の上昇を抑制する役割を果たしていたからである。冷戦構造のもとでのアメリカによる復興援助に続く軍事支出も、とくに朝鮮戦争や一九六〇年代後半のベトナム戦争による特需のケースのように、日本の産業的再生・成長を大いに促進する効果をともなっていた。

しかし、日本の高度成長を支えていたこれらの諸要因は、一九六〇年代末には、消失するか大きく弱められていった。後に本書第八章でもみてゆくように、とくに労働市場の需給が逼迫するにつれ、実質賃金の上昇が不可避となり、生産性上昇を上回り始める。(28)この傾向が、世界市場における多くの一次産品価格の上昇とあわせて、一九七〇年代初頭には利潤率を圧縮しはじめた。(29)その動向は、先進資本主義が世界的にそれぞれの国内での労働力の供給余力と一次産品の途上諸国からの供給の非弾力性にたいする資本蓄積の過剰化に対応し、その一環をなしていた。一九七三年末の石油輸出国機構(OPEC)による原油価格の四倍化にともなう石油ショックが最後の打撃となった。

その経済危機は、同じ年の三月にブレトンウッズ国際通貨体制のもとでの固定相場制が崩壊して、それにともなう通貨、信用の膨張とあいまって、インフレーションの加速、悪性化をもたらした。不均衡で急激な市場価格の上昇にともない、低廉な融資を利用し、大商社も大産業企業も一次産品や半製品の大規模な投機的在庫の積み増しをすすめた。利潤率の低下をともなう資本蓄積の過剰化は、こうした投機活動をかいして加速されるインフレの悪性化をつうじ、資本の生産活動を混乱させ縮小させた。

こうして一九七三―七五年のインフレ恐慌は、通貨膨張としての貨幣の過剰と、生産に要する諸商品の不足をともない、（本書第六章、第八章でみる）古典的恐慌が、資本蓄積の過剰化から貨幣市場でのきびしい逼迫と諸商品の過剰化とを生じていたのと、まったく対照的な様相を特徴的に示していた。日本資本主義はその過程で、戦後初めて国内総生産（GNP）の収縮と、工鉱業生産の二〇％余の下落をみた。一九七〇年代をつうじ、インフレ恐慌後の経済回復は微弱で不況とインフレが共存するスタグフレーションが続き、中小企業の倒産も高水準にあった。政府によるケインズ主義的景気回復政策にもかかわらず、過剰な固定資本の遊休が存続し、産業投資は再活性化されえなかった。日本資本主義は、この時期以降、他の先進資本主義諸国とともに、あきらかに新たな慢性的停滞局面に移行する。

日本資本主義のこのような戦後の回復、高成長とその後の衰退を背景に、日本のマルクス経済学の歩みをふりかえってみよう。アメリカに先導された戦後日本資本主義の奇跡といわれた回復から一九六〇年代までの高成長も、むろんマルクス経済学をふくむ日本の学問研究に多大な影響を与え、その重要な関心事とされた。しかしそれにさきだつファシズムによる戦争と敗戦の経験は、日本の学界にも深刻な衝撃を与え、多くの分野での反省と再出発をせまることとなった(30)。

まず戦前からの多くのマルクス経済学者が大学から放逐されながら、第二次大戦を（西ドイツでのケースと異なり）生き延びることができ、大学に復帰し、学生にも熱い歓迎をうけた。アメリカの占領政策も当初は、マルクス学派に寛大であった。それは大学の民主化の一面でもあり、ファシズムに最も強固に抵抗した学派と日本の世論も認めていたためといえよう。東西冷戦体制化にともない占領軍（GHQ）の指令で共産党幹部の公職追放をおこなった一九四九―五〇年のレッド・パージも、日本の大学からマルクス学派を排除するにはいたらなかった。戦後の日本の大学での学問研究の自律性の尊重は、マルクス学派がそのもとで研究と教育を続けられるリベラルな環境を保持していた。

マルクス経済学者は、その後継者をふくめ大学のなかでその数を保持し増加することができ、まもなく一〇〇〇人をこす専門研究者を有するにいたる。その内外での自由で開かれた研究と論争は、世界的にみてもマルクス経済学が活発化する例外的環境をなしていた。当時さほど自覚されていなかったにせよ、一九六〇年代までのこの日本の学問状況は、マルクス経済学が、スターリニズムのもとで理論的に教条化されていた「社会主義」諸国や、ナチスの弾圧によりマルクス学派の伝統がほとんど一時根絶されていた西ドイツや、広義の(ケインズ学派もふくむ)新古典派経済学に圧倒的に支配されていた英語圏の諸大学の経済学研究と対比し、際立って特徴的であったように思われる。日本における経済史の研究者も(注26でふれた大塚史学のように)、ドイツ歴史学派の接近とあわせ、マルクス経済学から多大の影響をうけていることが多かった。

(2) 新古典派経済学とマルクス経済学

戦後の日本の経済学の研究と教育に顕著な事象のひとつは、競合的なマルクス経済学の再生および発展と並行して、広義の新古典派経済学が急速に成長し拡大してきたことにある。戦前における限界理論の導入の試みにもとづき、戦後はあいついで若い世代の多くの研究者たちがアメリカに留学し、アメリカの経済学界の主流派ないし正統派の経済学教育を日本に導入し広めようとしてきた。それは戦後日本社会のアメリカナイゼーションの重要な一環をなしていたともいえる〔この一文は原書にない〕。日本政府もアメリカとの交流、協力を重視し、政府、行政の公的職務、研究機関、諮問委員会などに新古典派経済学者を多用する傾向を強めてきている。戦後の大学の拡張や増設にともなう経済学の教職の増加も新古典派に有利に働き、一九七〇年代までには主要大学の経済学部での新古典派による教員の数は、マルクス経済学者にほぼ同じかそれを上回ろうとしているかと感じられていた。

理論的関心からすれば、戦後日本における新古典派経済学とマルクス経済学の発展は、大きくみて互いに独立的に進展していた。両学派のあいだの交流や論争もあまりなかった。戦前の価値論や地代論の論争を分水嶺として、戦後はそれぞれの学派が互いに異なる学問的課題と方法をよりはっきり意識するようになった。そのうえ日本の新古典派経済学者の主要な関心事は、英語圏の学界での先端的研究にキャッチアップし続け、その一員として認められる業績を示すことにおかれがちであり、英語圏の経済学界では、時期によって例外はあるにせよ、マルクス学派との交流や協力は少なかった。

マルクス経済学と新古典派体系との結合もときおり試みられはした。しかし、それは両学派の理論的統合を実質的に生みだしたとはいいがたい。むろん、マルクス学派の研究者も、実証的な世界経済や日本経済の現実分析にさいしては、現代的統計資料を大いに利用し、新古典派的学術用語もその分析結果もときに利用している。他方、日本の優れた新古典派の理論家の多くは、さまざまな問題についてのマルクス学派の見解も少なくとも承知はしている。しかし、基礎理論の分野では、両学派の課題のたてかたとそれにともなう方法論があまりにかけ離れていて、有機的統合を困難としている。

たとえば、杉本栄一の経済学史の研究は、著書『近代経済学史』(一九五三年)や『近代経済学の解明』(一九五〇年)にみられるように、マルクス経済学もいわゆる近代経済学としての新古典派経済学の諸潮流とほぼ同時代的にその一翼を形成し、しかも他の諸潮流の限界をこえる側面を有することを示そうとし、学説史的に両学派の総合を試みていた。しかし、それは基礎理論の内容において両学派の有機的統合を示したものとはいえず、その後の研究にもあまり継承されていない〔この段落は原書にない〕。

他方、新古典派経済学で多用され高度化されてきた数理的モデル分析をマルクス経済学の基礎理論の整理と展開に適用する試みは、戦前の柴田敬『理論経済学』上(一九三五年)を先駆として、一部にくりかえし試みられ、ある程度の成功を収めてきた。たとえばKoshimura(1984)は、線形数学の手法を用い、マルクスの再生産表式論を一種の不均衡論的恐慌論に拡張する試みを示しているが、それはあまり賛同を広げてはいない。置塩信雄の『資本制経済の基礎理論』(一九六五年)、『蓄積論』(一九六七年)、『マルクス経済学』(一九七七年)などに示された一連の数理的手法による剰余価値率と利潤率との関連の考察や不均衡累積的資本蓄積過程の動態論は、より大きな関心を集め、欧米でも広く参照されるようになっている。それは、欧米でマルクス経済学のルネッサンスが進展するなかで、マルクスの価値の生産価格への転形論をめぐり、新古典派、新リカード学派、マルクス学派が転形問題論争を再燃させたさいに、森嶋通夫の『マルクスの経済学』(一九七三年)が置塩の数理的分析に部分的に依拠していたためでもあった。そのさい、森嶋が結論的にはフォン・ノイマン型の成長理論にマルクスの労働価値説を置き換えることを推奨し、マルクス経済学の基礎理論を否認していたのにたいし、置塩の理論的検討はあきらかにマルクスの経済学の基礎を数理的に確証する意義を有し、その点では対称的方向性を示していた[31]。

柴田から置塩にいたるマルクス経済学の数理的展開の試みは、一九七〇年代のころまでは、日本のマルクス経済学の主な諸潮流のなかで典型的とはいえなかった。しかし、新古典派体系になじみの深い欧米の読者や研究者にはうけいれられやすい特質も有していた。その意味でもこのタイプの研究者がその後、日本の学界でも、たとえば吉原直毅やその周囲の若い世代に育つ可能性が増しているように思われる(以上二段落は原書より拡充され、再編されている)。

(3)正統派としての講座派

戦後の日本のマルクス経済学の分野で多数派を占めていたのは、戦前の講座派を継承する正統派としての講座派であった。講座派が正統派とされるのはたんに多数派であったからだけでなく、その研究がマルクス主義の正統性を保持してきたと思われる日本共産党の路線と結びつき親和性を有していたためでもある。したがってまたその支配的見解は、日本共産党の方針に従って、大幅に動揺してきた。

敗戦直後には正統派のなかに新講座派が支配的となった。たとえば豊田四郎『日本資本主義構造の理論』(一九四八年)や神山茂夫『日本農業における資本主義の発達』(一九四七年)がこの時期の代表的著作とされていた。そこでは、レーニンの『ロシアにおける資本主義の発展』（一八九九年）における農業の資本主義化の「二つの道」の規定の適用が図られていた。すなわち、戦前の旧講座派には資本主義の発展という見地が欠けていたとする点では労農派と折衷的見地をとりながら、新講座派は、レーニンがロシアについて指摘していた農業の資本主義化にさいしての地主主導のプロシア型の道と、農民主導のアメリカ型の道との対抗が日本にも認められるとみなし、当時進行していた農地改革についての下からの農民委員会による改革路線を支持し、そこに農業の資本主義的発達の可能性を認めていた。

他方、戦前の講座派を理論的に代表していた山田盛太郎は「農地改革の歴史的意義」（一九四九年）において、占領下の農地改革が旧来の半封建的土地所有制度を廃絶し、新たに農民的小土地所有制度を創設したと主張した。栗原百寿《くりはらはくじゅ》『現代日本農業論』（一九五一年）も以前の自説を改め、農地改革が地主を解体し、小農は直接に国家独占資本主義のもとにおかれるにいたり、しかもその収奪のもとで農業の資本主義的発展の展望は与えられていないと批判的に論じた。それは講座派の流れのなかでは顕著な現実的業績をなしていた。

とはいえ、戦後の農地改革が農業における資本主義的発展の展望を与えるものでなかったにもかかわらず、旧来の半封建的土地所有を廃止する一種のブルジョア革命とされるのであれば、さかのぼって明治維新にも（労農派がほぼそうみていたように）同様の規定を与えることもできるのではないか。そこに戦前の講座派の特徴的分析と首尾一貫しないおそれが残った。

しかも、一九五一年一〇月、日本共産党は、ソ連主導のコミンフォルム（共産党・労働者党情報局）の指示にしたがい「日本共産党の当面の要求」を「新綱領」として採択した。そこでは、日本はアメリカ帝国主義への植民地的従属のもとで、半封建的地主制をふくむ戦前以来の階級構造を温存しており、したがって民族独立と民主主義革命が当面の政治課題となると規定し、アメリカへの従属関係を付け加えたにせよ、戦前の三二年テーゼとそれによる講座派の見解を戦後に復活したような二段階革命路線が示されていた。その見地から講座派の大多数の理論家たちは、新講座派や栗原の見解をきびしく批判し、あるいは自己批判をしつつ、あらためて『日本資本主義講座』全一〇巻・別巻一

（一九五三―五五年）を「新綱領」にそって共同執筆している。

その代表的著者のひとりは井上晴丸で、第五巻におさめられたその論文などで、戦前からの半封建的地主制存続の根拠として、戦後の農地改革後も山林の所有地がそのまま残されていることや一町歩未満の小作地の残存をあげていた。しかしこれらの史実は、農民の経済外的強制による封建的農奴制による搾取関係の存続を科学的に示す論拠としては説得的でなかった。弱体化した耕地の地主や山林地主にむけて農民を組織しようとした政治路線も有効に機能せず、山林工作隊の冒険主義的戦術ともあいまって、農民運動にも破壊的影響をおよぼしていった。そのため、『日本資本主義講座』の刊行完了直後に、日本共産党は「新綱領」を事実上廃棄する方向転換を示し、それとともに『講座』も一挙に支持を失い、正統派としての講座派内部での学問的批判・検討も経ないままみすてられる。(32)

その後講座派は、日本資本主義分析に統一的で体系的な見解を示しえず、事実上解体傾向をたどった。一九五六年にはじまるスターリン批判の衝撃も、正統派としての講座派の一体性を弱め、その理論的権威を低下させた。日本共産党は、「新綱領」後も、アメリカ帝国主義への従属からの日本の民族独立を基本戦略目標とし、民族独立・民主主義政権の実現を社会主義革命の前提条件とし、その点にかつての二段階革命路線をひきついでいた。それに対応して、一部にいわゆる従属論争――高度な資本主義国でありながら、アメリカに従属し、植民地化しているといえるのか否か、さらに自立的帝国主義国として復活しつつあるのか否か――が争われた。しかしこの論争も、一方で政治実践上の見解の対立が先行し、他方でレーニンの『帝国主義』論の規定が公式的に議論の基準とされ、日本資本主義分析の新たな発展をかならずしももたらさなかった。

それとともに日本共産党は第六回全国協議会（六全協、一九五五年）以来、議会主義的、改良主義的傾向を強め、事実上ユーロコミュニズム路線に近づく。そうしたなかで、日本資本主義の半封建性、後進性を強調していた講座派の理論的立場は、日本共産党の政治論からも、日本資本主義の高度成長の実態からも乖離し風化する傾向をまぬがれなかった。一部の講座派理論家は、国家の経済過程への介入が進展しているなかで、国家政策の民主主義的転換をつうじ社会主義への移行も可能となってきているとする構造改革派に転進している。その見地から東独のK・ツィーシャンクの「国家独占資本主義の若干の理論問題」(一九五七年〔ツィーシャンク 一九五八〕)が評価され、その訳稿をふくむ井汲卓一編『国家独占資本主義』(一九五八年)や今井則義ほか『日本の国家独占資本主義』(一九六〇年)なども注目を集めた。しかしその構造改革派も正統派としての講座派を統合する見地とはならず、一九五〇年代後半以降、講座派の正統派としての日本資本主義分析の統合性や権威は低下してきたといえよう。

基礎理論の領域では、講座派系理論家の多くはマルクスの著作、草稿、遺稿などをめぐる解釈学的傾向を示してきた。ソ連圏の理論研究がスターリン体制のもとで独創的発展を制約されて教条主義化した影響も小さくなかった。たとえば労農派から出発して講座派系理論家との協働関係を深めた久留間鮫造『マルクス経済学レキシコン』全一五巻(一九六八―八五年)は、マルクスからの引用をさまざまな分類項目のもとに整理集成した労作であるが、理論的に独創的な展開を試みたものとはいえないであろう〔以上の六段落は原書より大幅に加筆・修正・再編されている〕。

価値論においては、講座派系理論家の多くは、『資本論』での価値の生産価格への転化論を、単純商品生産から資本主義的生産への歴史的発展にそくした論理とみる戦前からの歴史的・論理的展開説を戦後も基本とみなしてきた。たとえば宮川実『資本論研究』全五冊(一九四九年)、山本二三丸『価値論研究』(山本 一九六二)、大島雄一『価格と資本の理論』(大島 一九六五)などをその典型例としてあげることができる。しかし、戦前の価値論論争におけるこの類型の解釈についてみた理論的困難を、それらが解決していたとは思えない。

恐慌論に関しては、講座派系の多くの研究はマルクスの再生産表式論にもとづき、消費制限説ないしは不均衡説的な商品過剰論を発展させようとする試みを重ねてきた。戦前の山田盛太郎『再生産過程表式分析序論』(一九三一年)が消費制限説的過剰生産論の原型を提示し、戦後には川崎巳三郎『恐慌』(一九四九年)や宇高基輔・南克巳「『資本論』における恐慌理論の基本構成」がそれを継承発展させようとしていた。(33)

むろん資本蓄積は、労働者の消費水準を相対的に低い水準にとどめておかなければ可能でない。その意味では、労働者の消費制限は資本蓄積とそれにともなう恐慌の基礎となるとみてよい。しかし、かりに消費財生産部門に労働者の制限された有効需要により消費手段の過剰恐慌が生じ、販売困難や価格下落がみられても、生産手段生産部門をもふくむ全体としての資本蓄積がなお進行可能であれば、雇用拡大をつうじ、消費手段の供給過剰も緩和・解消されてゆくことにもなりうる。社会全体の資本蓄積内部には、さまざまな商品の過剰供給を生じてはそれを吸収するような市場価格と利潤率の変動にしたがった、たえざる無政府的な投資の再調整がくりかえされており、そこに価値法則がつらぬかれてゆく資本主義経済の具体的メカニズムが構成されているのである。その観点からみると、労働者の消費制限に関連して発生しうる消費手段の過剰供給は、かならずしもつねに全般的過剰生産をもたらすとはいえない。

とすればいかにして、またなぜ資本主義的生産と蓄積の過程における需給の調整が全面的にマヒし機能不全におちいる激発的恐慌が必然的に、しかも周期的に発生するのであろうか。『資本論』のマルクスは産業革命を経て確立された成長期の一九世紀の資本主義経済に法則的に反復されていた周期的恐慌の必然性、激発性、周期性を原理的に解明する課題を追究していた。消費制限説的商品過剰生産論的恐慌論は、『資本論』の一部から読みとれなくはないが、その課題に十分こたえるものとはいえず、『資本論』の恐慌論の全体を利用したものともいえない〔この段落は原書より拡充されている〕。

そのため講座派系の理論家の有力な一群は、資本蓄積の過程で固定資本への新投資や更新投資の波が、生産部門間の均衡を大きく崩す周期的不均衡を追加的に生じうることを再生産表式論に組み込んで、恐慌の周期性や必然性をあきらかにする試みをすすめている。それは本書第六章でもあらためてみるような『資本論』の多様な恐慌論のなかの過少消費説的恐慌論と不均衡説的恐慌論とを接合しようとする試みともいえる。たとえば吉村達次『恐慌論の研究』（一九六一年）、富塚良三『恐慌論研究』（一九六二年）、井村喜代子『恐慌・産業循環の理論』（一九七三年）などがその代表例としてあげられる。

しかし、そうした試みも後に第六―七章でも検討するように、商品過剰論としての恐慌論の基本的困難を残さざるをえなかった。というのは、固定資本の不均等な投資や更新をめぐる不均衡も、全体としての資本蓄積により根本的困難が生じていないならば、部分的商品の過不足として局部的攪乱として克服され、全般的過剰生産、恐慌を生じない可能性も多分に残りうるからである。それとともに固定資本の規模が巨大化し、その投資や更新の波動が景気循環に大きな影響を与えるようになるのは、むしろ一九世紀末以降の重化学工業に資本蓄積の基盤が移行して以降のことで、その時期に生じた景気循環の長期波動化や恐慌の形態変化は、周期的恐慌の原理をこえる複雑で具体的考察を要するところもあることにも注意しておきたい〔この一文は原書にない〕。

一九五〇年代以降の日本のマルクス学派では、価値論、恐慌論に加え、信用論ないし利子論が関心を集めるようになった。それは、『資本論』の全体系にわたる研究の進展、とくに恐慌論研究との関連とあわせ、戦後の資本主義にとって重要なインフレーションやケインズ経済学の意義の批判的考察の基礎への関心を集約的に示していた〔この一文は原書にない〕。マルクス学派の内部に二七〇名をこえる専門的研究者を集め「信用理論研究会」が学会として組織され活発な年次大会や機関誌での交流が組織されたのは、戦前の日本ではなかったことであり、世界的にも稀有のことであった。その活動の一端は、信用理論研究会『講座信用理論体系』全四巻〔一九五六年〕にもうかがえる。その編集にあたったのは川合一郎、玉野井芳郎、三宅義夫、生川栄治、飯田繁らであり、そのもとで金融論の研究者も若い世代に育っていった。もっとも、信用論の研究は講座派にかぎられていなかった。この信用理論研究会でも、後に述べる宇野弘蔵にはじまる宇野学派が当初から玉野井芳郎らにみられるように重要な役割を演じていた。

そのなかで講座派系の理論家は、この分野でもマルクスの著作や草稿の厳格な解釈にこだわる傾向がみられた。しかし、信用論や恐慌論のようにマルクス自身の研究が十分に完成されていない理論領域では、そのような解釈論的接近ではすまされないところがあった。『資本論』は基本的資料やその理論的検討の基礎を与えてくれてはいるが、それらを他の諸領域の原理的考察と整合的に完成することが求められているところがあったのではないか。ところが講座派系の理論家は、一方でマルクスによる信用や利子についての叙述や規定の文献的解釈にあまりに力点をおき、他方でそれらをまたあまりに直接的に現代の具体的状況に適用しようとして、基礎理論としても現実分析としても多くの疑問点を残していた。それは当時の「正統派」マルクス経済学者が教条主義的伝統を克服するうえでの困難を示す事例の一端をなしていた。

にもかかわらず、講座派経済学者のさまざまな分野での研究作業は学問的に有意義でなかったとはいえない。マルクスの著作のような重要な文献は、それらの評注や解釈も結局のところ何らかの基本的問題や示唆を与えるところがある。そのような講座派経済学者たちの著作が、戦後日本の知識人のあいだに広くマルクス主義とマルクス経済学を基礎的教養とするうえで不可欠な役割を果たしてもいた。実際、多くのかなり良質な入門的教科書が、マルクス主義文献の大量な邦訳とあわせて、講座派系の学者によって提供されてきた。たとえば『マルクス・エンゲルス全集』(全四一巻、補四巻)の翻訳、出版も大きく講座派系研究者によるところであった。それゆえ、講座派系研究者の存続と研究活動は、マルクス経済学が日本の学界と社会生活に確実に根をはってきた一般的基礎を提供していたともいえる。

(4) 戦後の労農派

戦後の労農派は、理論的には向坂逸郎により代表され指導されていた。向坂は、戦前からの労農派が結集した社会主義協会においてもしだいに中心的理論家としての役割を果たすようになる。社会主義協会は、戦後の議会でながく第二党として議席のほぼ三分の一は占め続けていた日本社会党を強くしようと支援する組織をなしており、労農派はその活動もあわせ、日本社会党の左派にかなりの影響力を有していた。たとえば一九五一年に日本社会党委員長に就任した鈴木茂三郎は戦前の雑誌『労農』の創刊以来の同人であった。

向坂によれば、戦後の農地改革はブルジョア革命でも半封建的土地所有制の再編でもなく、資本家階級の深刻な政治的危機を緩和するために、大地主を犠牲にして実施された近代的土地所有の改編をしめしている。この見解は講座派とはするどく対立し、明治維新がすでに一種のブルジョア革命であったとする戦前からの労農派の見地に整合していた。それはまた、日本により実質的な民主主義を実現するには直接に社会主義革命を促さなければならないとする労農派や社会党左派の政治的立場とも一致していた。一九五九―六〇年の三井三池炭鉱労働組合の解雇反対大争議にさいしての向坂と社会主義協会の献身的支援活動にも、その見地は一貫していた〔この一文は原書にない〕。

こうして労農派の日本資本主義分析は、戦後の農地改革やその後の労働運動への期待や支援もふくめ、比較的的確で一貫性があったとはいえ、日本資本主義の発展が、とくに農村部などに示していた歴史的特殊性を解明する問題は回避する傾向も引き続き示していた。その意味では、日本資本主義にも『資本論』の基礎的理論が直接適用されうることを強調していたことになる。

基礎理論の領域では、労農派の研究も講座派と同様に、独創的研究より、古典的文献の解説や正統派的解釈に重点をおいていた。たとえば向坂逸郎は『資本論』全三巻の新たな邦訳を刊行し、岡崎次郎もこれについで『資本論』全巻の邦訳を刊行している(34)。価値論においては、向坂逸郎『経済学方法論』(向坂 一九四九―五〇)や川口武彦『価値論争史論』(一九六四年)が、戦前の櫛田民蔵の見解を踏襲して、価値の生産価格への転化についての歴史的・論理的展開説を支持していた。

恐慌論では相原茂『蓄積と恐慌』(相原 一九四九)が、戦前からの研究にもとづき、ヨーロッパ圏でのマルクス派恐慌論を概観し、それらの理論的弱点を批判しつつ、不均衡説的商品過剰論を提示する試みをすすめていた。そのなかで、たとえばH・グロースマン『資本の蓄積並に崩壊の理論』(一九二九年(グロースマン 一九三二))が、マルクスの利潤率の傾向的低下の法則にもとづき、拡大再生産表式を、剰余価値率一〇〇%、年々可変資本は五%、不変資本一〇%増加するものと固定的に仮定し、資本蓄積が進行してゆくと、やがてある年以降資本家消費に残される剰余価値部分が減少し、消滅するにいたるので、資本蓄積は継続されなくなり資本主義の恐慌と崩壊が生ずるとしていた論理に、それは剰余価値率と可変資本、不変資本の増加率を機械的に不変と想定していた仮定のおき方に無理があったことを適確に批判していた(35)。本書第六章でも検討するように、マルクスの利潤率の傾向的低下の法則は、資本蓄積の年率を低下させる作用は生じうるが、その法則自体が資本蓄積を停止させ、資本主義の恐慌や崩壊を生ずるものとは考えられないのではなかろうか。相原によるこの点でのグロースマン批判はきわめて説得的であったので、それ以来、日本ではマルクスの利潤率の傾向的低下法則論にもとづく資本過剰論的恐慌論にはほとんど支持者がみられなくなった。

いずれにせよ労農派のマルクス理論家の多くが価値論において歴史的・論理的展開論を支持し、恐慌論において消費制限説的ないし不均衡説的商品過剰論を重視していたかぎり、その見解は講座派や海外の正統マルクス学派に基本的には近接していた。労農派と講座派との主要な差異は、日本資本主義の具体的な歴史的発展にマルクスの基本的規定をいかに適用するかをめぐる方法論的対立に集中していたといえよう。とはいえ、両学派の論争が未解決に残した方法論的問題も、その基礎理論における解説的研究の積み重ねも、日本の学界に広くマルクス学派を定着させ、戦後に成長する宇野学派のより創造的な研究の発展にも不可欠な基礎として役立てられてきた。

(5) 宇野学派の形成と発展

戦後日本のマルクス経済学研究においてもっとも注目すべき事象は、宇野弘蔵(一八九七―一九七七年)の独創的著作にもとづく宇野学派の形成と発展であった。何人かの労農派経済学者も糾合し、宇野派は正統的講座派に対抗する主要な学派となり、労農派の果たしていた役割にとってかわるにいたる。その理論家のある部分は社会主義協会に関与して、社会党左派の若い世代に影響を増していった。宇野理論はまた、社会党や共産党の外部の急進的な学生運動や労働者運動の有力な担い手のあいだにも支持者を増していた。一九七〇年代までには、日本の専門的マルクス経済学者の少なくともほぼ五分の一、二〇〇名余は宇野学派となっていたと思われる。

宇野は、明治維新をブルジョア革命であったとみなし、戦前は労農派の一員とみなされていた。しかし、日本資本主義論争には直接に参加せず、この論争のより体系的な解決を図るためにも、『資本論』の基礎理論の意義と内容を学問的に考究し、あわせてそれにもとづき、レーニンの『帝国主義』論を拡張して、資本主義の世界史的発展段階論を構成して、日本資本主義分析のような現状分析の考察基準を整えることが求められているとみていた。その独自の学問的方法と内容は、大別してつぎのような三面にわたり、戦後あいついであきらかにされ、広く論争を生じつつ支持者を増していった。

そのひとつの側面として、著書『資本論』と社会主義』（一九五八年）などに示されているように、宇野はソ連型正統派マルクス主義経済学の方法論的発想に抗し、マルクス経済学は客観的な社会科学として、ブルジョアイデオロギーはもとより社会主義イデオロギーや政治的主張からも、相対的に自立性を有しているべきであると主張していた。むろん、社会主義イデオロギーは、ブルジョアイデオロギーやその枠内での経済学の限界をあきらかにするうえでは重要な役割を演じうるが、それだけでは資本主義のもとでの社会経済諸関係に正確な理論的理解を与えるものとはならない〔原書ではこの後にもう一文あるが削られている〕。

実際、『資本論』の理論的内容は、たんなる社会主義イデオロギーの主張ではない。それは資本主義社会を支配している経済的運動法則をその特殊な歴史性とあわせて誰にでも理解可能な学問的考察の体系として構成しているのである。『資本論』にもとづく経済学の研究も学問的で客観的考察を史実と論理にしたがいすすめるべきであり、『資本論』などのマルクスの著作にせよ、エンゲルスやレーニンの著書にしても、誤りがあれば正し、未完成なところがあれば完成する学問的試みが加えられてよい。

こうした宇野の見解の妥当性は、正統派的講座派の日本資本主義分析の大幅な動揺や混乱、スターリンのもとでの世界的規模でのマルクス主義の教条主義的ひずみを顧みると、その批判的克服のためにもうなずけるところであった。実際、宇野は、スターリンの『ソ同盟における社会主義の経済的諸問題』（一九五二年）における、経済法則を自然法則と同様に社会主義の経済建設に利用できるという発想に、マルクスによる資本主義的経済法則は、むしろ社会主義により廃棄されうる歴史性をあわせて解明されていたのではないか、という鋭い反論を即座に提示していた。それはソ連と日本でのスターリン批判がはじまる三年前のことであった。それゆえ、宇野もその後継者たちもスターリニズムにもその崩壊にも影響をほとんど受けなかったし、共産党や社会党の政治方針の転変により研究内容に偏倚を生ずることもあまりなかった。その主要な任務は、より大きな射程でマルクス主義の学問的論拠をより確実なものとするために、社会科学としてのマルクス経済学の理論と実証を体系的に深化拡充することにあると考えられてきたのである。

そのさい、第二の独自の方法論的側面として、宇野はマルクス経済学の全体を、次元の異なるつぎのような三段階に体系的に区分し、それぞれの課題とその関連を明確にしようとする三段階論を提唱していた。すなわちまず、『資本論』に学んで、社会科学としての経済学の原理論が、内容的になお不明確な箇所や疑問点を学問的に解決して、完成されるよう体系的に整えられなければならない。そこでは全面的な商品経済社会を形成する資本主義的生産の純粋に経済的な運動法則の原理的解明が課題とされる。そのさい宇野は、一九世紀中葉にいたるイギリス経済の歴史的発展が、資本家と賃金労働者と土地所有者の三大階級で構成される完全な資本主義社会に純化されてゆく傾向があったことを重視している。その歴史的傾向が、『資本論』において、資本主義経済の原理を体系的に解明しうる「純粋な資本主義社会」の抽象を可能とする唯物論的認識の客観的基礎をなしていたと宇野はみていたのである。

社会科学としてのマルクス経済学は、こうした原理論にもとづき、ついで資本主義の世界史的発展段階論を形成する研究次元を必要としている。そこでは資本主義の世界史的発生、成長、爛熟の各段階が、それぞれに支配的な商人資本、産業資本、金融資本の蓄積様式とそれに対応する主要な経済政策の特徴的変化とあわせて、典型論的に具体的に考察されなければならない。宇野は、資本主義の世界史的発展段階として、重商主義、自由主義、帝国主義の三段階の推移を、著書『経済政策論』(宇野 一九七一)で典型論的に解明している。重商主義段階は、羊毛工業の台頭にもとづくイギリス商人資本の蓄積様式を典型とする発生期の資本主義の特徴を示し、ついで産業革命を経て確立されたイギリス産業資本のもとでの綿工業の蓄積様式が成長期の資本主義の自由主義政策を基礎づけていたことが示される。帝国主義段階は、一九世紀末からの重工業の発展にともないドイツ、イギリス、アメリカにそれぞれ異なる類型の金融資本が支配的蓄積様式となる爛熟期の資本主義のもとで、世界市場の植民地や半植民地としての列強による分割と再分割の角逐が世界戦争の危機をまねく時代とされる〔以上二段落は原書より拡充されている〕。

レーニンの『帝国主義』論(一九一七年(レーニン 一九五六))は、資本主義の世界史的発展のこの第三段階を、具体的な主要産業、金融組織、世界市場とその分割支配の変化を帝国主義的経済政策の基礎として解明し、世界戦争の危機をもたらす資本主義の最高の最後の段階として解明しようとしていた。この段階の支配的資本をなす金融資本の重工業の独占組織は、競争的世界市場から国家の独占関税などの保護主義により多少とも隔離された、各列強の国内市場における産業的および金融的蓄積過程に生じたそれぞれに特殊な歴史的変化を考察しなければ理解されえない。とりわけ第一次世界大戦を必然化してゆく資本主義列強間の帝国主義的敵対関係は、それら諸国の金融資本の歴史的具体的研究をつうじあきらかにされなければならない。帝国主義の研究は、その意味で、この発展段階に支配的な資本の一般的様相を分析するだけでなく、その国民的類型の相違も考察しなければならないのである。レーニンの帝国主義論には、ときおり『資本論』の資本蓄積論から金融・独占資本の形成が直接原理的に導出されるかのように読めるところがないではない。しかし、むしろ二〇世紀初頭の列強の世界市場における帝国主義的角逐をもたらす具体的金融資本の類型の国民的歴史的様相の相違とそれによる国家の経済政策の対立関係の考察に、第一次世界大戦の必然性と意義を解明する優れた貢献が示されている。その側面は、国家の経済政策や世界市場の具体的考察をふくまない『資本論』の原理論にもとづきながら、同じ研究次元でのその延長上にえられる研究とはいえず、資本主義の世界史的発展段階論としての帝国主義段階論を提示するものとなっていた(36)。

そのようなレーニンの『帝国主義』論の意義を明確にするために、宇野はマルクス経済学の体系的方法論として『資本論』のような原理論と、『帝国主義』のような資本主義の世界史的発展段階論との研究次元の区分と関連を重視し、帝国主義段階に先行する重商主義段階、自由主義段階をふくむ資本主義の発展段階論の全体を『経済政策論』に提示する試みをすすめていたのである。

そのさい、資本主義世界市場の周辺におかれていた日本や他の途上諸国のような後発諸国の後発的資本主義国としての歴史的発展は、資本主義の世界史的発展段階論では扱えない、現状分析の研究次元での課題とみなされていた。それとともに第一次世界大戦後の世界経済もまた現状分析としてのより現実的考察を要するところとみなされた。その重要な理由として、ロシア革命を生じた戦後の資本主義諸国の経済政策は、もはや支配的資本の経済利害のみによって動かされるものではなくなり、内外の「社会主義の脅威」に対応する政治的必要によっても導かれるところとなったことがあげられる。この時期以降、世界史はたんなる資本主義の歴史ではなくなり、むしろ資本主義から社会主義への過渡期に入ったのではないか。

宇野はほぼこうした観点から、第一次大戦以降の世界経済と日本のような後発資本主義国の発展も、ともに第三の研究次元としての現状分析における、具体的歴史的状況にそくした考察課題となるとみていた。この研究次元での現状分析には『資本論』による原理論とあわせ、資本主義の世界史的発展段階論が考察基準として活かされなければならない。

こうしてマルクス経済学の主要な研究領域を原理論、段階論、現状分析の三次元に体系的に分化する方法論は宇野三段階論とよばれた(37)。その観点からみれば、戦前からの講座派も労農派も、『資本論』の原理論をあまりに性急に直接、日本資本主義に適用しようとしていた。労農派は、概して『資本論』の理論的諸規定にもとづき、日本も明治維新以降、純粋の資本主義社会を形成する過程としての資本主義の発展法則にしたがっていることのみに焦点をあわせ、とくに農業部門におけるその特殊な様相にはあまり注意をむけない傾向があった。それとは逆に、講座派は、地代論にみられるように農業部門まで資本主義的生産に支配されている、『資本論』での純粋な資本主義社会の叙述と直接に対比して、日本資本主義の農業部門での非資本主義的特殊性を日本社会の半封建的基礎として強調し続けていた。

しかし、原理論と日本資本主義の現状分析とのあいだに資本主義の世界史的発展段階論を挿入して再考すれば、その両学派のそれぞれに一面的な結論は回避できる。段階論によれば、イギリスからすでに高度な資本構成を要するようになった技術を輸入して工業化を後発的にはじめたドイツのような資本主義国では、資本蓄積が比較的少数の賃金労働者を雇用してすすめられるので、農村部における貧困な農民層としてかなり大量の潜在的産業予備軍を残存させたまま、先進的帝国主義の典型国となることが解明される。ドイツの金融資本の国民的特殊性とそのもとでの帝国主義的対外政策とは、農業保護関税が鉄鋼などの独占保護関税とあわせて設定されるように、農業問題を社会政策の一環として内包していた。これを参照基準の一環とすれば、ドイツよりさらに遅れて発足した日本資本主義が長期にわたり、大多数の貧困な農民層と高度に集中された財閥形態での金融資本との共存関係として、社会経済的な農業問題に直面し続けたことも理解され分析されやすくなる。宇野三段階論の方法は、こうした観点からも日本資本主義とその農業問題とをより適切に分析し理解するうえで役立った。

こうした接近方法に促された日本資本主義の発展とその農業問題についての宇野学派の研究者たちによる多くの実証的分析は、理論的にも実証的にも従前の講座派と労農派の批判をふくんですすめられた。とりわけ大内力の明快な研究成果が、著書『日本資本主義の農業問題』(一九四八年)や『日本経済論』上下(一九六二―六三年)、さらに梶西光速《かじにしみつはや》、加藤俊彦、大島清との共著『日本における資本主義の発達』全一三巻(一九五四―六九年)などにあいついで示され、後継世代をひきつけ育てていった。

それとともに宇野学派の若い世代は、世界的な金融資本、帝国主義、恐慌や不況、現代の資本主義的世界システムなどにも理論的実証的研究をすすめてきている。

宇野自身は、その方法論により、こうした広範な現状分析的研究を促しながら、みずからは『資本論』の理論体系をマルクス経済学の段階論と現状分析の基礎となる原理論として純化、完成することに大きな努力をかたむけていた。その成果は、『資本論』全三巻の理論体系の精髄を経済学の原理論として純化、圧縮した、独創的著書『経済原論』上下(一九五〇―五二年(宇野 一九七七))に、ついでこれをさらにコンパクトな理論体系としてしあげた『経済原論』(一九六四年(宇野 二〇一六))に提示される。[38] それらに凝集して示された宇野の『資本論』の基礎理論の展開をめぐる独創性に満ちた解釈は、戦後日本の価値論、貨幣論、蓄積論、生産価格論、地代論、信用論、商業資本論、恐慌論などにわたるマルクス経済学の基礎的理論研究のほとんど大部分が、それをめぐって進展する中軸ないし発端の役割を果たしてきたようにさえ思われる。宇野自身のこの原理論としての『資本論』研究の領域での著作は、全一〇巻と別巻一冊から成る『宇野弘蔵著作集』(一九七三―七四年)の最初の六巻を占めており、この領域の研究が宇野によりいかに重要視されていたかがうかがわれる。実際、社会科学としてのマルクス経済学のイデオロギーからの自立性を主張し、その全体系を三段階論の方法として整備しようとする宇野学派に特徴的な二面も、基本的にはこの『資本論』の原理論としての研究の進展・深化をすすめた宇野学派の第三の特徴的一面に大きく支えられていた〔この一文は原書にない〕。

価値論の研究においては、宇野は戦前からの価値論論争に残されていたディレンマから脱出する新たな展望をひらいた。ことに、『資本論』第一巻の価値から第三巻での生産価格への展開について、エンゲルスとヒルファディングにより提示され、日本のマルクス学派の理論家の多くもそれにしたがっていた歴史的・論理的展開説は、諸商品の等労働量交換としての価値法則を、たんなる仮説的想定としてではなく、その現実的な唯物論的基礎により論証しようと試みていた。しかし、『資本論』冒頭の商品を先資本主義的商品とみなすその解釈は、価値法則の社会的必然性を示すために、資本主義に先行し、単純商品生産者のみからなる無階級社会を仮説的に前提することとなっていた。そのようなディレンマを回避するために、『資本論』冒頭での商品もその交換をつうじて示される価値法則も、資本主義的商品によるものと解釈するマルクス理論家も生じてはいた。しかし、『資本論』第一巻は、あきらかにその第三編以降で資本主義的生産過程の考察にすすんでいるので、それに先立つ冒頭商品論での価値法則の社会的必然性の論証は、なお論証できない仮説的な提示と解釈されざるをえないところともなっていた。いずれにせよ、マルクスの労働価値説が仮説的な理論モデルとみなされるならば、それは新古典派や新リカード学派の価格理論のモデルと代替可能ではないかとみなされやすくなるであろう。(39)

宇野は、労働価値説についてそのような仮説的接近をさけ、その現実的な社会的必然性を論証しようとつとめていた。労働力が商品化される資本主義社会では、すべての消費手段も生産手段も商品形態で再生産されるにいたる。そのような社会での諸商品の価値関係は、それぞれの労働生産物に対象化されている労働量の社会的関係を全面的に包摂し媒介することとなる。こうして社会的再生産が諸商品の価値関係をつうじ反復されえているかぎり、価値関係は諸商品の再生産に要する労働量の社会的関係をその実体としてふくみそれを提示するものとならざるをえない。宇野はほぼこうした観点から、価値法則の社会的必然性は、資本主義的生産の社会的内実にそくしてはじめて確実に論証可能となると主張していた。しかし、そうなると、『資本論』において、資本主義的生産過程の解明に先行して展開されている商品、貨幣、資本の価値関係の考察はどのように扱われることになるのであろうか。

この点で『資本論』第一巻の第一、二編における商品、貨幣、資本の理論的考察は、古典派や新古典派にはみられないマルクスの独創的な価値の形態論をふくみ、さしあたりその考察は価値の実体としての労働量の関係に論及することなしに、純粋の流通形態論として再構成しうることを宇野は発見した。そのような理論的再構成は、商品経済がもともと資本主義に先行するさまざまな政治的共同体的社会内部の主要な社会的再生産過程にとって、外的な社会と社会のあいだの交易における経済関係として発生し、発達していたという、マルクスに特有な認識にも一致していた。資本主義社会に特有の基本的に無政府的で私的なしくみの歴史的特性は、資本主義にさきだつ共同体諸社会内部の互酬や再配分のしくみを解体し、本来は社会のあいだの経済関係として発生していた商品経済を、労働力の商品化にもとづき社会内部の経済秩序に転化した結果にほかならない。

そうしてみると、宇野による商品、貨幣、資本の流通形態論としての再構成は、資本主義的生産と商品流通との機械的分離とみなされてはならない。それは、むしろ商品経済と資本主義的生産との歴史的特性を適確に理解する深い含意を有している。同時にそれは、労働価値説における価値法則を資本主義的商品生産の社会的必然性にそくして論証し、あわせて商品経済のより広い歴史的特性も論理的にあきらかにするものとなっている。それによって、価値論論争のなかで、『資本論』の冒頭商品をめぐる資本主義的商品説と先資本主義的商品説との対立とそれぞれにのこされたディレンマを解決する道をひらくものとなった。

宇野学派を形成する後継世代がこれに続いた。たとえば鈴木鴻一郎編『経済学原理論』上下(鈴木編 一九六〇―六二)および岩田弘『世界資本主義』(岩田 一九六四)は、宇野の流通形態論の方法論的含意を拡大しようと試みた。(40) 大内秀明『価値論の形成』(大内 一九六四)と櫻井毅『生産価格の理論』(櫻井 一九六八)は宇野の見解を、価値論の学説史や欧米の転形問題論争の再検討に適用している。それらの貢献をさらに展開しようとする本書のマルクス価値論をめぐる理論的再考と欧米の論争への寄与は第三章に集約されている。

マルクスの地代論にもこの学派の理論家による新たな視角からの検討が加えられている。たとえば大内力『地代と土地所有』(大内 一九五八)と日高普『地代論研究』(日高 一九六二)とは、宇野の市場価値論の研究にもとづき、マルクスの差額地代論は、市場価値論ないし市場生産価格論の修正ではなく、むしろその直接的適用として理解されるべきであると主張した。マルクスの絶対地代の規定とその限度についての規定にも、再検討が加えられている。(41)

宇野はまたマルクスの複合的な恐慌論のなかで、資本過剰論的恐慌論を『経済原論』や『恐慌論』(一九五三年(宇野 二〇一〇))において重視し、再構成している。それまでむしろ支持者が多かった消費制限説的ないし不均衡説的商品過剰論としての恐慌論とは対照的に、宇野は、『資本論』(第三巻第一五章)における労働人口に比しての資本の絶対的過剰生産の規定の重要性を強調していた。それとともに『資本論』第一巻の資本蓄積論と第三巻の信用制度論の整備を周期的恐慌論の完成に不可欠のところとみなしていた。その結果示された宇野の恐慌論は、『資本論』の複雑で多分に未完成な恐慌論を、完成し、商品過剰論的恐慌論の基本的困難を克服して、労働力の商品化にもとづく資本主義の内的矛盾の発現としての激発的で周期的な恐慌の必然性を原理的に論証する有力な試みをなしていた。拙著『信用と恐慌』(伊藤 一九七三)はその試みを原理論の分野で継承し補完することを意図し、そのある部分は本書の第六―七章に要約されている。宇野学派の理論家による著作はあきらかに数を増し続けており、その影響は日本だけでなく欧米諸国にも拡大することとなるであろう。本書の次章ではそのなかから宇野恐慌論を現代資本主義の多重危機に適用する試みをみておこう〔この一文は原書にない〕。

4 結語

本章でみてきたような日本におけるマルクス経済学の発展を欧米諸国における最近のマルクス経済学のルネッサンス状況と比較してみるなら、いくつかの興味深い対比が指摘できる。

日本におけるマルクス経済学の研究は、ミクロとマクロの新古典派経済学の体系が標準的主流派経済学としてアメリカの学界から輸入されるにさきだって、第一次世界大戦の前後から進展していた。したがって、日本のマルクス経済学者は、新古典派経済学のたとえばベーム＝バヴェルクによるマルクス労働価値説への批判やそれを継承する日本での論難には反論をすすめてはいたが、新古典派経済学の体系全体を批判したり、あるいはその数理的手法を活用するような研究は、例外的にはともかく概して関心の外におきがちであった。マルクス経済学の理論的、実証的研究の主要な関心は、『資本論』の経済学の内容とその後の資本主義の世界史的発展や日本資本主義分析への適用をめぐり、マルクス学派としての海外と日本の研究を深めることに集中される傾向があった。しかも第二次大戦後におけるその発展は、ソ連型マルクス主義経済学の教条的傾向に批判的に対峙する宇野学派のような学問的に自立的な研究も可能とされていた。その結果、たとえば『資本論』研究のような分野では、おそらく世界的にも最も先進的な水準に達していたといえよう〔以上二段落は原書より大幅に拡充されている〕。

それと比較すると、最近の欧米諸国でのマルクス経済学の研究は、圧倒的に支配的な主流派としての新古典派経済学のもとで、埋もれていたマルクス経済学の挑戦的再生運動としてはじめられてきた。それゆえ、欧米マルクス学派の研究者たちは、正統派としての新古典派経済学をみずからの学問的素養の基礎としつつ、その克服と批判に大きな関心をむけることとならざるをえない。この分野ではたしかに日本のマルクス経済学者の多くより、欧米のマルクス経済学者のほうが、より体系的で全面的な批判とそれにともなう数理的手法の活用に高い適性を発揮していることが多い。理論的、実証的研究に現代的な数理的分析手法をマルクス学派としても活用する能力も身につけている研究者が目につく。

一九七〇年代ごろまでの日本と欧米とのマルクス学派の歴史的教養やそれにともなうこうした差異は、その両者の交流と協力の必要を低下させる事情ではありえない。むしろ逆に、マルクスの理論の根本的な健全性への認識を共有しつつ、そのような特性の相違があることは、両者の交流と協力が実り豊かになることを多分に示唆している。言語の壁はなおかなり高いとはいえ、マルクス経済学の学問的研究における相互の国際連帯が継続し拡大されるようさまざまな努力がすすめられるよう願っている。

とくに「第二版へのまえがき」でも述べた、その後の日本のマルクス経済学に訪れている第三の冬の時代のなかで、日本のマルクス学派が欧米マルクス学派に学び、交流をすすめる必要性はあきらかにいちだんと大きくなってきているといえよう〔この段落は原書にはない〕。

第二章　宇野理論と現代資本主義の多重危機

1　宇野理論の特徴

宇野理論は、日本の独創的マルクス経済学者、宇野弘蔵によって創始された。それは、前章でもみたように、三つの主要な特徴を有している。第一は、社会主義イデオロギーと客観的な社会科学としてのマルクス経済学の役割との明確な区分である。第二は、マルクス経済学の体系を、マルクスの『資本論』に読みとれるような原理論と、それにもとづきレーニンの『帝国主義』論(一九一七年(レーニン 一九五六))を補完した宇野の『経済政策論』(宇野 一九七一)に示されるような資本主義の世界史的発展段階論と、それらを考察枠組みとする第一次大戦後の現代資本主義や日本資本主義の分析のような現状分析との三つの研究次元への分化の方法である。第三は、それらの基礎として、(宇野の『経済原論』(一九六四年(宇野 二〇一六))に凝集されるような)『資本論』を原理論として純化、完成する試みであった。

これらの三つの特徴をつうじ、宇野理論は『資本論』の最も重要な諸部分を政治経済学の科学的研究の強固な原理的基礎として読み取ろうとつとめ、それを中間的な資本主義発展の段階論を介し、現代資本主義の危機に弾力的に適用しうるとみなしてきた。

私の理解では、『資本論』の理論的精髄は、おもに価値論と恐慌論とからなっている。

価値論については、A・スミス(一七七六年(スミス 二〇〇〇―〇一))とD・リカード(一八一七年(リカード 一九八七))

に代表される古典派経済学の労働価値説では無視されていた、商品、貨幣、資本のあいだの価値形態論をマルクスが独創的に発見したことを、宇野は体系的に強調していた。それに関連して宇野はまた「商品交換は、共同体の果てるところで、共同体が他の共同体またはその成員と接触する点で、始まる」(『資本論』邦訳①一六一頁)というマルクスの理論的認識を強調していた。宇野は、それと同様に、市場経済を形成する貨幣と資本の形態も、商品交換とともに、自給的で非市場的な共同体諸社会のあいだの(シルクロードにみられたような)対外的交易関係をつうじ発生し、発展していたことを指摘している(宇野 二〇一六、四七頁など)。『資本論』第一巻の最初の二編における、商品、貨幣、資本の価値形態論を、宇野が、商品に対象化される労働量の社会関係に論及しない純粋な流通形態論として、独創的に再構成したのも、あきらかに資本主義の歴史的な経済秩序と分離可能な、長い人類史にわたるそうした市場経済の史的性質への理論的洞察に深く関連している。

マルクスが述べているように、「資本主義時代を特徴づけるものは、労働力が労働者自身にとって彼のもっている商品という形態をとっており、したがって彼の労働が賃労働という形態をとっているということである。他方、この瞬間からはじめて労働生産物の商品形態が一般化されるのである」(『資本論』邦訳①二九九頁)。宇野は、価値の形態としての価格と諸商品に対象化されている価値の実体としての労働量との関係を規制する、価値法則の社会的必然性を、労働力の商品化にもとづく資本主義的生産の理論において論証しようとしていた。それは、マルクスにおける一種の古典派的残滓とも思われる見解に依拠した、資本主義に先行する単純商品生産者社会のモデルにもとづく従来の価値法則の説明を回避して、資本主義経済にそくした労働価値説の社会科学的論証の独創的試みをなしていた。

マルクスの価値論と価値の生産価格への転形論についての現代的論争をめぐり、宇野のこのような理論的貢献は、(次章でもみるように)価値の形態としての価格と商品に対象化される労働量の関係を体系的により整合的に理解することを容易にしてくれる可能性に富んでいる。ふりかえってみると、『資本論』第一巻三編五章の第二節「価値増殖過程」で、まず二〇労働時間と四労働時間が対象化されている一〇(重量)ポンドの綿花と紡錘四分の一個の摩耗分を生産手段として、一〇シリングと二シリングの価格で購入した資本家が、紡績工に労働力の日価値として三シリングを支払い、その価値に等しい六労働時間で一〇ポンドの綿糸を産出させ、あわせて三〇労働時間をふくむその綿糸を一五シリングで販売する事例を、いわば単純な価値形成過程として示し、これでは価値増殖にならないとし、ついで実は資本家は同じ労働力の日価値で労働力の使用価値として一二時間労働させて、六時間の剰余労働をふくめあわせて六〇労働時間をふくむ二〇ポンドの綿糸を生産させ、それを三〇シリングで販売して三シリングの剰余価値を獲得する価値増殖過程を、価値法則にしたがって実現していることをあきらかにしていた。宇野は、マルクスのこの単純な価値形成過程論を価値法則の論証の核心を示すところとして重視していた。確かに剰余労働がゼロなら、資本主義経済において、価値の形態と実体は直接的比例関係に落ち着かざるをえない。しかし、価値形成過程が現実には価値増殖過程に延長されて、必要労働をこえて剰余労働をともなうことになると、剰余労働の成果としての剰余価値の社会的配分関係には不等労働交換を許容しうる自由度ないし弾力性が存在し、その範囲で、価値の形態としての価格は価値の実体としての労働量から乖離しうる。このように価値法則の核心を、価値の形態と実体の関連において理解するなら、諸資本の競争をつうじ利潤率を均等化する生産価格の形態は、価値法則の修正を意味するものではなく、むしろ価値法則の具体的貫徹機構として位置づけられてよいことになる。

こうして、無政府的な市場経済を形成する価値の形態としての価格関係が、諸社会の経済生活の原則的基礎をなす労働・生産過程における労働量の社会的関連とその成果の配分を、特殊歴史的資本主義社会の運動法則として組織する原理を、『資本論』の価値論の展開から読みとって重視する宇野理論の観点からすると、そのしくみが古典派や新古典派の想定していた予定調和を実現するものではなく、むしろ自己破壊的な周期的恐慌としての危機を内部から必然的に生じ、矛盾をはらんだ動態を景気循環の機構として形成していることを、恐慌論として解明することが『資本論』に特有な経済学の原理的課題の重要な他の一面をなしていることも、読みとりやすくなる。価値論の展開上に恐慌論も整合的に、有機的な相互補完関係において解読され、整備されなければならないのである〔以上二段落は原書より大幅に拡充されている」。

『資本論』の恐慌論には、四つの恐慌の原因が示唆されていた。そのうちの二つは、抑圧された賃金にともなう消費需要の制約との関連（過少消費説）か、無政府的生産部門間の不均衡（不均衡説）の結果として、商品生産が有効需要に比して過剰化することを強調する商品過剰論的恐慌論をなしていた。他の二つは、資本蓄積の進行にともなう資本の有機的構成（C/V）の高度化による（資本構成高度化説）か、労働力の相対的不足化による賃金上昇の結果（労賃上昇説）として、利潤率の低落をともなう資本蓄積の過剰化が生ずることを重視する資本過剰論的恐慌論の類型を示していた。これらのなかからソ連型マルクス学派は、マルクスが反リカード派のシスモンディらの過少消費説を発展させようとしていたところと思われる、過少消費説的商品過剰論としての恐慌論を「正統派」的に支持していた。しかし、資本主義のもとで抑圧されがちな賃金労働者の消費需要の制約が恐慌の原因とされるのであれば、なぜ資本主義が不断に恐慌状態に陥っているわけではなく、むしろ消費需要もふくむ有効需要を資本蓄積の内部から拡大する好循環も好況期には実現しつつ、周期的景気循環のなかで恐慌を法則的に反復させることになるのか、理解しがたいことになるのではなかろうか。

そこで、宇野は『恐慌論』（一九五三年（宇野 二〇一〇））にみられるように、『資本論』第一巻七編二三章「資本主義的蓄積の一般的法則」、第三巻三編一五章利潤率の傾向的低下の法則の「内的諸矛盾の展開」、および第三巻五編三〇―三二章「貨幣資本と現実資本」Ⅰ、Ⅱ、Ⅲなどに読みとれる、労賃上昇説的資本過剰論としての恐慌論にもとづき、周期的恐慌論を、経済学の原理論の一環として完成する試みをすすめている。その試みは、労働力の商品化にもとづく資本主義経済の自己矛盾の発現としての激発的恐慌をつうじ、好況と不況が周期的に交代する論理的必然性を『資本論』によりつつ論証しようとするものとなっている。そのさい、『資本論』全巻のなかで完成度が最も低い、第三巻五編の再構成をすすめ、現実資本の蓄積を弾力的に促進しつつ、破壊的恐慌をひきおこす重要な契機ともなる信用制度と利子の動態の役割をマルクスによる恐慌論の不可欠な一環にくみこんだことも、特筆すべき貢献をなしている。

拙著『信用と恐慌』(伊藤 一九七三)は、その貢献を高く評価しつつ、さらに周期的恐慌の発生のしくみに信用を利用した投機的取引の拡張とその崩壊も原理的にくみこまれてよいことを、『資本論』にもよりつつ強調しておいた。と同時に商品過剰論の重視している商品の販売困難をともなう商品生産の過剰化も、好況末期にかけての投機的資本蓄積拡大にともなう部門間不均衡の拡大や、恐慌の結果としての失業増大による消費需要の縮小をつうじて、宇野恐慌論にくみこまれてよいところと思われる。

『資本論』とそれにもとづく宇野恐慌論が、原理的な考察の基礎としていた、古典的な景気循環と周期的恐慌は自由主義段階のイギリスを中心に一八二〇年代から一八六〇年代に反復されていた。そのことは、いくつかの意味で注目に値する。マルクスは、「ひとたび一定の運動に投げこまれた天体がつねに同じ運動をくりかえすのとまったく同様に、社会的生産もひとたび産業循環の膨張と収縮の交替運動に投げこまれるやいなや、つねに同じ運動をくりかえす」(『資本論』邦訳③二二二頁)と述べていたが、その印象的比喩は、誇張されたものであることがその後判明している。一九世紀末からの重工業の成長とそれにもとづく金融資本の形成、発展にともない、景気循環の様相は大きく変化して、一八七三―九六年の大不況や一九二九年にはじまる大恐慌のような長期にわたる構造的不況も生ずるようになっているからである。

宇野も『恐慌論』の長い「序論」において、周期的恐慌の基礎理論は、『資本論』がその考察の基礎としていた、一九世紀中葉における現実的な古典的恐慌の反復にもとづき解明されなければならないと主張していた。そのさい、宇野は、重商主義の時代から一九二九年以降の世界大恐慌の時代にいたる資本主義的恐慌の性格の歴史的変化に論及し、そこに資本主義の発展段階論ないし現代資本主義の現状分析として、原理論における恐慌論を考察基準としつつ、より具体的な恐慌の研究をすすめる必要性を示唆していた。そこで宇野が指摘しているように、重商主義段階の典型的恐慌をなす一六三四―三七年のオランダのチューリップ恐慌や一七二〇年のイギリスのサウスシーバブル崩壊にともなう恐慌も、金融不安定性に由来する資本主義的恐慌としての投機的金融恐慌をなしていた。典型的な周期的恐慌の原理は、そのような初期の重商主義的恐慌や、帝国主義段階とその後の現代資本主義の恐慌現象の特性を解明する考察基準となるが、段階論や現状分析における恐慌現象の考察に機械的に直接適用されることをもとめているわけではない。

実際また資本主義の自己破壊的な内的矛盾は、つねに経済恐慌にのみ発現するものともならない。資本主義の世界史的発展段階論においては、『資本論』のような原理論では扱われえない、国家や世界市場の役割が考慮にいれられ、それとともに重商主義的戦争や帝国主義的戦争のもたらす危機も検討課題となる。ことに一九世紀末からの帝国主義段階には、資本主義のもたらす社会経済的危機の焦点が、経済恐慌から列強の世界の分割をめぐる破壊的世界戦争の危機へ移行していった。一九世紀末の大不況が、自由主義段階から帝国主義段階へのそのような移行を促し媒介する契機となった(伊藤 一九六四)。すなわち、イギリス主導の世界的に支配的な産業が綿工業から鉄鋼業などの重工業に移り、それを組織する(巨大株式資本を中核におく)金融資本が、世界的規模で鉄道建設などに資本の輸出を増大する傾向が、大不況の過程で進展する。その過程でイギリスの産業的蓄積が綿工業でも重工業でも成熟し、資金が対外投資に流出するなかで、競合的なドイツやアメリカの重工業とそれを組織する金融資本の発展が大不況末期にイギリスにキャッチアップする機会を与えられた。それにともない列強の世界市場をめぐる金融(独占)資本の利害にそった帝国主義的抗争が、独占保護関税や植民地の再分割要求などをつうじ激化していった。その結果、破壊的な第一次世界大戦が、競合的な帝国主義列強のあいだに発生したのである。

宇野の『経済政策論』(宇野 一九七一)は、それに先行する重商主義段階、自由主義段階とあわせ、こうした帝国主義段階論をヒルファディング(一九一〇年〈ヒルファディング 一九八二〉)やレーニン(一九五六)の貢献を吸収しつつ、資本主義の世界史的発展段階論の一環として位置づけとりまとめている。宇野は、それにもとづき、第一次世界大戦以降の世界資本主義は、日本資本主義分析のような後発国の一国資本主義の研究とともに、原理論と中間理論としての発展段階論とを考察基準としつつ、第三の研究次元としての現状分析において考察されなければならないと提唱していた。その後、後にもふれるように段階論の次元での現代資本主義の研究を補充する試みもみられる〔この一文は原書にない〕。ここではこの宇野の提唱にしたがい、第一次世界大戦後の現代的資本主義の多重危機の歴史的意義を三つの異なる時期に区分して、さしあたり現状分析の次元でふりかえってみよう。

2　大戦間の危機の三〇年をいかに分析するか

第一次世界大戦から第二次世界大戦にいたる大戦間期の三〇年は、資本主義世界経済がまったく深刻な多重危機におちいっていた。いまやその時期が、われわれの直面している新自由主義的資本主義の多重危機との類似性と教訓をもふくむ、歴史的転換期として、しばしば論及され、かえりみられるようになっている。

まず、第一次世界大戦のひきおこした破局的な社会的打撃から、レーニンの指導のもとでロシア革命（一九一七年）が、マルクス主義にもとづく最初の社会主義国家を創出する。それは資本主義世界に深刻な衝撃をおよぼした。それをうけて、ドイツのワイマール憲法に典型的に示されていたような、普通選挙権や労働者の団結権、交渉権を基本的人権としてみとめ、公共の福祉のために私的所有の権利が制限されうることも容認する社会民主主義秩序への転換の理念が先進資本主義国のあいだにも広範にひろがっていった。

世界大戦の衝撃は戦場となったヨーロッパにとどまるものではなかった。アメリカは、むしろ直接の戦場とならずにヨーロッパからの軍需品と農産物への巨額な需要増加に例外的に恵まれた。その結果、アメリカは、戦後数年はヨーロッパの経済再建の諸困難から、（諸国の自主性を尊重する）ウィルソン原則のたてまえにより政治的に身を引く姿勢をとりながら、経済力としてはむしろ事実上覇権的な強国となり、一九二〇年代にも国内的には、「狂騒の二〇年代」といわれる戦後ブームを自由主義的政策のもとで継続していた。

他方で、ヨーロッパではフランス、イギリスのような戦勝国にも戦債の負担が重圧となっていた。それにともなう敗戦国ドイツとイタリアへの多額の賠償金の請求が、応じきれない困難をあたえ、やがて排外的ファシズムを台頭させる重要な一因となってゆく。この戦債賠償問題がアメリカの介入によって一九二四年のドーズ案で一応の落着をみるまでに終戦から五年余を要した。それによってようやく再建された国際金本位制は、(主としてドイツの国債を購入する)アメリカからの私的資本輸出が、ドイツの賠償金の英仏への支払いを可能とし、それによってまた英仏のアメリカへの戦債の支払いが支えられるという、脆弱な資金の国際循環構造に依拠していた。

実体経済の面では、ヨーロッパ農業の回復するにつれ、大戦中に大拡大をみたアメリカ、オーストラリア、カナダなどの農産物が過剰化して、一九二〇年代半ばから世界農業不況が広がり、アメリカの小作農経営にも困難を生じていた。それを一因としてアメリカでも戦中、戦後の産業的ブームが沈静化し、鉄鋼その他大企業の生産物としての資材や製品に独占的価格支配が再建され強化される傾向が広がった。そのため、乗用車、住宅、家電などの価格も引き上げられ、その消費需要を弱め、一九二〇年代末にかけてのアメリカの外見的経済的繁栄は、資本市場と不動産市場における投機的バブルに主要因を移していった。それにともない、それまでドイツ国債の購入などで輸出されていたアメリカの資本が国内の投機的取引の活況に再投資されるために引き上げられてゆき、再建金本位制の基礎をなしていた戦債・賠償支払いを可能とする国際的資金循環の連鎖をあやうくしていった。

世界大恐慌は、そのようなアメリカの投機的バブルが一九二九年一〇月にニューヨーク株式市場から崩壊したことを発端に開始された。そこから一九三二年一〇月にいたるまで三波におよぶ銀行恐慌がアメリカの産業と雇用に大打撃を与え続け、金融恐慌と実体経済の収縮を相互促進的に深刻化する債務デフレーションの悪循環を形成する。一九三三年三月までにアメリカの耐久財生産は七七%減少し、卸売物価指数は三八%下落し、失業率は公的統計でも二五・六%におよんだ。同時にアメリカでもドルの金兌換を維持しえなくなり、金本位制が放棄される(侘美 一九九四、七四〇頁)。こうしたアメリカでの金融恐慌の深化は、不可避的に再建金本位制にもとづく国際的支払い関係の枠組みを破壊した。一九二〇年代の世界経済の相対的安定は崩壊し、世界経済はいくつかの分離された経済ブロックに分裂し、それぞれが異なる管理通貨のもとにおかれるにいたる。
侘美《たくみ》光彦《みつひこ》『世界大恐慌――一九二九年恐慌の過程と原因』(侘美 一九九四)は、ほぼこのような世界大恐慌の発生と深化の過程を、宇野理論の三段階論の方法における現状分析の研究次元で、史実と統計資料にそくして総合的に解明した労作である。そこでは、一九二〇年代のポンド‐ドル体制としての(それに先立つポンド体制から第二次世界大戦後のドル体制への)過渡的国際通貨体制に内包されていた脆弱性、それに続く一九二九年以降の世界大恐慌を形成する破壊的な債務デフレーションの過程をアメリカ経済の内外にわたる金融恐慌と産業恐慌の相互関連にそくして、具体的に分析している。そこには、鈴木鴻一郎編(一九六〇―六二)・岩田弘(一九六四)が宇野学派内で新たに提唱した世界資本主義論の方法も強く反映されていた。

宇野自身は資本主義の世界史的発展段階論を、先導的諸国の支配的資本に動機づけられた重商主義、自由主義、帝国主義の各段階における代表的な経済政策の類型論として考察していたが、鈴木‐岩田理論は、資本主義の発展段階をむしろ世界市場における統合されたしくみや体制の動態とその変化にそくした世界資本主義の史的段階とみようとしていた。この観点から、世界資本主義論の方法は、労働力の商品化にもとづく資本主義的な生産と蓄積の社会的過程は、現実的には世界的にも国内的にも非資本主義的な諸生産者や労働者と市場機構をつうじつねに広範な関連を保持しつつ、その中枢的な律動を形成し、ことに通貨金融システムをとおしてその動態を支配することを重視していた〔以上二段落は原書より拡充されている〕。

その観点をひきつぎ、侘美による大戦間期の危機の三〇年の詳細な分析は、第一次世界大戦の衝撃がいかに一九二〇年代の世界的な政治経済秩序とアメリカをはじめとする主要諸国の経済にひずみや諸困難を生じたかをあきらかにした。そこでは世界資本主義の包括的動態分析の要点として、世界経済を統合する国際通貨体制とそのもとでの通貨・金融システムの動向がとりわけ重視されていた。それは、宇野が『資本論』の信用論を恐慌の原理的考察に不可欠な一環とした発想を、鈴木‐岩田世界資本主義論の観点と合わせて、この時期の世界大恐慌の現状分析的研究の考察基準に活用する研究を示すところとなっている〔この一文は原書にない〕。

それにさきだつマルクス学派の世界大恐慌の研究の多くは、資本主義の過少消費恐慌に向かう基調を（過少消費説的商品過剰論としての恐慌論の観点から）強調し、現代資本主義における独占資本が独占的価格維持をはかり、雇用を抑制することでその傾向が強化されていることに考察の力点をおいていた。金融・独占資本の独占価格維持行動は、たしかに一九二〇年代後半の消費需要の伸びを鈍化させ、一九三〇年代には大恐慌をつうじ失業を激増させる不況を深化する大きな要因をなしていた。とはいえ、一九二九年一〇月の時点で、アメリカでの消費財の供給に比して消費需要の不足はそれほど深刻であったとはいえない。むしろ世界経済の中枢をなしていたアメリカに資本主義経済の激烈で全面的な自己破壊を生じ世界大恐慌の決定的発端をなした過程は、侘美が強調していたように、この時期にかけての不安定な国際通貨体制とそのもとでの貨幣・金融の投機的バブルとその崩壊を考察せずには適切に分析しえないであろう。金融・独占資本のはたしたマイナスの役割は、「狂騒の二〇年代」の後半に実体経済の投資や雇用に停滞化傾向をもたらし、それによって株式と不動産の投機的バブルをうながすとともに、その崩壊による大恐慌の深化過程で、失業を大幅に増大させて、金融恐慌のくりかえされる破壊的打撃と悪循環を形成したところにみとめられ、金融恐慌の発生と進行に有機的に関連する問題の（重要ではあるが根本とはいいがたい）一面をなしていたといえよう。

この世界大恐慌のもたらした大不況から資本主義経済を回復させる社会的必要にせまられ、二つの異なる回復政策路線が生じた。そのひとつはニューディール型の雇用回復政策で、アメリカ、イギリス、フランスなどの西欧主要諸国に支配的となる。そこでは金本位制崩壊後、主要諸国が植民地や関係の深い諸国を高率関税や貿易協定でポンド圏、フラン圏、ドル圏などのブロック経済に囲い込みつつ、その内部で管理通貨制のもとでの財政・金融政策を国家主義的に発動し、有効需要と雇用の波及的回復を図った〔この一文は原書にない〕。その理論的基礎がやがてJ・M・ケインズ（一九三六年〔ケインズ 二〇〇八〕）により定式化される。

もうひとつは、それらの主要なブロック経済圏から排除されて、それぞれの経済圏の形成・拡大をファシズムによる国家主義的な国内経済の統制と軍事力の強化をすすめたドイツ、イタリア、日本の路線であり、それら三国のあいだにやがて枢軸国としての同盟関係がむすばれてゆく。

こうしたニューディール型とファシズム型のそれぞれに国家主義的資本主義再生戦略は、この時期にソ連における社会主義経済の建設が、五カ年計画をつうじ、失業問題をまったく生ずることなく、一見順調にすすめられていたことから、大きな側圧をうけ、社会主義に対抗する資本主義として労働者の協力をひきよせるそれぞれの対応策をなしていた。

第二次世界大戦の経済生活への破滅的な打撃は、そのようなファシズム型による枢軸国のニューディール型社会民主主義路線をめざしていた西欧主要諸国のブロック経済とその同盟諸国への軍事的挑戦の結果であった。第一次世界大戦と異なり、それは、資本主義の世界史的発展のみのひきおこした古典的帝国主義世界戦争ではなかった。あきらかに、社会主義からの側圧効果が、ファシズムとニューディールとの抗争的二類型の資本主義諸国に加えられ、世界戦争を促していったからである。それに加え、ソ連社会主義自身も、大戦中のドイツによる軍事侵攻に対応し、同盟諸国に参加し、やがて終戦にかけての赤軍の進駐のもとで、東欧諸国と北朝鮮に類似の社会主義体制を拡大することができた。

こうして、大戦間期の危機の三〇年をつうじ、資本主義世界経済は、世界戦争、世界大恐慌、ファシズム、社会主義により連続的に大きくおびやかされ続けた。その意味で、この時期は、資本主義の新たな発展段階の類型として定式化することがあきらかに困難であった。そのことが、第一次世界大戦後の世界経済について、宇野が、原理論と資本主義の発展段階論とにもとづき、それらとは異なる研究次元においてより具体的な現状分析の対象をなすとみなした重要な背景をなしていた。宇野のこうした方法論的提唱が適切であったことは、侘美による世界大恐慌の研究において例証されていたといえよう。

3　戦後の高度成長期

第二次世界大戦直後の数年は、戦場となった資本主義諸国の多くは、復興に要する設備、資材、生活物資の不足をともなう連続的な経済危機を経験していた。ことに日本をふくむ敗戦諸国には多年にわたり復興は困難と思われる混乱が続いていた。ソ連型マルクス経済学は、資本主義世界経済が、社会主義国の離脱により、第一次世界大戦後、全般的危機をむかえたのに続き、第二次大戦後は、全般的危機の深化する第二段階にはいったと定式化していた。実際、反植民地・解放闘争をつうじ、中国革命(一九四九年)のように、途上諸国のあいだに社会主義革命があいついで広がり、世界人口のほぼ三分の一が社会主義を標榜する体制のもとに移行してゆく。資本主義世界市場はそれだけ狭められ、社会主義の拡大に防衛的立場をせまられ、世界史は社会主義への過渡期にはいったと宇野がみていた傾向が定着しつつあるかのようにみえた。

にもかかわらず、第一次世界大戦後の危機の三〇年と異なり、先進資本主義諸国は日本をふくめ、数年のうちに復興をとげたのみならず、その後一九五〇―七三年のほぼ四分の一世紀にわたり、予期されていなかったような高度経済成長を実現する〔以上二段落は原書より拡充されている〕。

たとえば、(アメリカ、イギリス、西独、フランス、日本、イタリア、カナダの)先進資本主義諸国の実質経済成長年率は、この時期に平均四・五%を記録していた。それは、過去の比較可能な同じ諸国の平均実質経済成長年率で最も高かった一八七〇―一九一三年のほぼ二倍の高さであった(Armstrong, Glyn and Harrison 1984による)。この時期にも数回の景気後退はあったが、それらは経済恐慌とはほど遠い、おだやかな成長率の低下にとどまっていた。そこでこの高度成長期は、資本主義の黄金時代とさえよばれていた。

ソ連型「正統派」マルクス経済学の全般的危機論からみれば大いに逆説的な先進資本主義諸国のこうした実績は、

深刻な経済恐慌を生ずることなくそうした経済成長が達成されたのはなぜかをめぐり、(宇野学派もふくめ)マルクス経済学に挑戦課題を提示するところとなっていた。そこには、先進資本主義諸国における経済政策運用上の支配的教義となっていたケインズ主義の役割をどのように評価すべきか、という争点もふくまれていた。

これをうけて、ソ連圏の東独の理論家K・ツィーシャンク(一九五七年(ツィーシャンク 一九五八))の提起した国家独占資本主義論が日本のマルクス学派のあいだでも関心を集めた。その論稿によれば、現代資本主義は、生産力の増大に応じ、経済成長を維持するために国家のマクロ経済政策の役割を生産関係にひきいれたと主張されていた。マルクスによる唯物史観の定式が、そこではこの時期のケインズ主義の外見的成功を位置づけ理解する参照基準として直接的に利用されていたといえよう。その理論は、日本のマルクス学派では、井汲卓一、今井則義らに支持され、いわゆる構造改革派路線の理論的支柱ともみなされていた。

宇野学派の指導的理論家のひとり大内力『国家独占資本主義』(大内 一九七〇)は、ツィーシャンクの論稿における一連の欠陥を、たとえば、マルクスの唯物史観の定式で社会の上部構造として扱われている国家の経済政策をその経済的土台とされる下部構造の生産関係の一環にくみこまれるとみなすのは、唯物史観の不適切な適用ではないか、さらに唯物史観での生産力の上昇をケインズ主義的国家政策の歴史的必然性の論拠としているのも、あまりに抽象的で説得的かどうか、といった問題点をあげて批判していた。そのうえで、大内は、宇野理論を適用し、国家独占資本主義の概念をつぎのように再定式化していた。すなわち、一九三〇年代の大恐慌の過程で、ケインズ主義的インフレ政策が管理通貨制のもとで導入され強化されたのは、たんに抽象的な生産力の上昇に応ずるためではなく、社会主義の脅威に対抗し資本主義を維持する方策のひとつとしてであった。宇野恐慌論の観点からすれば、管理通貨制にもとづくインフレ政策は、資本蓄積の過程で生じうる実質賃金の上昇にもとづき発生しうる恐慌を回避し、それによって社会主義の脅威を防ぐのに役立てられていた。

宇野は、著書『経済政策論』改訂版(宇野 一九七一)に加えた「補記――第一次世界大戦後の資本主義の発展について」において、国家独占資本主義の規定をめぐるツィーシャンクと大内のこうした論争に、つぎのような論評を述べていた。すなわち、両者の論争は、第一次世界大戦後の資本主義の発展に新たな段階を画するものを確認するものとはなっていない。とりわけ、管理通貨制にもとづくインフレ政策が、支配的資本としての金融資本の経済的利害にそって求められたものともいえない。それは、資本主義諸国間の著しい不均等な発展から生じた問題に対応した政策であるとともに、大内が適切に強調しているように、社会主義に対抗し資本主義を守るための政策手段としても利用されているのである。そうしてみると、第一次世界大戦後の現代資本主義は、社会主義に対抗する資本主義としての世界経済の現状分析をすすめるべき研究次元の考察対象としてとり扱われるべきで、資本主義自体の歴史的発展の新たな段階論として類型化するのには適していない。

この「補記」において、宇野は、資本主義が管理通貨制を採用したことは、自己調整的商品経済社会の通貨体制としての基礎を、実体的ではないにせよ、形態的ないし部分的に失ったことを意味すると指摘していた。とはいえ、宇野は、管理通貨制にもとづくインフレ政策が第二次世界大戦後における、恐慌なき高度成長を可能とした主要要因として作用していたのかどうか、明確にしていたとはいえない。

実際、終戦直後の再建期を除くと、戦後の高度成長期には、ケインズ主義的マクロ経済政策は、現実には大規模に発動されてはいなかった。高成長をもたらす有効需要の拡大は、もっぱら民間部門の内部から財政・金融政策にあまり依存せずに生みだされていたからである。その結果、この時期における大部分の先進資本主義諸国の国家財政はむしろ抑制されがちで、国内総生産(GDP)に比しての国家債務の比率もあまり増大しなかった。

アグリエッタ(一九七六年(アグリエッタ 二〇〇〇))にはじまるフランスのレギュラシオン学派がそのような高度成長期の特徴をとりあげ、フォーディズムの蓄積体制の理論モデルとして定式化した。そのモデルでは、一九二〇年代にヘンリー・フォードの自動車工場で例外的に実現されていた生産性の向上にみあった実質賃金の上昇が、戦後の先進資本主義諸国に、しばしば労働組合との社会契約をつうじ明示的に諸産業に拡大されるようになり、産業的資本蓄積過程内部から、耐久消費財への有効需要の拡大が生産増大に応じて広く生みだされる慣行が好循環として可能となったとされている。そこには、この時期の継続的な高成長が主としてケインズ主義的国家政策により上から実現されていたとする、通説的ケインズ学派の見解への批判がふくまれていた。

宇野学派のなかでは、カナダのR・アルブリトン(一九九一年〔アルブリトン 一九九五〕)が、こうしたレギュラシオン学派の見解を支持して、宇野の資本主義発展段階論に、第三段階の帝国主義段階の後の現代資本主義の類型としてコンシュマリズム段階を第四段階として加える、再定式化の試みを提示している。私には、国家独占資本主義論の理論モデルより、この時期の高度成長の継続を可能にした一連の実質的諸要因の具体的現実分析の総括として、アルブリトンやレギュラシオン学派の見解のほうが適合的で好ましく思える。さらにアルブリトンのこの著作は、宇野段階論の研究範囲を、社会思想ないしイデオロギーの役割、フェミニズムからの女性のおかれている社会的位置をめぐる批判的考察、法律や政治の役割などにも拡大しようとする側面においても魅力的であると思っている。

とはいえ、宇野の資本主義の世界史的発展段階論にコンシュマリズムとしての第四段階を追加しようとする点では、アルブリトンの試みには一連の困難な問題も残されており、宇野学派のあいだでも広い合意がえられているとはいえない。たとえば、この高度成長の時期を現代資本主義研究にとって代表的で典型的な基礎とみなし、それにさきだつ危機の三〇年やそれに続く新自由主義の時代を軽視してよいであろうか。どのような意味で、この新たなコンシュマリズム段階の新たな支配的資本として金融資本に多国籍資本がとって代わったといえるのであろうか。むしろその後の新自由主義の時期に、資本はより多国籍化しているのではなかろうか。さらにこの時期に多国籍資本が支配的となるにしたがいケインズ主義が支配的となるのはなぜであろうか。

さらにそれに加え、フォーディズムとしてのレギュラシオン学派の理論モデルとコンシュマリズム段階としてのアルブリトンのモデルも、国家独占資本主義論とともに、資本主義世界経済において先進諸国に持続的高成長を可能としていた一連の具体的諸条件を現実的に分析せず、軽視する傾向があった。その結果、この時期の高度成長を終わらせた経済危機も適切に分析されえなかった。そのことも考慮すると、第一次世界大戦後の世界経済は、資本主義の発展段階論の研究次元よりも、むしろより具体的な現状分析としての研究次元で考察されなければならないとしていた宇野の方法論的提唱は、現代資本主義に宇野理論を適用するうえで、やはり適切ではないかと思われる。

4　新自由主義のもとでの多重危機

(1) 高度成長を終焉させた恐慌の再現

先進諸国に高度成長期の相対的に安定的な資本蓄積過程を持続可能としていた不可欠な要因として、つぎの四つの具体的な歴史的諸条件を指摘することができる。

第一に、アメリカの世界市場における支配的産業競争力にともなう経済覇権が、ドルの金兌換を支えとする国際通貨の固定相場制としてのブレトンウッズ国際通貨体制を維持する必要条件として機能し続けていた。このブレトンウッズ体制のもとで、世界市場でも各主要諸国の国内市場でも物価の相対的安定性が維持され続けていた。第二に、大規模な工場での多様な家電やクルマなどの新型耐久消費財の大量生産への巨額な投資を促す、一連の産業技術が主としてアメリカであいついで開発され、他の先進諸国にも利用されていった。第三に、それにともなう各種耐久消費財の大量生産、大量消費の先進諸国での拡大に必要な原油をはじめとする一次産品の相対的に安価な供給が、大部分途上諸国から弾力的に継続的に入手可能とされていた。第四に、産業的蓄積の拡大に必要な良質の賃金労働者の弾力的供給が、先進諸国内部でも、人口増加と生産性上昇にともなう相対的過剰人口の形成に加え、とくに農村部から都市部への人口移動によって確保され続けていた。

とはいえ、長期にわたる資本蓄積の活況をつうじ、これら四つの条件はしだいに使いつくされていった。まず、アメリカの耐久消費財の大量生産の産業技術のフロンティアが成熟するにつれ、その輸出競争力がとくに西独と日本に追い抜かれ、一九七〇年にはアメリカの輸出(の輸入をこえる)超過が失われるにいたる。公的機関からの請求があれば三五ドルを一オンスの金と兌換する公約の持続可能性が、金流出をともなう何度かのドル危機の波の反復をつうじ疑問とされた。その結果、一九七一年には金ドル交換が停止され、ブレトンウッズ国際通貨体制は崩壊し、一九七三年には国際通貨体制は変動相場制に移行する。ブレトンウッズ体制のもとで各国の通貨・金融の供給を国際的に抑制し、規制していたしくみが撤廃され、インフレを助長する通貨・信用の供給が促されやすくなった。

それと同時に、一九六〇年代末から、先進諸国の産業的資本蓄積が、国内の労働市場と世界市場での一次産品市場の双方での供給の弾力性の限度をこえて過剰化していった。その結果、人手不足から労働組合の賃上げ交渉の圧力も強化され、フォード的蓄積体制のもとでの生産性の上昇にみあった賃上げの慣行をこえる大幅な実質賃金の上昇が実現されていった〔この一文は原書にない〕。世界市場での一次産品をめぐる需給バランスも大きく変化し、途上諸国からの一次産品価格が大幅に引き上げられてゆき、一九六〇年に結成されて以来無力といわれ続けていた石油輸出国機構(OPEC)も一九七三年秋から原油価格を一気に四倍化し、石油ショックを与えた。こうした動向が先進諸国の資本主義に一九七三―七五年に利潤率の大幅な下落をともなうインフレの悪性化をもたらし、高度成長期を終焉させた経済恐慌をインフレ恐慌の形態で再現したのである〔この一文は原書にない〕。

こうしてみると、この時期の先進諸国の資本の過剰蓄積による自己破壊的危機の実態的内容には、一九世紀中葉の典型的周期的恐慌にもとづき、宇野が『資本論』から読みとった古典的恐慌論の論理が意外なほど再現していることがわかる。資本主義市場経済の不可欠な歴史的前提をなしていた、人間の労働力の商品化は、原理的には古典的周期的恐慌の不可避的反復に露呈されているように、資本蓄積過程に内在的な自己破壊的矛盾の根源をもなし続けていた。そうした古典的景気循環における好況末期には、一九世紀中葉のイギリス産業資本の過剰蓄積は、賃金の騰貴とともに、綿花などの農産物や石炭などの一次産品の価格上昇をまねき、利潤率の下落と投機的取引の発展をもたらし、それを介し金本位制のもとで利子率を高騰させていた。古典的周期的恐慌は、そのような投機的取引が崩壊し、典型的には信用取引清算に要する支払い手段としての資金の不足を介し、販売困難な市場における商品生産物の過剰化を広げてゆく過程をなしていた。

これとは対照的に、一九七三―七五年のインフレ恐慌では、実態的には同様の労働力と一次産品の供給の非弾力性をこえる資本の過剰蓄積による矛盾が、まったく反対の様相で発現する。すなわち、この時期には、(本書第Ⅲ篇でもみるように)資本の過剰蓄積にともなう労賃の高騰と一次産品の価格上昇が、利潤率を圧迫しつつ、ブレトンウッズ体制の崩壊過程での通貨としての貨幣・金融の過大な供給をつうじ、投機的在庫形成が促され続け、しばしば実質利子率がマイナスにさえなり、インフレが悪性化し、必要な商品が市場に不足し入手困難となって再生産に破壊的収縮作用が広がったのである。それによって攪乱され、停滞化した再生産と失業の増加が高水準のインフレと共存する不況が、これに続き一九七〇年代後半を特徴づけ、スタグフレーションとよばれていた。こうした諸局面をつうじ、ケインズ主義的政策は、この時期の恐慌と不況を予防することも緩和することもできなかった。むしろ、ケインズ主義的積極財政や通貨・金融政策は、インフレ悪性化を加速し、逆進的作用をはたしたとみられ、社会的信頼を大きく失うこととなった。

(2) 新自由主義的資本主義の反作用

その結果、先進資本主義国の経済政策の基調は、一九八〇年代に入る前後からケインズ主義に代わり新自由主義に移行した。競争的で自由化された市場の合理性と効率性とへの信頼が、新古典派ミクロ理論のいくつかの現代化されたヴァージョンにもとづき、政策運営の基本として支配的影響を与えるにいたる。そうした傾向は、資本主義経済の再編、再生がこの時期以降、新たな情報技術(ＩＴ)を広範に利用するようになることに適合的で、そこにいわば現実的基礎をおいていた。

労働条件については、新自由主義のもとでのＩＴ合理化は、工場、オフィス、店舗などをつうじオートメーション化を広く進展させて、多様な形態での非正規の安価な（ことに女性）労働者を大量に増加させてきた。宇野恐慌論は、『資本論』に学び、古典的景気循環の不況局面の特徴のひとつが、生きのこりをかけたきびしい競争が産業技術の革新を資本に強いることにあることを強調していたが、一九八〇年代以降の長期不況の経済再編過程にも、まさにその特徴がＩＴの普及と高度化をつうじ、多くの職場に「合理化」の試みを大規模にくりかえさせてきているとみてよい。高度成長期のフォード的蓄積体制による時期と異なり、こうした新自由主義的資本主義のもとでは、ＩＴオートメーションによる物的労働生産性の増進にもかかわらず、実質賃金が一般的に抑制され続けている。

多くの労働組合は正規従業員を中心に組織されていたので、非正規労働者が激増する過程で組織率を下落させ、弱体化していった。公企業の民営化も、公企業部門に伝統的に広がりやすかった戦闘的労働組合運動に大きな打撃を加えた。こうした傾向は、たとえば左派労働組合運動のナショナルセンターであった日本労働組合総評議会（総評）が、国鉄、電電、専売の三大公社民営化の過程で破壊的攻撃をうけて、一九八九年に解体された日本において典型的に例証されている。

その間に、日本の実質経済成長率は一九七四―九〇年の平均年率で四・二％に低落している。それは高度成長期にくらべ半分以下となっている。にもかかわらず、その年率は他の主要先進諸国の成長率よりまだ一―二％高かった。日本の製造業は、ブレトンウッズ体制のもとでの一ドル三六〇円から変動相場制のもとでの一九九二年の一ドル一二六円にまで、繰り返し進行した円高の重圧にもかかわらず、強い国際競争力を維持し、従業員総数を増加させ続けていた。日本の企業が、たとえばあるモデルのクルマのアメリカ市場でのドル価格をそのまま維持しようとすれば、その円価格はほとんど三分の一に切り下げられなければならない。こうしたきびしいコストダウンは、ＩＴ合理化への労働者の忠実な協力なしには達成されえなかった。大幅な円高の効果として、一九八七年には日本の一人当たりのＧＤＰはドルベースではアメリカや西独の水準をうわまわる。国内の労働条件の抑圧、劣化にもかかわらず（むしろそれを代償として）、日本はこの時期に先進諸国のあいだでもナンバーワンとみなされるにいたった。

日本資本主義のそのような成功は、（労働者のあいだの会社中心のイデオロギーとしての）会社主義が労働力の商品化を廃棄しようとする社会主義の要因をすでに部分的達成しているのではないか、という馬場宏二（一九九一）や柴垣和夫（一九九七）による（社会主義に対抗しつつ社会主義への過渡期にある世界経済の現状分析としての研究をすすめた）宇野理論の適用の試みもうながした。しかし、そこには、大企業の正規労働者に企業忠誠心を発揮させるための終身雇用制とそれに付随する企業内福利厚生制度の特徴の過大評価がないであろうか。じっさい、ことに一九八〇年代以降の新自由主義のもとでの日本では、社会主義を志向する左派労働組合運動を攻撃し解体させる傾向をともないつつ、不安定で低賃金の多様な非正規雇用が大幅に増大し続けて、正規従業員の比率は大きく減少し、その雇用関係も不安定化し劣化している。

こうしてみると、一九八〇年代末にナンバーワンとみなされた日本資本主義の外見的成功は、多くの働く人びとにトリクルダウンされず、むしろその経済生活を不安定化し抑圧する犠牲にもとづくものであった。この時期の末に生じた株式市場と不動産市場とにわたる投機的巨大バブル崩壊に端を発する日本資本主義の失われた二〇年とも三〇年ともいわれる時期には、日本資本主義はしばしばマイナスをふくむ経済成長の衰退を続け、一九九一―二〇一九年にかけて平均わずか〇・九％とほぼゼロ成長にとどまっている〔この一文は原書にない〕。

日本資本主義のもとでみられた新自由主義的再編が、ＩＴ合理化による生産性上昇にもかかわらず、労働条件の非正規化と劣化を強いる傾向は、他の先進資本主義諸国にも広がり、そこから日本経済の長期衰退が他の先進諸国にも遅速はあれ伝播する懸念も生じている。と同時に、Ｔ・ピケティ（二〇一四）が長期にわたる史的統計を収集し分析して、日本を典型事例としてあげつつ、あきらかにしているように、この新自由主義のもとで先進諸国をつうじ、富と所得の社会的格差が大幅に再拡大しているのも、こうした一連の趨勢と深く関わっているといえよう。

宇野恐慌論によれば、資本主義経済における基本的矛盾の根源は労働力の商品化にある。不況局面においては、この基本矛盾は（他の資本によって生産される諸商品と異なり、労働力商品の供給は需要の減少に応じて再調整されえないため）相対的過剰人口としての失業者や半失業者の増大とそれにともなう賃金の低下が解消されにくく、消費需要も停滞し、生産資本の遊休化と低利潤率、それにもとづく資金需要の不振を反映する貸付可能な貨幣資本の遊休と利子率の低位が、連鎖的に悪循環を形成し存続する。日本をふくむ多くの先進資本主義国に、新自由主義のもとで期待に反し、一般化しつつある長期衰退過程には、これとよく似た悪循環が大規模に存続している。

それら先進諸国の国内市場では有効需要の冷え込みが基調として解消されにくく、それにともなう現実資本と貨幣資本の遊休化傾向が、さまざまなはけ口を求め、とくにグローバリゼーションと金融化とにむかいやすい。

実際、新自由主義のもとで先進諸国のさまざまな事業分野、産業分野にわたる諸企業は、国際投資の規制緩和とIT化に大きく促され、生産拠点も販売などの営業活動も、なお安価に動員可能な大量の相対的過剰人口を残しているアジアやその他の途上諸国にあいついで移転してきた。中国をふくむ少なからぬアジアや他の地域の途上諸国の多くもまた、多国籍諸企業の投資を歓迎し、それを重要な一因として、先進諸国の停滞化とは対照的に、この時期に急速に成長しはじめる。こうして世界経済の成長センターが先進諸国から途上諸国に移動し、別稿(伊藤 二〇二四、第七章)でも検討したように、世界経済に一連の構造変化を生じつつある。(ドルベースの市場為替レートにかえて)各国通貨の購買力平価で計測すると、世界のGDP総量に占める途上諸国のシェアは、一九五〇年には四〇%にすぎなかったが、二〇〇〇年までにゆっくりと四七%まで増加した後に、二〇五〇年には八四%に急増し、先進諸国のシェアをわずか一六%に縮減するとみられている(八尾 二〇一二、六六頁)。

こうした世界経済の大規模な構造変化の主要原因のひとつは、あきらかに先進諸国の諸企業がその資本蓄積のために途上諸国の安価な労働力をますます大量に利用するように、その事業活動を大きく外部化する過程を進展させたことにあった。そのことは先進諸国内におけるさきに述べた悪循環に、国際的な労働者間の労働条件をめぐる競争的な(底辺にむかう)下方圧力を追加し、不安定で安価な非正規雇用の増加を促す要因となっている。新自由主義のもとでの先進諸国における資本主義のグローバリゼーションは、世界的な大幅な賃金格差を利用する事業活動の外部化をつうじ、反転して先進諸国に世界的賃金格差を内面化し、労働条件の劣化をうながすブーメラン効果をともなっていた。こうした反作用もふくめ、とりわけ働く人びとの観点からみると、新自由主義的資本主義は先進諸国に期待された効率的な経済回復を、生みだすことに成功していないとみなければならない。

(3) 多重危機の悪循環

先進諸国において不安定で劣化する労働条件のもとで働く人びとが増加するとともに内需が停滞するにつれ、大企業の多くは高度成長期と異なり、生産設備への大規模な投資を回避する傾向を強め、しばしば巨額な内部留保金を保有しつつ、自己金融化をすすめてきた。銀行をはじめとする金融諸機関は、遊休貨幣資本を資金として容易に預金として集めることができたが、その着実な産業的借り手を大企業のなかにみいだすことは困難となった。いわゆる金融ビッグバンに続く金融業の再編は、金融化と総称されるが、銀行とその他の金融諸機関とに、短期の貨幣市場と長期の資本市場とをつなぐ、貨幣資本のより効率的な仲介を、ITにもとづく多様化された証券の取引をつうじ促進しうるようになった。にもかかわらず、そのことは先進諸国の実体経済の活動回復にあまり貢献していない。

それゆえ、新自由主義的世界資本主義の先進諸国の多くでは、経済回復を実体経済の動向から乖離した不動産市場や資本市場での株式その他証券への投機的取引のバブル的膨張に依存する傾向が顕著となった。日本では、対米貿易摩擦緩和のために政治的に内需拡大を企図した財政・金融政策により、一九八六―九〇年に巨大な投機的バブルが膨張し、景気回復をもたらした後に、大崩壊を生じ、その後の失われた二〇年とも三〇年ともいわれる、ほとんどゼロ成長への長期衰退への発端となった。

同様の不動産と資本市場(および通貨為替市場)でのバブルの膨張とその崩壊が、一九九七―九八年のアジア通貨危機、二〇〇一年アメリカでのITバブル危機、二〇〇七―〇八年のサブプライム恐慌でも反復された。こうした「バブルリレー」の世界的連鎖のなかで生じたサブプライム恐慌は、最も深刻で広範な世界的衝撃を与え、ユーロ危機も後産的にもたらし、しばしば一九二九年の世界大恐慌以降最大の世界恐慌とみなされている。

宇野理論は、このサブプライム恐慌にどのように適用されうるか。D・ハーヴェイ(二〇一一、最終章)はこれに関連し、つぎのように論評している。

「一部のマルクス派の理論家は、資本蓄積にたいする労働力の供給制約にもとづき、利潤圧縮型の恐慌論を定式化した。一九七〇年代初頭の経済恐慌は、この類型の恐慌論にしたがい適切に分析された。二〇〇八年の場合には、大量の産業予備軍がなお存在しており、労働運動も弱体化されていて、労賃騰貴による利潤圧縮のきざしはなかった。それゆえ、この恐慌を利潤圧縮説との関連で解釈しようとする試みは(伊藤誠に例示されているように)困難に直面する」〔ハーヴェイ(二〇一一)終章にこれとまったく同一の文章はないが、同趣旨の文章が四七一頁にある〕。

宇野による(利潤圧縮型の)恐慌の原理論を、一九七〇年代初頭の恐慌とサブプライム恐慌とに同じように適用して分析しえないことは、私もハーヴェイに同意できる。しかし、ハーヴェイ(二〇一二)の多原因説的接近にしたがい、マルクスにみられる異なる恐慌論を、さまざまな歴史的状況のなかで生ずる現実の恐慌に便宜的に適用すべき道具箱のように解釈して満足できるともおもえない。そのような多原因説的接近は、人間の労働力を商品として扱う資本主義経済の根本的矛盾にもとづく、古典的な周期的恐慌の法則的必然性の原理的解明を不明確にするおそれが大きい。それとともに、多原因説的接近を考察基準とするのでは、現状分析の研究次元でも、たとえば一九七〇年代初頭の恐慌とサブプライム恐慌との相違が区別され、分析されるだけで十分とみなされかねない。双方の恐慌が、資本主義の根本的矛盾との関連において、歴史的にどのような有機的関連を内包しているかに、十分な考察がすすめられない懸念もある〔以上の二文は原書より拡充されている〕。

実際、サブプライム恐慌は、単純に過少消費型恐慌の一類型として分析されうるものでもない。二〇〇二年から二〇〇六年にかけての経済回復と活況の局面では、アメリカ経済は、むしろとりわけ住宅市場と家具、電化製品、クルマなどの耐久消費財市場における消費需要の拡大に大きく支えられていた。そのような消費ブームの継続的大拡張は、一九七〇年代初頭の恐慌以降の長期不況基調のなかで、ハーヴェイが強調しているような労賃抑制傾向が続き、GDP中の賃金シェアを二〇〇六年の四三・五％の最低位まで低下させているのと逆説的対比をなしている。そこに現実的に分析されるべき重要問題があった。

サブプライム恐慌を生ずるにいたるアメリカの消費ブームは、一九九六年にはじまる住宅ローンの大規模な拡張に大きく支えられていた。その総額は、（アメリカのGDPの年額とほぼ同額の）一三兆ドルに達し、本書最終章でも分析されるように、総人口の約四三％が、この一〇年の住宅ブームで新居を購入したと推計される。（十分信頼がおけるとはいえない）サブプライム層への長期ローンもふくめ、アメリカの住宅ローンの大膨張にもとづき、その債権をさまざまに組み合わせて組成された抵当担保証券（MBS）などを購入する形で、巨額な世界的遊休資金が動員され、この時期のアメリカの住宅ローンの投機的膨張に注ぎ込まれていた。

アメリカの住宅市場の投機的ブームが住宅価格の高騰を継続しえなくなり、二〇〇六年末にピークアウトすると、二〇〇七年から二〇〇万世帯をこえる住宅ローンの債務不履行が広がり、数百万の人びとが住まいを失うとともに、住宅ローン債権を組み込んだ証券類の価格下落が、ヘッジファンドや投資銀行などの金融諸機関に倒産や経営危機の大波を広げ、二〇〇八年にかけて世界恐慌の衝撃を深めていった。河村哲二（Kawamura 2013）が（侘美光彦による大戦間期の世界大恐慌の分析を継承しつつ）強調しているように、この世界恐慌は、ドル体制での世界的貨幣資本のいわゆる新帝国循環構造を形成したアメリカ中心の金融のグローバリゼーションに内在する投機的不安定性を露呈するところとなっている。

そのような金融の世界的連関のなかで発生したにせよ、このサブプライム恐慌は、その内実において、現代の長期不況における労働力の商品化の矛盾の新たな深化形態としての（劣化している労賃にさらに住宅ローンなどの消費者金融の形態での金融機構の搾取的で収奪的ですらある機能をひろく追加した）、労働力の金融化の矛盾の発現をもなしている。そこに現代資本主義の金融化体制にともなう基本的不安定性も由来しているともいえる。住宅ローンの拡大過程にみられたように、遊休貨幣資本を動員する金融化体制は、(住宅価格の上昇が投機取引をふくめ継続しているかぎり)当初はあきらかに魅力的におもわれるが、結局はむしろ極めて搾取的で収奪的なしくみに転化する。そのことは、社会的に弱い立場にある、働く多くの人びとにあてはまる。債務不履行におちいり、新居から新調した家具もろともたたき出された数百万の人びとには、この金融化体制はまったく収奪的に作用したのであり、その不幸をまぬがれたさらに多くの人びとにも、住宅価格の下落による巨額なキャピタル・ロスへの長期にわたるローンの元利払いの支払い義務が労賃所得から多大な金融的搾取を続けることとなる。

こうしてみてくると、宇野が古典的周期的恐慌の原理論としてマルクスから学んで強調していた、拡張的信用制度の不安定性と結合された、労働力の商品化に由来する資本主義経済の基本的矛盾が、一九七〇年代以降、現代的様相をともないつつ一連の多重危機に再現していることがわかる。まず、それらは一九七三―七五年のインフレ恐慌とそれに続くスタグフレーションをひきおこし、戦後の高度成長とケインズ主義の信認に終焉をもたらした。ついで、新自由主義のもとで、労賃コストのＩＴ合理化が、非正規労働者の大増加と労働条件の劣化をともないつつ、産業予備軍を強力に再形成する作用を果たす。それが先進諸国の不況基調を長引かせ、不況局面での相対的過剰人口を資本主義が扱いきれない困難を大規模に示すところとなる〔この一文は原書にない〕。不況基調の長期化により、遊休貨幣資本がしばしば不動産市場や株式市場での投機的バブルに動員されて、その崩壊による恐慌がくりかえされる。

マルクスは、一般的な産業・商業恐慌の一環をなす貨幣恐慌とは区別され独立にあらわれて「産業や商業にただはね返り的に作用する」貨幣恐慌の種類もあると指摘していた(『資本論』邦訳①二四三頁)。これをわれわれは貨幣恐慌の第二類型と名づけた(伊藤&ラパヴィツァス 二〇〇二、一三〇頁)。現代資本主義におけるバブルリレーのなかでくりかえされてきた恐慌は、この貨幣恐慌の第二類型と一致するようにも思えるが、一九八〇年代以降のそうした貨幣恐慌は、賃金所得のきびしい抑圧をともなう不況基調にもとづき反復されていることにも注意しなければならない。それとともに、サブプライム恐慌をもたらしたアメリカの住宅市場のバブルとその崩壊に典型的に示されていたように

（同様の住宅バブルは先行する一九八〇年代末の日本の巨大バブルとその崩壊の重要な一面としてもふくまれていた〔この一文は原書にない〕）、その根底に――労働力の商品化の矛盾の現代的な深化形態としての――労働力の金融化の矛盾が、一九三〇年代以降の最も深刻な世界恐慌の原因をなしていたことも重視されてよい。ラパヴィツァス（二〇一八）も宇野理論の観点から理論的、実証的に分析しているように、この恐慌は、現代資本主義の金融化に内在するこれらの矛盾と不安定性をあきらかにする事象をなしていた。

世界経済の成長センターが、こうして深刻な危機と停滞化に悩む先進諸国から、中国とインドをふくむ、巨大な人口を擁する新興市場諸国と途上諸国に移転することで、経済回復を期待できないであろうか。世界銀行の『世界経済見通し』（World Bank 2020）が分析しているように、現実にはそれら新興市場諸国と途上諸国に、二〇一〇年以降、（二〇一八年までにGDPの一七〇％に達する）債務膨張の最も大規模で急速で広範な第四波が拡大しつつあり、一九七〇年代以降の先行する三波の債務膨張とその破綻の歴史的経験にてらし、世界的規模での金融恐慌再現が強く懸念されている。そのような憂慮すべき世界情勢をより体系的に理解する前提ないしモデルケースとしても、サブプライム恐慌についてのわれわれの分析が役立てられてよいであろう。

新自由主義的金融化資本主義のもとで、とくに若い世代に広がる非正規社会化にともなう労働条件の劣化と不安定化は、先進諸国の多くに晩婚化と少子化を促しつつある。たとえば日本の女性の生涯に出産する子どもの平均数（合計特殊出生率）は、一九七四年の二・〇五から二〇〇五年の一・二六へ大きく低落した。その後若干回復したものの再度低落しており、日本の人口は二〇〇八年以後減少に転じ、今世紀末までには半減するものと見積もられている。こうした人口減少は、少子高齢化社会への傾向を強め、退職後のシニア世代の老後を支える社会的費用をますます少数の労働世代に負わせることとなり、経済成長回復にはあきらかに抑圧的に作用せざるをえない。

それとともに高齢化社会化における年金や医療の公的支援をふくむ社会保障制度の維持費用の増大はまた、二〇一一年に対GDP比の公的債務が二〇〇％をこえた日本に典型的に示されるように、国家の財政危機の深刻化の主要原因ともなりうる。それにともない、公的支援の比率を削減された医療、教育の新自由主義的民営化、私的費用負担の増加がくりかえしすすめられ、それは新自由主義のもとでの富と所得の格差拡大を増強する重要な一因となっている。

こうしてわれわれは、現代の新自由主義的資本主義において、労働力の商品化の矛盾とその現代的深化に根差す、一連の多重危機の悪循環に直面している。その歴史的意義をいかに理解すべきか。宇野は、第一次世界大戦とそれにともなったロシア革命以後の現代資本主義は、社会主義に対抗し防御する政治的必要性をふくめ、世界経済の現状分析としての研究次元で考察されるべきであると提唱していた。しかし、新自由主義の時代に、(宇野が予期していなかったような)とりわけ東欧革命(一九八九年)とソ連の解体(一九九一年)にともない代表的な二〇世紀型社会主義が崩壊し、資本主義は社会主義に対抗し防御する必要やその重圧から大きく解放された。それゆえ、新自由主義のもとでの多重危機の深化は、ただちに社会主義の好機をもたらすことにはならなかった。むしろ逆に、F・フクヤマ(一九九二)が宣言したように、資本主義は社会主義にたいし最終的な勝利を勝ちとったともみなされたのであった。

とはいえ、新自由主義的資本主義は、期待されていたような効率的で合理的な経済回復を達成しえたとはいえない。むしろ逆説的に、新自由主義のもとでの多重危機の悪循環をつうじ、労働力の商品化と金融システムに内在的な不安定性に由来する、資本主義の基本的自己破壊性が現代的様相をともないつつ露呈されてきた。それを分析し考察するうえで、宇野が『資本論』から学んだ原理的恐慌論は、きわめて有力な考察基準となる。そのことは、われわれが直面している現代資本主義の諸矛盾は、資本主義経済の秩序内では容易に解消しえないことも示唆している。

それゆえ、現代の新自由主義的資本主義のもとでの多重危機へのとうぜんの社会的反応のひとつとして、可能性のある代替路線として新たな社会主義への期待も再生しつつある。たとえばイギリス労働党は、二〇一五年にそれまでの新自由主義に譲歩的な中道路線から決別し、みずからを社会主義者と公言しているJ・コービンを党首に選んだ。二〇一六年と二〇二〇年のアメリカ大統領選挙では、B・サンダースが社会主義的政治変革の必要を主張して、民主党大統領候補に立候補し、とりわけ若い世代の熱い人気と支持を集め大健闘を演じている。実際、二〇一一年一二月にピウセンターが実施した世論調査によれば、アメリカの一八―二九歳の若者世代で、社会主義に肯定的回答をよせた比率が四六％におよんでいた（Kotz 2015, p. 211）。その後ギャラップの二〇二〇年一一月の世論調査ではその比率は五〇％に達している〔この一文は原書にない〕。そこでの社会主義は、新自由主義に反対する社会民主主義をふくむ広い意味で理解されていると推測されはするが、資本主義をこえる新たな社会主義への期待が、資本主義の未来への閉塞感になやむ若者世代に広がりつつあることは、あきらかではなかろうか。

そのような期待に対応するためには、政治経済学者としてわれわれは、二〇世紀型ソ連社会主義の挫折をいかに理解し解釈するか、さらに有望な二一世紀型の代替的社会主義の理論的可能性をいかに明らかにするか、にも協力してとりくまなければならない。宇野による価値論と恐慌論をこの切実な研究分野にいかに適用し役立てうるかは、本書ではふれられないが、興味ある読者には一連の他の拙著（伊藤 一九九二、一九九五、Itoh 1995）での端緒的試みを参看願いたい。

Ⅱ

価値

第三章　マルクス価値論の一研究

マルクスの価値形態論は、マルクスの労働価値説を古典派経済学の価値論から体系的に区分している。[1]とはいえ、『資本論』にも、一連の古典派的残滓が残されており、それがマルクスの独創的な価値の形態と実体の理論を首尾一貫させることを妨げているところがある。いわゆる転形問題論争の過程をふくめ、マルクス価値論の研究におけるさまざまな混乱は、マルクスにおけるそうした古典派的残滓に由来することが多い。そのような混乱のみえにくい根源をみさだめることにより、それらを払拭して、マルクスの価値論をより体系的に完成する試みをすすめることができる。

1　価値概念の二重化

マルクスの価値概念は二重化されている。商品の二要因として価値と使用価値とを区別することは、古典派経済学をひきつぐところであるが、マルクスに独自なところは、価値自体をさらに価値の形態と価値の実体とに区分しているところにある。『資本論』第一巻第一章「商品」の第一節と第三節を比較して、そのことを再確認しておこう。

第一節は「商品の二要因、使用価値と価値（価値実体、価値量）」と題され、第三節は「価値形態または交換価値」と題されている。一見、マルクスは第一節で価値の実体を、第三節で価値の形態を扱っているようにみえる。しかし実際にはマルクスは、抽象的人間労働の結晶としての価値の実体を単純に定義したり、仮定したりして、考察をはじめているのではない。第一節でもマルクスは、商品形態と交換価値の背後に存在するものとして価値の実体を示そうと試みている。そこで、第一節と第三節でのマルクスの交換価値についての二重のとり扱いの論理と整合性をめぐり興味ある問題が生じている。

マルクスは、資本主義経済の運動法則の体系的研究の出発点として、まず商品形態を取りあげている。商品は、資本主義社会の富の基本的で一般的形態をなしており、商品の特性が資本主義経済の歴史的特質に不可欠の基礎をなしているからである。商品形態はそれ自体のうちにすでに歴史的で弁証法的性質を内包していることに注意しなければならない。

こうした商品の特質は、商品を構成する二要因のうちの使用価値のみが考察されるかぎりではあきらかにならない。使用価値は「富の社会的形態がどんなものであるかにかかわりなく、富の素材的内容をなしている」（『資本論』邦訳①七三頁）。しかし、「われわれが考察しようとしている社会形態にあっては、それは同時に交換価値の担い手になっている」（同①七三頁）。この交換価値は、使用価値と異なり、商品間に特有な関係性をあらわしている。ついでマルクスは「交換価値は、ある一種類の使用価値が他の種類の使用価値と交換される量関係、すなわち割合としてあらわれる」（同①七四頁）と述べる。そこから、「諸商品の交換価値は、それらがあるいはより多くあるいはより少なくあらわしている一つの共通なものに還元されるのである」（同①七五頁）とみなされる。

この共通のものをみいだすために、マルクスは「諸商品の交換関係を明白に特徴づけているものは、まさに諸商品の使用価値の捨象なのである。この交換関係のなかではあるひとつの使用価値は、それがただ適当な割合でそこにありさえすれば、ほかのどの使用価値ともちょうど同じものと認められるのである」（同①七六頁）と述べて、使用価値を捨象する。こうして使用価値が捨象されると、諸商品に共通な属性は、抽象的人間労働の結晶に還元されるとみなされるのであり、「商品体の使用価値を問題にしないとすれば、商品体に残るものは、ただ労働生産物という属性だけである」（同①七六―七七頁）とされる。

こうした第一節での交換価値からその背後の価値の実体を論理的に推論してゆく過程では、つぎの三点が注意されなければならない。すなわち、（1）マルクスはここでは諸商品は直接に交換されあうものとしており、その困難にはふれていない。（2）そのうえでマルクスは使用価値を考慮の外におき、捨象している。（3）商品に共通の属性は、抽象的人間労働の対象化にあるとみなされている。

ところが第三節を読むと、これら三点は容易にはそのまま保持しえないのではないかと思われる。そこでは、マルクスは、商品価値の最も「単純な、個別的な、または偶然的な」形態からはじめて価値形態の論理的発展をたどり、貨幣形態ないし価格形態の必然性をあきらかにしようと試みている。その出発点となる最も単純な価値形態は、たとえば二〇ヤールのリネンは一着の上衣に値する、つまり二〇ヤールのリネン＝一着の上衣、といった二商品のあいだの価値関係に示される。この等式は、第一節での一クォーターの小麦＝xツェントナーの鉄の直接的交換関係と同様にみえるが、第三節では、等式は直接的交換関係をあらわしているのではない。

第三節の等式では、商品リネンがその価値を、たとえば上衣一着というような他の商品の使用価値の一定量で相対的に表現しているのである。ここではリネンは相対的価値形態においてあらわれ、上衣を等価形態においている。この関係のなかで、「リネンは実際にそれ自身の価値存在を、上衣が直接にリネンと交換されうるものだということによって、表現する」（同①一〇七頁）。リネンはこの場合、上衣との直接的交換可能性を保障されていない。その相対的価値表現は実現を保障されていないのである。

商品リネンの使用価値の特殊性が、その価値としての交換可能性を制約するのである。上衣と直接交換可能となるためには、リネンは上衣の等価形態に（上衣の所有者により）選ばれなければならない。ところが、上衣の価値はリネンの使用価値によってではなく、他の何らかの商品の使用価値によって表現されることが十分ありうる。[2] 商品リネンの所有者の上衣との交換を求める欲求は、上衣商品の所有者の逆の欲求を保障するものとはならないからである。[3]

むろん、リネンの所有者がリネンの価値を上衣の使用価値で表現しているかぎり、商品上衣の所有者は、リネン二〇ヤールを上衣一着と容易に直接に交換できる。こうしたリネンの等価形態としての上衣の直接的交換可能性は、相対的価値形態に立つリネンの側の積極的価値表現によってのみ与えられるところである。他のすべての諸商品にたいする貨幣の直接的交換可能性は、この単純ではあるが、弁証法的な相対的価値形態と等価形態とのあいだの関係にすでに萌芽的に示されている。

こうしてこの第三節では、(1)マルクスは諸商品の直接的交換は容易に一般的にはおこなわれないと想定している。むしろ逆に、その価値を相対的に表現する商品は、直接的交換可能性をもてないことを示しているのである。それと同時に(2)マルクスはここでは使用価値を考慮の外においてはいない。使用価値の捨象は、第一節での考察とは異なり、そう容易なことではなかったように思われる。さらにここでは、(3)マルクスは、諸商品に共通な属性を抽象的人間労働の対象化のみとはみなしていない。むしろ「諸商品は、それらの使用価値の雑多な現物形態とは著しい対照をなしている一つの共通な価値形態――貨幣形態をもっている」(同①九三頁)ことを強調し、その成立の必然性を諸商品のあいだの価値表現の形態をつうじ解明しようとしている。そこでは、諸商品の貨幣形態ないしは価格形態が、単純で端緒的な二商品間の価値形態からの論理的な発展による完成された価値形態として示されている。

この第三節での価値形態論の観点からみれば、第一節での交換価値から価値実体への還元はいまや疑わしくみえる。諸商品の交換価値は、第一節で提示されているようなそれらの直接的交換関係において扱われてよいものかどうか。さらに、諸商品の価値が交換価値から使用価値を捨象して、抽象的人間労働の量にただちに還元されているかぎり、交換価値が使用価値と価値とのあいだのたんなる媒介とされていないか。

それとは対照的に、第三節では、交換価値が、等価商品の使用価値との関係における各商品の相対的価値表現の必然的形態とみなされている。こうした価値表現は諸商品の価値性質に内在しているところである。その意味で、価値の形態としての交換価値は、いまや価値概念に不可欠なところと思える。交換価値は、たんなる理論的媒介や価値概念に外在的なものではありえない。

マルクス自身、第三節でつぎのように述べて、第一節での交換価値のとり扱いの不十分さを認めているように思われる。

この章のはじめに、普通の言い方で、商品は、使用価値であるとともに交換価値である、と言ったが、これは厳密に言えばまちがいだった。商品は、使用価値または使用対象であるとともに「価値」なのである。商品は、その価値が商品の現物形態とは違った独特な現象形態、すなわち交換価値という現象形態をもつとき、そのあるがままのこのような二重物として現れるのであって、商品は、孤立的に考察されたのでは、この交換価値という形態をけっしてもたないのであり、つねにただ第二の異種の一商品にたいする価値関係または交換関係のなかでのみこの形態をもつのである(同①一一五頁)。

それではなぜマルクスは交換価値のとり扱いをこのように訂正する必要にせまられたのであろうか。あるいは、ここで第一節と第三節とを対比して検討したように、かなり異なる交換価値のとり扱いを残しているのであろうか。

第一に、われわれは第三節の価値形態論が『資本論』の第一巻初版(一八六七年)より後で完成されて、ドイツ語第二版(一八七三年)ではじめて挿入されたことに注意しなければならない。第一巻初版では本文中に価値形態の分析が明確にされていなかったので、最後に「補足」として価値形態論が再説されていた。そこで第二版では二重の記述を解消しつつ、この第三節は「全部書きかえた」(同①二八頁)。しかし、そこでのマルクスの独創的価値形態論の進展は、第一節に十分拡張されえなかったのではなかろうか。

第二に、第三節で提示されているマルクスの価値形態論の独創性と対比すると、第一節での価値論には、古典派経済学、とくにD・リカードの価値論の強い影響が読みとれる。古典派経済学の理論的頂点を形成したリカードの『経済学および課税の原理』(一八一七年(リカード 一九八七))の冒頭には、すでに『資本論』でのさきの第一節とほとんど同様な論点をつうじ、労働価値説が提示されている。(4) リカードも、商品の使用価値をまず考察し、ついで異なる使用価値をもつ商品間の直接的交換比率としての交換価値を分析し、その決定要因を交換関係にある使用価値の捨象により、各商品の生産に投じられる人間労働の量に帰着させているからである。そうしてみると、『資本論』冒頭の商品論における第三節との対比で第一節を特徴づけていた、さきの三点は、マルクスに特有な論旨ではなかった。それらはマルクス価値論における古典学派的残滓とはいえないであろうか。

それに加え、第三節におけるマルクスの価値形態論の独自性を重視するならば、第一節での価値論はあきらかに不十分とみなければならない。価値概念は価値形態と不可分なのである。そのことは、マルクス学派に特徴的な価値関係の歴史的性格をあきらかにしようとする試みにとっても、とくに重要な意義を有している。諸商品のあいだの歴史的に特殊な社会関係は、諸商品の価値関係が論理的に価値形態をつうじてのみあらわれることを求めるからである。

2 価値の諸形態

『資本論』の第一巻は「資本の生産過程」と題されているが、マルクスはその最初の二編では、資本の生産過程の分析をおこなっていない。むしろ第一編では、「商品と貨幣」の論理的関係を解明しつつ、商品流通市場がいかに形成されるかをとり扱い、ついで第二編では、商品流通市場にもとづきいかにして「貨幣の資本への転化」が生ずるかをあきらかにしようとしている。商品、貨幣、資本は商品経済を形成する基本的流通形態をなしている。それらの理論的関連と機能は、価値形態の発展として示されることとなる。

資本主義的生産の理論的分析は、『資本論』では第三編「絶対的剰余価値の生産」からはじめられる。第二編第四章第三節に示される「労働力の売買」すなわち労働力の社会的規模での商品化が、資本主義的生産にとっての不可欠な歴史的前提を与える。これにたいし、商品、貨幣、および（商人資本や金貸資本のような）ある種の資本は、この前提なしにもあらわれていた。それらは、資本主義にさきだつさまざまな社会的生産の諸段階、諸形態に古くから多かれ少なかれ共通な商品経済を形成していた。

資本主義的生産の歴史的特殊性は、商品経済一般を構成するそれらの価値の諸形態が社会的労働過程を包摂するところにあらわれる。それとともに、資本主義経済では、各生産物に対象化される労働時間が全面的に価値関係をつうじて処理されざるをえなくなる。こうして資本主義経済では、価値の形態と実体とが社会的必然性をもって結合されるのである。

価値の形態と実体との結合のそうした社会的必然性は、商品経済一般にはかならずしも保障されていない。資本主義社会を除けば、すべての諸社会では大量の労働過程が価値形態のもとに組織されていたのではなく、なんらかの共同体的規制や政治支配のもとにおかれていた。そのような諸社会では、商品取引は、部分的にのみおこなわれ、しばしば主として共同体的諸社会のあいだの交易にもちいられていた。そのような諸社会では、資本主義社会の場合とは異なり、商品取引が各商品の再生産に要する労働時間を十分保障しなくとも、社会的な物質的再生産は、深刻な打撃や攪乱をうけずに維持されえた。

『資本論』第一巻第一章第一節についてさきにみた、商品の交換価値から使用価値を捨象して各商品の生産に社会的に必要な労働時間を価値の実体として示す理論的困難がここにも再現する。一方で、商品経済における価値関係は、資本主義的生産にもとづくとはかぎらない、広い歴史性にそくして分析されなければならない。他方で、各商品に対象化される労働時間にしたがって価値関係を規制する社会的必然性は、資本主義的生産によらなければ理論的に論証しえない。

こうして、『資本論』冒頭の第一節にみられた交換価値から社会的価値実体の直接的導出は、第三節での価値形態論と不整合なところがあるだけでなく、その社会的必然性の論証にも不十分なところがあった。それは価値形態論とは異なり、マルクスに独自の理論というより、むしろ古典派労働価値説の残滓による問題点ではなかったか。

資本主義的生産の基本的動因として価値法則を論証する以前の商品、貨幣、資本の価値の形態的関連の考察は、そうした古典派的残滓を払拭してマルクスに特有な価値形態論を純化し、不整合に価値実体に論及しない流通形態論として再構成することはできないか。これが、宇野弘蔵の著作に影響をうけた日本のマルクス経済学者のあいだに広範な論議をひきおこしてきた中心問題のひとつとなった。(5)

一見、価値の諸形態は、社会的労働の結晶としての価値の実体と不可分で、価値の実体からのみひき出されるもののように思えるかもしれない。しかし、社会的労働過程はそれ自身で価値の諸形態をもたらすものではありえない。労働過程は、商品経済に特有の基礎ではなく、あらゆる社会形態の基礎をなしているからである。社会的分業ですら、商品経済の存在の十分条件ではない(同①八四頁)。

マルクスが指摘しているように、諸商品の交換は、共同体諸社会の接点で始まった(同①一六一頁)。商品経済の歴史性は本来、諸社会のあいだの経済関係として発展したところに由来する。社会的労働過程にとって、商品経済は外来的なものであり、内生的なものとはいえない。それは人類史上きわめて古くから始まってはいたが、(社会的労働過程とは異なり)「人間生活の永久的な自然条件」(同①三二二頁)ではない。それゆえ、社会主義の一類型としての計画経済では商品経済の廃棄の可能性も試みられうる。いずれにせよ、商品経済を構成する価値の諸形態は、社会的労働量の諸関係とは理論的に分離されうる。それら諸形態は労働生産物の一般的形態ではなく、労働生産物に内在するものでもない。

すべての労働生産物が価値の形態をとらざるをえない資本主義的生産が成立しても、その周辺部には労働生産物のある部分は自家消費する農民経営のような小経営が商品経済の担い手として残り続けるとともに、労働生産物でないものにも商品の価値形態は与えられる。資本主義成立の歴史的前提をなす労働力と土地の商品化は、その重要で無視しえない事例といえる。

そうしてみると、商品、貨幣、資本の価値の諸形態の理論的考察を、資本主義的生産の分析にさきだち、価値実体論から分離し、価値実体に論及せずにとり扱うことは、不合理なことではない。そのようなとり扱いは、当初、労働価値説からの逸脱とみえるかもしれないが、そうではない。むしろ逆に、『資本論』の最初のいくつかの節にみられる(古典派的残滓による)理論的な弱点や困難を払拭して、資本主義的生産の分析にそくし、労働価値説の社会的必然性を理論的にあきらかにし、強化する試みをなしているのである。(6)

商品の価値は、その形態概念として抽象されるなら、質的には他の諸商品との交換を求める共通の属性としてあらわれる。量的には、研究がすすめられるにしたがい、より具体的に示されてゆくような、諸商品間の交換比率を規制する社会的標準としてあらわれる。

さきにみた二商品間での単純な価値形態から、商品の価値形態の論理的発展をたどることにより、諸商品の価値表現の完成形態として「貨幣形態」ないし「価格形態」に到達する。この形態において、たとえば金商品が他のすべての商品から「一般的等価形態」の地位に選ばれ、すべての他の商品にたいする直接的交換可能性を独占することとなる。諸商品は使用価値としては質的に相違しているにもかかわらず、価値としての質的同等性を価格形態に表現する。諸商品の価値としての量的相違は、それらの価格において相対的にではあれ、統一的な表現を与えられる。

価格はマルクスの価値概念にとって外的なものではなく、むしろ価値形態の発展に不可欠なものであることに注意しなければならない。価格としての商品の価値表現は、私的に無政府的に商品所有者から与えられるもので、したがってまた直接的には社会的で客観的なものではありえない。とはいえ、貨幣が「商品世界にその価値表現の材料を与える」(同①一七一頁)だけでなく、「商品の価格を実現することによって、購買手段としても機能する」(同①二〇五頁)過程で、価格水準の調整をせまる。商品の所有者たちは、購買がその商品に速やかにおこなわれなければ、その価格を切り下げなければならないし、その逆の場合には逆となる。商品所有者たちにその販売価格の改定を強いつつ、貨幣による購買の反復は、価格変動の重心をあきらかにし、価格変動をつうずる諸商品の価値を尺度するのである。

宇野によれば、こうした意味で、購買手段としての貨幣の機能の反復に、価値尺度の形態がみいだされる。商品経済における無政府的な価値尺度の形態がそこに示されるのである。それと同時に、諸商品の価値には、たんなる市場価格の変動のみには帰せられない、客観的な関連があるにちがいないことも示されることになる。価値の形態はさしあたり流通過程において考察されるにせよ、価値尺度としての貨幣の機能は変動する市場価格の背後にそれを規制する客観的社会的関連を示唆することとなる。

商品の流通過程の下層にそれを規制する客観的関連が存在していることはまた、流通手段としての貨幣の機能の必要量の変動にも反映される。貨幣は、購買手段としてくりかえし機能しつつ、商品所有者にとってはみずからの商品を販売して他の商品を購入する交換手段として機能し、社会的商品流通を媒介する流通手段として機能する。そうした商品流通内で「それぞれの期間に流通手段として機能する貨幣の総量は、一方で、流通する商品世界の価格総額によって、他方では、商品世界の対立的な流通過程の流れの緩急によって、規定される」(同①二一五頁)のであって、その逆ではない。(7)

ある期間に流通手段として機能する貨幣の量が、その間に取引される諸商品の(数量と価格の積としての)価格総額とその流通速度にあわせて変動するかぎり、商品流通市場の外に貨幣の他の諸形態が存在していなければならないはずである。貨幣蓄蔵、支払手段、世界貨幣の形態での貨幣が、一方で流通手段としての貨幣が流出入するプールとして役立っている。他方で、それらは商品経済において、商品流通にもとづき、価値の絶対的形態、ないし富の独立の代表的形態として尊重される。

こうして貨幣が商品経済における代表的で絶対的富の形態としても機能するかぎり、それをできるだけ多く蓄蔵したいとする動機も商品経済に広く生ずるとともに、商品流通にもとづいて、貨幣を用いて貨幣を増殖させる特殊な貨幣の使用法が生ずることにもなる。それゆえ、商品流通の外部に蓄積され、商品流通をつうずる経済形態の最後の産物となる、この貨幣としての価値の独立形態が「資本の最初の現象形態」(同①二五七頁)となる。

そのような貨幣が安く買って高く売るために用いられると、貨幣は資本に転化される。マルクスが定式化しているように、こうして「$G-W-G'$は実際に、直接に流通部面にあらわれる資本の一般定式なのである」(同①二七三頁。Gは貨幣、Wは商品、G'は増加した貨幣、を示している)。利子付き資本の場合は、「流通$G-W-G'$は短縮されて」(同①二七三頁)、$G-G'$の形態であらわれる。マルクスは、それゆえ、資本を、直接に生産過程における賃金労働者の搾取手段として措定してはいない。「剰余価値」の概念すら、直接に剰余労働の対象化としてではなく、前貸しされた貨幣額Gをこえる貨幣の増殖分ΔGの形態で示される。このように、マルクスは、価値の諸形態論を、『資本論』第一巻第一編の商品論、貨幣論に続き、第二編での「資本の一般的定式」論にまで拡張しているのである。資本は、そこでは$G-W-G'$の姿態変換を反復する、価値の無際限な自己増殖形態としてあらわれるものと理解される。[8][9]

この資本形式は、理論的にはとくに、複数の商品流通市場のあいだにあらわれる「世界貨幣」としての貨幣の最終形態から導かれる。というのは、世界貨幣の位置におかれた貨幣は、さまざまな商品流通市場のあいだの価格水準の相違を利用して、貨幣形態での剰余価値を得るために前貸しされ、商人資本の形態、$G-W-G'$に転化されやすいからである。とはいえ、この資本形態にとって、剰余価値の源泉はその運動のまったく外部にある。多様な商品流通市場の価格体系の差異とその変動は、この資本にとって外的に生ずるところであり、この資本の運動を多かれ少なかれ投機的なものとする。資本としては同じ商品流通市場内の価格変動も利用する。商人資本としては安く買って高く売る機会を時空にわたり躊躇せず利用するのである。

適切な時期をとらえて取引を拡大しうるように、商人資本は、利子を払って、ある期間遊休している貨幣を借りうける。こうして商人資本の形態にもとづき、利子付き資本の形態、$G-G'$があらわれうる。この資本形式では、ある額の貨幣がある期間貸しだされ、利子としての剰余価値をともない返済される。この資本形態では、利子としての剰余価値の源泉は、その運動にまったく外的で、関心の外におかれる。それゆえ、この資本形態は、商人資本のみならず、広く貨幣を必要とし利子を元本とともに支払える借り手があれば、消費金融であろうと貸し付けをいとわない性質もあった。

こうして商品経済の発達とともに、貨幣は、商人資本形態と利子付き資本形態とに転化される。しかし、これらの形態での資本は、その剰余価値の源泉をそれらの運動の内部に欠いているので、資本としての価値増殖も確実性が十分でなく、拡大される規模でのその運動の継続も保証されがたいところがあった。それゆえ、資本は自己増殖する価値の運動体として十分確立されていなかったといえよう。

生産過程（P）を内部に組織する産業資本形式の出現が、そのような資本形態の限界とその基礎をなす商品流通の部分性の限界を克服するために要請されていた。とはいえ、産業資本は、すべての商品流通市場に普遍的にあらわれるものでもなく、商品世界全体にただちに拡大するものでもありえなかった。それが出現しえたのは、特殊な歴史社会的条件として、周知の二重に自由な（身分支配から解放されるとともに、生産手段からも切り離された）労働者の労働力が商品化されているような商品流通市場にかぎられていた。したがってまた、商人資本や利子付き資本の形態と異なり、産業資本形式の出現は、商品経済の長い歴史においても一六世紀以降にかぎられており、空間的にも商品世界の全体においてではなく、少なくとも当初は西欧のいくつかの商品流通市場においてであった[10]。

そうであったとしても、そのような歴史社会的前提条件があたえられる商品流通には、産業資本の形態、$G-W\cdots P\cdots W'-G'$が、流通と生産とを結合して出現する。この産業資本の運動のもとに、剰余価値の内的源泉が成立するだけでなく、価値法則の社会的必然性も明確にしめされることとなる。われわれは、商品経済を形成する価値の諸形態の論理的発展の最後の形態をなす、この産業資本の形態をつうじ、価値の社会的実体に検討をすすめることとしよう。

3 価値の実体

古典派経済学の労働価値説においては、あらゆる社会の共通の基礎となる社会的労働過程と、商品経済に特有な価値関係との区別が明確にされていない。社会的労働量の関係がつねに価値関係としてのみ考察されていた。こうした理論的限界は、古典派経済学者が、商品経済と資本主義社会の歴史性を理解しえなかったことに由来している。価値の諸形態と労働過程との両者の誤認は、その意味で密接に関連している。

これとは対照的に、マルクスは、「労働過程は、さしあたりどのような特定の社会的形態にもかかわりなく考察されなければならない」(同①三二一頁)とみなし、それは「人間生活の永遠の自然条件であり、それゆえ人間生活のどのような形態にも依存せず、むしろあらゆる社会形態に等しく共通するものである」(同①三三二頁)ことを明確にしていた。こうした労働過程の規定は、価値の諸形態の規定とあわせて、マルクスの経済理論に決定的に重要なところである。資本主義的生産の歴史性が、それらをふまえて明示されることになるからである。

とはいえ、マルクスは、『資本論』第一巻第三編の冒頭の節での労働過程の考察にさいし、労働過程をたんに使用価値の生産過程とみなす傾向があった[11]。使用価値を生産する労働は具体的有用労働をなしている。そうなると、あらゆる社会に共通な人間の労働活動は、具体的有用労働の側面にかぎられることとなるのであろうか。マルクスが労働の二重性として明示している抽象的人間労働の側面はどうみたらよいのであろうか。

いかなる類型の社会でも社会的労働時間の総量は、さまざまな種類の具体的生産活動に何らかの方法で配分されていなければならない。社会的分業は一般に質的に異なる多様な具体的労働の社会的組織をあらわしているだけではない。それは、社会的に必要とされる諸部門への抽象的人間労働の量的配分をもあらわしているのである。マルクスは『資本論』の第一章第四節「商品の物神的性格とその秘密」において、そのような労働時間の必要な分野への配分が、いかなる形態の生産においてもおこなわれていることを、ロビンソン・クルーソーの経験、中世ヨーロッパ社会、家父長的農民経営、さらに社会主義のもとでの自由な個人のアソシエーションを例証として、明確に述べている(12)。

そうしてみると、抽象的人間労働もその具体的性格とあわせて、あらゆる社会に共通の経済生活の原則的基礎をなしていると思われる。実際、すべての具体的有用労働も、ほとんどの場合、具体的労働形態を変えながら継続的におこなわれる異なる種類の部分労働から構成されているのであって、それらをつうじ他の動物とは異なる広い構想を選択的に描き、みずからの意志で念頭においた構想を、頭脳と身体能力を発揮し実行する人間的労働能力をどの有用労働も共通の基礎としている。そうした意味で、具体的有用労働はつねに抽象的人間労働の具体的形態にほかならないのである。

ところが、マルクスは「労働過程」の節では抽象的人間労働を扱うことをさけ、ついでそれに続く「価値増殖過程」の節で、抽象的人間労働を価値と剰余価値の実体としてとり扱っている。こうした扱いは、抽象的人間労働が、具体的有用労働と異なり、価値関係のもとでのみあらわれるという印象や解釈をもたらしうる。しかし、そのような解釈は、「商品の物神的性格」の節でのマルクスの見解にてらすと適切でも整合的でもない。どこに問題があったのであろうか。

ここで『資本論』第一巻第一章の第一、二節にたちもどらなければならない。マルクスはそこでは、価値の諸形態を捨象し、価値概念を直接に抽象的人間労働の結晶に還元していた。具体的有用労働と抽象的人間労働との区別は、マルクスに独自の優れた認識であったが、そのうちの後者を価値関係と直接に同一視する傾向は、古典派経済学の労働価値説と同様のところともいえ、古典派的残滓ともみてよいのではないか(13)。第一章第二節でも、具体的有用労働の性格のみが「あらゆる社会形態から独立のもの」として扱われていた。抽象的人間労働を価値関係から理論的に分離することは、マルクスが価値形態論にさきだって価値の実体を論ずることで最初から困難となっていたのではなかろうか。

すでにみた宇野による価値の諸形態を純粋の流通形態論とする試みは、こうした困難を解消し、抽象的人間労働と具体的有用労働とをともに価値関係から独立の経済生活一般の原則的基礎として理論的に認識しやすくする意義をも有していた。

資本主義的生産のもとでは、すべての社会的労働量の関係が価値形態をつうじて処理されることになる。それゆえ、価値の諸形態は、労働時間の量的関係に社会的実体を有するものとなる。価値関係が、諸商品に対象化されている社会的必要労働時間に規制されるという価値法則は、それにともない社会的必然性をもって作用するにいたる。

価値の諸形態のもとに価値の実体として包摂される労働時間の社会的関係にさらに検討をすすめるなら、労働力商品を他のすべての商品生産物と区別する特殊性を明確にしなければならない。労働力を商品として維持することが資本主義的生産の基本条件であるから、この特殊な商品の価値の実体はなによりもまず考究されてよい。

労働力は労働過程で生産されうるものではない。いかなる社会形態においても、それは、本来的には労働・生産過程の主体であり、客体ではない。資本主義的生産は、その労働力に価値の形態を与え、他の商品生産物と同様に市場で購入できるようにしておかなければならない。しかし、労働力は、人間労働の産物ではなくその主体的要因なのだから、その価値の形態は直接にその生産にともない対象化される労働時間としての実体を欠いている(14)。では、どのような関連において、労働力の価値形態は、物質化された労働時間としての社会的実体を有することになるのであろうか。

労働力は、生活している個人の活動力としてのみ存在している。労働者としてのそれら諸個人は、その生活と労働力を維持するためにある量の生活手段を消費しなければならない。これらの生活手段は、それらを生産するのに必要な労働時間の一定の大きさの対象化の産物となっている。

賃金労働者にある額の貨幣量の形態で与えられる、商品としての労働力の価値の社会的総額は、労働者たちの労働力を維持再生産するために必要な生活手段を購入するのにちょうど十分なものでなければならない。こうして、労働力の価値は、必要生活手段に対象化される労働時間としての価値の実体に結びつけられ、それによって規制される。かりに生産性の向上により、必要生活手段の再生産に要する労働時間が縮減され、実質賃金にあたる必要生活手段の数量に変化がなければ、労働力の価値実体は生活手段の価値実体に比例して縮小することになる。

とはいえ、賃金労働者の標準的生活水準を示す必要生活手段の質と量にわたる内容は、技術的に決定されるものではない。そこで、労働力の価値規定には「歴史的な精神的な要素」(同①三〇〇頁)がふくまれる。[15] マルクスは、こうした労働力の価値の基本規定を与えるさいに、(『資本論』第一巻第八章における労働日の長さの決定についての考察とは異なり)階級闘争の果たす役割に直接には論及していないが、資本主義の歴史的推移の過程で、ここでいう「歴史的な精神的な要素」の一環として、組織された労働運動の圧力の結果もふくまれうるとみてよいであろう。いずれにせよここで想定されている必要生活手段の内容は、あきらかに生存ミニマムの水準とは解釈できないし、長期的に不変のものでもありえない。とはいえ短期的には、それぞれの社会のそれぞれの時期に、賃金労働者の必要生活手段の質と量における社会的に安定的な生活水準を想定して考察をすすめることは理論的に許容されてよいと思われる。

労働力を商品としてその価値を支払って(あるいはより正確には支払う約束をして)購入した後には、資本家はみずからの所有する生産手段とあわせて労働力商品を使用し、商品としての労働力の使用価値を実現する。労働力の使用価値は、人間的な働く能力であり、労働生産物を産出する労働過程で実現されうる。労働者によって生産されるにもかかわらず、生産物は、商品経済の原理にしたがい、労働者の所有物にはなりえない。その理由をマルクスはつぎのように述べて、あきらかにしている。そこでの「生産物は資本家の所有物となるのであって、直接生産者である労働者のものではない。資本家は、労働力のたとえば一日分を支払う。そこで、労働力の使用は、他のどの商品の使用とも同じに、たとえば彼が一日だけ賃借りした馬の使用と同じに、その一日は彼のものである。商品の買い手には商品の使用が属するのである」(同①三二四頁)。

資本家のもとでの生産過程の結果としてのすべての商品生産物とともに、そこに対象化される社会的労働時間の総量も資本家たちが取得する。年々の商品生産物の全体に対象化される労働時間の総量は、それら商品の価値の実体を形成する。その総量は、少なくとも二つの異なる部分から成っている。そのひとつは、生産過程で消費される(原料や機械装置などの)生産手段から移転される部分であり、その過程で新たに追加される労働時間である。この新たに追加される年々の活きた労働時間の一部は、労働力の価値として労働者に引き渡される必要生活手段の価値自体を再生するために必要とされている。もうひとつの部分は、それをこえる剰余労働時間であり、剰余価値の社会的な実体をなしている。

こうした価値実体の内容に対応し、生産手段に投じられる資本価値部分は、その価値実体が新たな生産物に移転されるのみで変化しないので、不変資本(c)とよばれる。これとは対照的に、労働力の購入に投じられる資本部分は、剰余価値(m)を生み増殖するので可変資本(v)とよばれる。労働力商品にその価値を支払い資本家が入手する労働力の使用価値は、三重の機能を果たす。それは具体的有用労働の側面で生産手段を適切に消費し新たな商品の生産に役立てることにより、不変資本の価値実体(c)を商品生産物へと移転する。同時に、抽象的人間労働の側面で、可変資本の価値実体(v)を再生産し、さらにそれをこえる剰余価値(m)を創出する。それゆえ、労働力商品を購入し使用することにより、資本は剰余価値を社会的に、その内部で生産しうることになる。こうして労働力商品にもとづく資本主義的生産において、それ自身で自己増殖する価値の運動体としての資本が確立されるのである。

それとともに、労働力が社会的規模で商品化されると「その瞬間からはじめて労働生産物の商品形態が一般化される」(同①二九九頁)のであり、全面的商品経済社会が成立することにも注意しておきたい〔この段落は原書にない〕。

そのような資本主義的商品経済社会において、価値の実体としての労働時間が、価値の形態としての価格関係にどのように法則的な規制をおよぼすことになるか、さらに立ち入って検討をすすめてゆこう。年々の商品生産物の総量についてみたのと同様に、各商品生産物の一単位についても、社会的な投入産出の代表的技術体系のもとで(特殊な考慮が追加的に必要な結合生産の問題がなく、各生産工程に同質的人間労働が投入されるとさしあたり想定し、n個の生産物についてその単位あたりに対象化される労働時間t_iを未知数とするn本の生産関数を連立方程式として、解を求めれば）それぞれに対象化されている労働時間が、その内部の$c+v+m$の構成とともに確定可能とみてよい〔この段落は原書より大幅に拡充されている〕。

従来、商品生産物の価値実体に正比例する価格——したがってまた商品生産物のあいだの等労働量交換——が、（『資本論』にしたがい）資本主義的剰余価値生産の基本的しくみを解明するために前提されなければならないと通常信じられてきた。この通念にここでは挑戦してみたい。実際、さきの剰余価値生産の社会的総体としての分析には、商品生産物の価格をつうずる等労働量交換は前提されていなかった。その分析が、社会的な労働力の価値実体と剰余価値の実体をめぐってすすめられるかぎり、そのような前提は理論的に不必要だったのである。

とはいえむろん、変動する市場価格の変動をつうじ維持される、各商品生産物の価値の形態としての標準的価格水準が存在するにちがいないことは想定されており、価値の諸形態を扱った前節でも、そのような標準価格が貨幣の購買手段としての機能の反復をつうじ、諸商品の価値の形態としてあきらかにされ、尺度されるとみなされていた。他方で、各商品生産物にさしあたり与えられている社会的生産技術の体系から価値の実体として対象化されている労働時間量も確定可能なところとみなされる。それゆえ、所与の生産技術の体系にもとづく資本の社会的再生産が継続される過程では、価値の形態としての商品生産物の標準価格とその背後の価値の実体とのあいだに、安定的関係が存在しているにちがいない。

すでにみたような労働力の価値の形態と実体の社会的関連についても、商品生産物の側にも、価値の形態と実体のあいだにそのような安定的関係があることを必要条件として想定しているところがあった。というのは、その条件がなければ、賃金労働者が労働力の価値の形態として受けとる貨幣賃金をつうじ、労働力の社会的再生産に要する必要労働時間を確保する保証がなくなるからである。さらに、生活手段について、その標準価格と価値実体との安定的関係が維持されるのは、それらの生産手段についても同様の関係が保持される場合にかぎられるであろう。

とはいえ、商品生産物についてのこうした価値の形態としての標準価格と価値の実体としての生産に要する労働量との安定的関係は、正比例である必要はない。標準価格は、各商品に対象化されている価値の実体としての労働量と正比例でなくとも安定的関係をあらわしうるのである。

これとは対照的に、労働力の場合には、商品としての労働力と必要生活手段とのあいだに、賃金としての貨幣の交換手段としての機能を介し、ある種の擬制的社会関係としてであれ、さきにもみたようにそれぞれの再生産に要する労働時間の等量交換が反復されることとなる。その意味で、労働力商品についての価値法則は、必要生活手段とのあいだに価値の実体としての等労働量交換を内実としているといえる。この点は、古典派経済学以来、労働価値説の内容を等労働量交換とする見解を支えてきた、核心的基礎のひとつをなしていた。資本主義的生産のもとで、労働力は唯一の「単純商品」としてあらわれることに注意しなければならない。労働力は、資本によって生産される商品ではないからである。その再生産は、労働者に剰余価値をもたらすことにはなりえない。必要生活手段に対象化されている労働時間は、単純に消費され、労働力商品の価値実体として(労働者自身の労働時間の一部から)くりかえし補塡されなければならない。必要生活手段の形で与えられる、労働量の再生産に必要な労働時間は、労働者の消費過程で移転され維持されるものでも増加するものでもない。その消費により再生産される労働力商品の価値の実体と社会的生産過程を介して産出され、交換される必要生活手段の価値実体とのあいだに等労働量交換が反復されるのである。

商品生産物の再生産の論理はあきらかにこれとは異なっている。商品生産物の価値実体をなす労働時間は、それらの生産過程で直接に対象化され、すでにみたように、$c+v+m$としての異なる三部分からなっている。それぞれの商品の再生産は、価格をつうじ、対象化されている労働時間の不等量交換がくりかえされても維持されうるであろうか。

その答えは、ある限度内では、可能とされるにちがいない。不等労働量交換が、ある資本家にその商品生産物に対象化されている総労働時間以上の労働量をもたらすなら、その生産継続に何ら問題は生じない。その資本家は、前貸しした資本の価値実体（$c+v$）を回収するとともに、みずからの生産過程で搾取した剰余価値の実体（m）をこえる剰余労働をえるからである。それとは逆に、不等労働量交換が、ある資本家の商品生産物に対象化された労働時間を下回る労働時間をもたらす場合には、その商品生産の継続を可能とする限度が問題となる。

とはいえ、その最大限が、商品生産物の単位量にふくまれている剰余労働時間（m）により画されていると理解するのにさして困難はない。換言すれば、ある商品の販売によってえられる貨幣額は、その商品が所与の技術的条件で再生産されるかぎり、その生産で消費された生産諸要素（生産手段と労働力）を買い戻し補填するのに少なくとも十分な額でなければならないのである。それゆえ、標準価格が商品の価値実体をなす労働時間と正比例していなくとも、少なくとも $c+v$ をあらわす労働時間は、そうした価格を介する交換の結果、補填されなければならないことになる[16]（そこで、各商品の生産過程での剰余労働（m）がゼロなら、標準価格は価値実体としての労働量と正比例していなければならないことになる。マルクスは、『資本論』第一巻第五章の「価値増殖過程」の節で、まず剰余労働がおこなわれない、たんなる価値形成過程として、二〇時間を対象化している綿花一〇ポンドと四時間にあたる紡錘四分の一個を一〇シリングと二シリングで入手した資本家が、紡績工に六労働時間の必要労働にあたる三シリングを支払い六時間で一〇ポンドの綿糸を生産させて、あわせて三〇時間の価値実体を有する綿糸一〇ポンドを一五シリングで販売する事例をあげている。宇野は、このたんなる価値形成過程論にそくして、資本主義のもとで商品生産物の等労働量交換としての価値の形態と価値の実体との正比例関係が社会的な必然性をもって例証できるとみなしていた。それは、スラッファ（一九七八）の冒頭の章での「生存のための生産」の理論モデルを労働価値説の観点から、マルクスにそくして読みとっていることにもなっていた）〔この丸括弧の挿入は原書にない〕。そうしてみると、各商品に対象化されている労働時間としての価値の実体は、他の商品との標準価格としての価値の形態を介しての交換比率の規制において、剰余労働（m）の再配分関係の限度内で、一種の弾力的な乖離を許容しうる法則性を有していた。

もとより資本は、剰余価値を獲得しなければ資本として機能したことにならない。それゆえ、各資本は、その商品生産物に対象化されている剰余労働の少なくとも一部は、商品交換の結果、確保しなければならない。それゆえ、資本の具体的運動において、価値の実体による価値の形態としての価格による交換比率の弾力的規制の乖離幅は剰余価値（m）の範囲より小さいにちがいない（マルクスがさきの事例にもとづき、価値増殖過程として示している事例では、あわせて六〇時間で生産される綿糸二〇ポンドにふくまれる一割、六時間の剰余労働の幅より狭い範囲の限度内での弾力性）〔この丸括弧の挿入は原書にない〕。諸資本間の競争的価格をつうずる剰余価値の配分原理をさらにあきらかにするには、商品生産物の価値の形態と実体とのより具体的な関連を示す、マルクスの生産価格論に検討をすすめなければならない。

4 生産価格

マルクスは、『資本論』第三巻の第一章「費用価格と利潤」から生産価格論をはじめている。そのさい、価値関係を価格としての価値の形態において考察しようとしていることは注目に値する。すなわち、「商品の価値のうち、消費された生産手段の価格と充用された労働力の価格とを補塡するこの部分は、その商品が資本家に費やさせたものを補塡するだけであり、したがって資本家にとって商品の費用価格をなす」（『資本論』邦訳⑥五四頁）とされているのである。この費用価格においては、生産過程における不変資本と可変資本の異なる機能は考慮の外におかれる。そのように扱われる理由は、いまや「資本はいわばその内的な有機的生活から外的な生活関係にはいるのであり、この関係のなかでは、資本と賃労働とが相対するのではなく、一方で資本と資本とが相対し、他方では諸個人もまた再びただ買い手と売り手として相対する」からである（同⑥七九頁）。

これに対応し、「剰余価値そのものも、労働時間の取得の産物としてはあらわれず、商品の費用価格をこえる商品の販売価格の超過分としてあらわれ、したがって費用価格がたやすく商品の固有価値（valeur intrinséque）としてあらわれ、そのために利潤は商品の内在的な価値をこえる商品の販売価格の超過分としてあらわれるのである」（同⑥八〇頁）とされる。こうして、剰余価値もここでは価格関係をつうじ、費用価格をこえる販売価格の超過分として考察される。

こうして剰余価値が費用価格をこえる超過分とみなされる場合には、資本の異なる諸部分全体から生ずるものとみえる。費用価格に入らない固定資本の未償却部分をふくむ全投下資本の産物として利潤が受けとられ、年々のその比率が利潤率として、資本間の投資効率を比較する尺度とされる。

さきにみたように、『資本論』第一巻の最初の二編でマルクスは、価値の諸形態を理論的に重視し、諸商品の価値関係が必然的に価格形態をもたらすとともに、貨幣を用いて貨幣を増殖する資本の形態が、前貸資本としての貨幣をこえる剰余価値を貨幣の増殖分の形態で生ずることもあきらかにしていた。ここではそれをうけて、マルクスは、販売価格と全投資資本額との関係において商品生産物の費用価格と利潤を価値の具体的展開形態として取り上げ分析をすすめているといえよう。費用価格とそれをこえる販売価格の超過分としての利潤としての剰余価値の価格形態は、貨幣額における投下総資本と利潤との年率とあわせ、資本主義的剰余価値の実体的配分を規制する原理の基本形態をなしているのである。

というのは、マルクスのいう資本の「外的生活」における多数資本の競争関係のもとでは、個別資本の価値増殖の効率に関しては、価格形態での各投下資本総額にたいする、販売価格と費用価格の差額としてえられる利潤の年々の総額の割合が、貨幣形態で比較され、年利潤率として争われることとなるからである〔この一文は原書より拡充されている。著者による元の文が不明瞭だったため補正した〕。各産業の代表的技術条件で機能している資本間に、資本の移動や投資速度の調整が自由におこなわれるかぎり、利潤率の産業間の高低差はたえず無政府的に生じては、競争的資本の運動により解消されてゆくので、その運動の重心として一般的利潤率を形成し、均等化される傾向があるとみてよい（こうした資本の競争原理は、無政府的商品経済にもとづく資本主義的生産に不可欠なところで、巨大独占資本の形成によりまったく失われることにもならないし、独占利潤のもたらす諸影響の分析基準としても明確にしておかなければならないところといえる）〔この丸括弧の挿入は原書にない〕。

したがって、諸資本の自由な競争過程における商品生産物の市場価格の変動の重心となる標準価格は、費用価格と平均利潤から構成され、平均利潤は生産物一単位への一般的利潤率による利潤の比例配分をしめすところとなる。こうして商品生産物の標準価格は具体的には生産価格としてあらわれるのである。

価値の具体的形態としての生産価格は、費用価格と利潤と同様に、直接には貨幣額により尺度される。とはいえ同時に、生産価格は、つぎにみてゆくように価値の実体に規制された具体的価格形態を示すところとなっている。

一般的には、生産価格は商品生産物に対象化される労働時間に正比例する価格とはならない。それゆえ生産価格は不等労働量交換をもたらす。しかし、商品生産物に対象化される労働量交換の不等性は、通常、剰余労働が存在するかぎりでのみ許容される。それとは対照的に、商品生産物に要する生産要素の価値実体にあたる $c+v$ の労働量は、生産継続のために、生産価格での交換をつうじ、正確に同じ分量を補塡されなければならない。生産価格のうちの「費用価格はその商品の生産に消費された生産要素を絶えず買いもどさなければならない」(同⑥五五—五六頁)のであり、それとともに生産要素の価値実体としての労働量を補塡する機能をはたさなければならないのである。こうした費用価格に追加される平均利潤は、剰余生産物に対象化されている剰余労働の資本主義的平均配分をあらわし媒介する価値の形態にほかならない。

価値の形態と実体との区別を念頭におくならば、価値の具体的展開形態としての生産価格と各商品に対象化されている労働時間としての価値の実体とが、範疇と次元を異にする量であることをはっきり認識できる。価格が表現される商品金の物量と、諸商品に対象化されている労働時間とは、その意味で、同じ尺度で比較できない。商品生産物の交換は、それらの価格の変動の重心をなす生産価格を基準におこなわれ、その関係が諸商品に対象化される労働時間により背後から制御されるのである。

こうした価値の形態と実体の次元の相違が明確にされるならば、生産価格論はもはや等労働量交換としての価値法則から不等労働量交換への理論的変更や修正を意味するものではなくなる。むしろ生産価格論は、価値法則自体の具体的貫徹機構を示すところとなる。

従来のほとんどすべての転形問題論争は、価値の形態と実体の区別とあわせて、この点を見落としてきたのではないか。そこでは多くの場合、諸商品に対象化されている労働量としての価値実体が、直接的に価値価格をなすと想定されてきた。とはいえ、そうした誤解は、部分的にはマルクス自身にも由来していることも認めなければならない。独創的な価値形態論と価値形態の具体的発展としての生産価格論とを形成する試みをすすめながら、マルクスの価値論にも、すでにみたように、古典派経済学の残滓から完全には解放されていないところが残されていたからである。その結果、諸商品の価格形態は価値法則にしたがい、等労働量交換を媒介する、価値実体の形式的表現のようにみなされる傾向が生じていた。こうした価値価格の想定のもとでは、生産価格論にも、少なくとも議論の余地のあるひとつの問題が残されることとなっていた。というのは、マルクスが費用価格を、商品の生産に消費された生産要素の価値($c+v$)と(価値価格により)規定して生産価格を導いているかぎり、その結果は、費用価格の構成要素にも価値ないし価値価格から生産価格への転化がおよぼされるとどう変わるか、さらなる検討の余地があったためである(17)。

この問題は、P・スウィージー(一九四二年)がボルトキエヴィッチ(一九〇七年)の考察を利用して、新たに提示して以来、広く論議されてきた(18)。まず、そのボルトキエヴィッチ－スウィージーの解法をみておこう。そこでは、Ⅰ生産手段生産部門、Ⅱ労働者の生活手段生産部門、およびⅢ資本家用消費財生産部門の三つの主要生産部門が想定されている。c_i, v_i, m_i がそれぞれ、各部門で消費される不変資本価値、可変資本価値、剰余価値をあらわすとすると、価値タームでの単純再生産の関係性はつぎのようにあらわされる。

$$\begin{aligned} &\text{I.}\quad c_1+v_1+m_1=c_1+c_2+c_3 \\ &\text{II.}\quad c_2+v_2+m_2=v_1+v_2+v_3 \qquad (1) \\ &\text{III.}\quad c_3+v_3+m_3=m_1+m_2+m_3 \end{aligned}$$

これに加えもうひとつの数値rが一般的利潤率をあらわすとする。たとえば一年といった所与の期間に未償却の固定資本は簡単化のために考慮外におき、投資された生産手段はすべてこの期間に回収されると想定されるなら、マルクスの生産価格の規定は、つぎのように表示できる。

Ⅰ. $c_1+v_1+r(c_1+v_1)=P_1$
Ⅱ. $c_2+v_2+r(c_2+v_2)=P_2$　　(2)
Ⅲ. $c_3+v_3+r(c_3+v_3)=P_3$
　ここで $r=\Sigma m_i/\Sigma(c_i+v_i)$

費用価格も生産価格に転化するために、ボルトキエヴィッチとスウィージーは、ここに未知数x、y、zを導入する。それらは、部門Ⅰ、Ⅱ、Ⅲの商品生産物の価値が生産価格に(費用価格分までふくめ)転化したさいの比率を示しており、たとえば生産手段の生産価格はその価値のx倍となるものとみなされる。そうなると、生産価格での各部門の商品生産物のあいだにつぎのような連立方程式が成り立っていなければならない。

Ⅰ. $c_1x+v_1y+r(c_1x+v_1y)=(c_1+c_2+c_3)x$
Ⅱ. $c_2x+v_2y+r(c_2x+v_2y)=(v_1+v_2+v_3)y$　　(3)
Ⅲ. $c_3x+v_3y+r(c_3x+v_3y)=(m_1+m_2+m_3)z$

四つの未知数(x, y, z, r)が三本の連立方程式にふくまれている。一義的な解を未知数に与えるためには、これらと独立の方程式をもうひとつ追加するか、未知数をひとつ減らさなければならない。ボルトキエヴィッチとスウィージーは、$z=1$として、未知数をひとつ減らすことを薦めている。その理由としてつぎのように述べている。

貨幣商品一単位の生産に要する労働の単位数は、二つの計算体系の間をむすぶ直接の環をなすであろう。価値表式が貨幣単位に変換され、そして金――それは奢侈財として分類するものとする――が貨幣商品としてえらばれるものと想定しよう。そうすると、金の一単位(たとえば三五分の一オンス)が価値の単位となる。単純化のため、われわれはまた、他の奢侈財の各単位は、すべて金の単位に対し、一対一の基準で交換されるようにえらばれていると仮定しよう。換言すれば、金をふくむすべての奢侈財の単位価値は一に等しいということである。(19)

ここには興味深い争点が示唆されている。解決すべき問題の性質をより完全に明確にするために、価値の形態と実体との理論的区別が役立てられてよかったのではないか。生産価格が、価値の具体的形態であるかぎり貨幣で(古典的金本位制のもとでは金のある単位量で)尺度されるということは重要である。貨幣商品金は価値の形態的尺度として機能するのである。とはいえ、金の単位物量は、時間で計られる抽象的人間労働としての価値の実体の単位とはなりえない。右にみた(1)の方程式群が労働時間で計られる価値の実体をあらわしているなら、かならずしも一ではなく、たとえば二時間といった労働時間の一定量が、一単位の商品金(たとえば一ドルとよばれる三五分の一オンスの金)に対象化されていることもありうる。その場合には、貨幣商品金の一単位は、価値実体の二単位にあたり、zは1ではなく2分の1となりうる。係数zの大きさは、貨幣商品の単位量(ここでは三五分の一オンスの金)が所与なら、その生産の技術的条件により決定されるとみてよい。zの大きさがどのようになろうと、(3)の連立方程式は、本質的に同様に解ける。他の諸条件が変わらなければ、係数x、yはzに正比例して決まる。

価値の実体として年間の商品生産物に対象化されている労働時間の数値と、価値の形態としてのその生産価格総額をあらわす商品金の単位（たとえばドル）の数値とは、単位が異なり通約不可能だから、一般に一致しえない〔この一文中の「単位が異なり」は原書になく、著者による追記である。ただし、もともと著者は「次数が異なり」としていた。しかしこの文脈での「次数」という表現は誤用であるように思われるので、江原の責任で改変した。以下同様の誤用がみられる箇所はすべて「単位」もしくは「次元」に修正している〕。そのことは、価値の実体と形態の区別と関連を念頭におけば、マルクスの労働価値説の否定を意味しない。

しかし、さきに引用したスウィージーの説明は、問題を解決するうえで、この論点を十分明確にしていない。スウィージーも価格としての価値を尺度する貨幣商品の役割は認識しているのだが、その説明では一方で（1）の方程式群における「価値表式が貨幣単位に変換され」「金の一単位……が価値の単位となる」と述べて、価値の実体が金の単位でも計られるかのように読める。他方で、貨幣商品とのリンクをつうじ、価格も労働単位で計られうることが示唆されているようにみえる。実際、その数字例では、「価値計算」としての（1）の方程式群の例としての表の数値も、「価格計算」としての（3）の計算例も、ともに単位の表示がなく、価値の実体と形態の数値が直接比較可能とみなされている〔この一文は原書にない〕。そのかぎりではまた、価値から生産価格への転化は、価値価格からの交換比率の変化を意味するとみなす通説の問題点は払拭できないのではないか。そこには価値の実体と形態の理論的区分と関連を明確にせず、両者を混同する誤りが残され、そこからさらに一連の混乱を生ずることともなった[20]。

ボルトキエヴィッチとスウィージーによる解法では、すでにみた$z=1$とすることの妥当性に疑問が残されたのに加え、部門Ⅲの資本の有機的構成（c_3/v_3）が社会的平均となる例外的場合を除けば、総生産価格が総価値と一致しない。しかもさらに、金産業の資本の有機的構成が、部門Ⅲの資本構成の平均と異なっていれば、総利潤と総剰余価値も等しくなりえない。その意味でも、その解法は、マルクスの述べていた、年々の商品生産物の総価値は総生産価格と一致し、そこにふくまれる総剰余価値は総利潤と一致するという、いわゆる総計二命題と整合しないのではないか、という問題が残されていた。

そこで、ウィンターニッツ（一九四八年）は、第四の方程式として、$\Sigma(c_i+v_i+m_i)=\Sigma(c_ix+v_iy+m_iz)$を追加して、解を求める別法を提唱した。そこでは、$z=1$に代えて、総価値と総生産価格の一致が追加的条件として主張されていた。[21] しかし、この解法では、総剰余価値と総利潤の一致は通常は保障されえない。

それゆえ、ミーク（一九五六年および一九六七年）は、第四の方程式として、この条件をあらわす、$\Sigma m_i=\Sigma m_iz$ を用いるべきであるとした。それに加え、ミークは、$\Sigma(c_i+v_i+m_i)/\Sigma v_i$ の比率が、$\Sigma(c_ix+v_iy+m_iz)/\Sigma v_iy$ の比率と等しくなるよう、部門Ⅱの資本の有機的構成が社会的平均となるべきであると主張していた。[22] この条件は、価値生産物（付加価値総額）中の労賃シェアが、価値の生産価格への転化により変化することがないようにとの意図からふくめられた。とはいえ、部門Ⅱの資本の有機的構成が実際につねに社会的平均となるかどうかは疑わしい。そうならなければ、生産価格のもとでの労賃シェアは、価値関係のもとでのシェアから実質的に変わることになるのであろうか。さらにミークの解法が、マルクスによる総計一致二命題の一方の総価値と総生産価格の一致とかならずしも両立しえないのもあきらかであった。

シートン（一九五七年）によれば、（1）$z=1$　（2）$\Sigma(c_i+v_i+m_i)=\Sigma(c_ix+v_iy+m_iz)$　（3）$\Sigma m_i=\Sigma m_iz$ のすべてをふくむ条件は、部門Ⅲの資本の有機的構成が社会的平均であれば、同時に充足されうる。[23] しかし、そのような想定は一般性を欠くから、シートンの解法は、マルクスによる価値の生産価格への転化論、ひいてはその基礎としての労働価値説への疑念を引き起こしかねない。

一九六〇年までのこうした一連の転形問題論争の解法の方向には、どこかに不具合はなかったであろうか。再燃している近年の転形問題論争のなかで、たとえばA・ミディオ（一九七二年）、D・ライブマン（一九七三、七四年）、M・デサイ（一九七四年）、A・シャイク（一九七四年）、D・ヤッフェ（一九七五年）[24]らの議論では、つぎのような論点が強調されるようになってきた。すなわち、

（i）新古典派や新リカード派の価格理論と異なり、マルクス学派の価値論は、たんなる商品生産物の相対価格の決定論ではない。それはなによりも、資本家と労働者のあいだの社会関係の経済的基礎をなす、剰余価値の生産過程の理論をなしている。

（ii）こうした認識を共通の基礎として、価値論と生産価格論との次元と課題の相違が新たに強調されるようになっている。

（iii）さらに、価値概念が拡張されて、商品生産物に対象化されている労働時間としての価値実体のみならず、貨幣価格や生産価格をつうじ獲得されうる労働時間をもたらす価値の形態や交換価値の側面をもふくめて検討がすすめられる傾向がみられる。

ミディオは、（i）の論点を強調しつつ、スラッファの標準商品の理論を価値と生産価格との関連をつなぐために導入した。[25] しかし、彼のいう（標準商品にあたる）「平均商品」ω^*は、理論的に合成されたその生産にあたる資本の有機的構成が、貨幣商品金の生産にあたる資本の構成と一般には一致しえないので、現実の価格標準として機能することにはなりえない。加えて、その解法は、マルクスの総計一致二命題を否認する意味をふくんでいる。価値体系と生産価格の体系とのあいだで、搾取率が変わらないことを条件とする、ライブマンの解法も、同様にマルクスの総計一致二命題が一般には成立しえない結果をともなっていた。

デサイは、（ii）の論点、すなわち価値体系と生産価格の体系の次元の相違とそれにともなう同じ単位での比較不可能性を重視して、マルクスの総計一致二命題の直接的否認を回避しようと試みていた。[26] これとは対照的に、シャイクとヤッフェは、（iii）の論点を展開して、総計一致二命題を論証しようと試みていた。とはいえ、デサイのみならず、シャイクもヤッフェも、貨幣価格としての生産価格を価値の形態の具体的発展として価値概念の展開内におさめて位置づけるにはいたらなかった。価値概念は、交換価値や価値の形態をふくめ、価値実体の次元にとどめて扱われる傾向があり、その結果、貨幣価格は価値関係にとってたんに外的なものとみなされる傾向をまぬがれなかったように思われる。

近年の論議にみられる(i)、(ii)、(iii)の論点は評価されてよいにせよ、そこに残されているこのような傾向と結果は、マルクスの独創的な価値の形態と実体の理論を発展させる正しい方向とは思えない。貨幣価格としての生産価格も価値概念の一面に位置づけ、価値の形態が展開され具体化された姿として理解されなければならないのではなかろうか。価格としての価値の形態は、価値の実体とは異なる次元に属するが、価値の諸形態がいかに価値の実体をあらわし、媒介するかを理論的にあきらかにしなければならないのである。こうした考察の道筋が適切であれば、マルクスの総計二命題の本来の意義と整合性にもより納得のゆく理解がえられるのではないか。

こうした諸論点を究明するために、さきにみたボルトキエヴィッチとスウィージーによる(1)、(2)、(3)の方程式群にたちもどり、それを改訂する試みをすすめてみたい。簡単化された投入－産出モデルの一種として、単純再生産が想定されているかぎり、労働時間で計られる社会全体の商品生産物の価値の実体は、方程式群(1)にあらわされる量的関係にあるにちがいない。とはいえ、その方程式群で示されている、たとえば、$c_1+v_1+m_1=\Sigma c_i$は、商品生産物の(価値実体に正比例する)価値価格での等労働量交換をあらわすと解釈されてはならない。それは、諸部門のあいだの商品生産物の交換比率ないし相対価格が(さきにふれたように、剰余労働部分の配分関係の範囲で)価値価格から多少ずれていようと、生産手段として産出される商品の価値実体が、すべての部門で消費された生産手段をちょうど補塡するために用いられなければならないことをあらわしているのである。かりに、$c_1+v_1+m_1=a_1$とおき、それに(ある幅のなかで)対応している標準価格での取引がおこなわれうると想定しておけば、剰余価値生産の社会的機構の研究には十分であった。生産価格論では、諸資本の競争過程において、そうした標準価格をより具体的に確定するために、方程式群(3)が用いられうるのである。

その方程式群を解くために、zは1とする必要はない。他の諸条件が変わらなければ、一般的利潤率r、および

$x:y:z$の相対比率は、zの大きさとは無関係に(3)の連立方程式からえられる。zを1ではなく2分の1と想定してみよう。その単位はたとえばドル／時間であり、貨幣商品金の一単位(たとえば一ドルとよばれる三五分の一オンスの金)とその生産に要する労働時間との比率を示し、社会的に決定される貨幣単位量を所与とすれば生産技術の社会的関連から決定される〔この一文は原書にない〕。ボルトキエヴィッチとスウィージー以来価値計算と価格計算の二表が検討されてきた数字例を、zを2分の1に変更したうえで、つぎのような三表に改訂して検討をすすめてみよう。

すなわち、年々の商品生産物に対象化されている価値実体をあらわす表Ⅰ「生産された価値実体(a_i)」から出発し、これにもとづき算定される「生産価格」を示す表Ⅱを介し、各生産部門により「獲得される価値実体(a'_i)」をしめす表Ⅲにいたるのである。それは、資本主義的商品生産物の全体が$W'-G-W$の形態で社会的に取引される姿をたどることになる。表Ⅰと表Ⅲはたとえば一〇億時間といった単位での労働時間で計られる。表Ⅱはたとえば一〇億ドル(三五分の一オンスの金の一〇億倍)を単位として計られる。(27)

表Ⅰと表Ⅱとにおいて、総価値と総価格、総剰余価値と総利潤とのあいだに同等性がないのは、もはやおどろくに値しない。それらは異なる単位で計られ、次元を異にしているからである。表Ⅲで示される獲得される価値実体としての労働時間を、表Ⅱで示される各貨幣価格に正比例する時間と想定することも、一見可能にみえる(本書の原書初版以後に提唱されたいわゆる新解釈NＩあるいは同時的単一体系解釈ＴＳＳＩでは、注28に追記したように、こうした見解が示されている)。しかし、表Ⅱに正比例する労働時間は、各部門の資本家と労働者が獲得する現実の労働時間としての価値実体を正確に示すものとはならない。各部門の資本家たちは、その生産を継続しなければならないかぎり、それぞれの商品生産物を生産価格で販売してえた貨幣を再投資し、消費した生産諸要素を買い戻さなければならない。単純再生産を想定しているこのケースでは、表Ⅱの費用価格(c_ix+v_iy)部分は、貨幣に実現されたのちに、表Ⅲにみられるように、生産手段の価値実体(c_i)を補塡し、同数の労働者に賃金を支払い必要生活手段の価値実体(v_i)を再獲得可能とするために、その貨幣を使わなければならないのである。したがって、表Ⅰにおけるc_iとv_iの各数値とその総計とは、表Ⅱに示される生産価格での売買を介し、表Ⅲの同じ項目に再現しうるし、そうならなければならない。

　これに対応して、剰余生産物に対象化されている剰余労働が、利潤形態をつうじて処理される唯一の社会的価値実体として残されることとなる。それゆえ、$\Sigma m'_i$はつねにΣm_iに等しくなるはずである。とはいえ、c_iとv_iの場合と異なり、m_iの価値実体部分は、各生産部門に産出されたのと同量が取り戻される必要はない。生産価格の形態で利潤率を均等化する諸資本のあいだの競争が、剰余価値の実体の再配分を強制するのである。単純再生産とともに貨幣商品金の生産をふくむ部門Ⅲ内の資本の有機的構成が同一と想定されているここでは、剰余価値の実体は表Ⅱにおける平均利潤p_iに比例して再配分されることとなる。その結果としてのm'_iをc_iとv_iとに合計することにより、表Ⅲにみられるような各部門で現実に生産価格をつうじ獲得される価値実体(a'_i)を確定することができるのである。

　その結果、部門Ⅰ、Ⅱ、Ⅲはそれぞれ一〇億労働時間単位で、三七五、三〇〇、二〇〇の価値実体を、四一一、二八四、一八〇の価値実体と生産価格をつうじ交換することになる。それゆえ表Ⅲでは、a'_1とΣc_i、a'_2とΣv_i、a'_3とΣm_iの同等性は失われている。しかし、表Ⅲは、交換の出発条件ではなく結果をしめしているので、そこに問題はない。表Ⅲでのm'_iは資本家たちにたんに消費されるにすぎないからである。それを除くc_iとv_iが再生産に使われて、表Ⅰにおけるのと同じ結果を$c_i+v_i+m_i$として次期に産出するのである。

表Ⅰ　生産された価値実体(a_i)

（10億時間）

部門	c_i	v_i	m_i	a_i
Ⅰ	225	90	60	375
Ⅱ	100	120	80	300
Ⅲ	50	90	60	200
計	375	300	200	875

$m_i/v_i = 2/3$

表Ⅱ　生産価格(P_i)

（10億ドル）

部門	$c_i x$	$v_i y$	p_i	P_i
Ⅰ	144	48	48	240
Ⅱ	64	64	32	160
Ⅲ	32	48	20	100
計	240	160	100	500

$p_i = r(c_i x + v_i y)$，$r = 25\%$，$x = 0.64$，$y = 0.533$，$z = 0.5$

表Ⅲ　獲得される価値実体(a'_i)

（10億時間）

部門	c_i	v_i	m'_i	a'_i
Ⅰ	225	90	96	411
Ⅱ	100	120	64	284
Ⅲ	50	90	40	180
計	375	300	200	875

$m'_i = p_i \div 1/z = \Sigma m_i \times p_i/\Sigma p_i$，$a'_i = c_i + v_i + m'_i$

こうしてみると、表Ⅱにおける価値の形態としての生産価格が、表Ⅰに示されるような商品生産物の価値実体に基本的に規定されていることがあきらかとなる。その両者は単位が異なり、名目的数値は異なるにせよ、総価格と総利潤とは商品生産物の価値実体と剰余価値の実体の総量を、価値の具体的形態において表現しているものにほかならない。生産価格としての媒介的な価値の形態は、生産され、交換される価値と剰余価値の実体の総量を変えるものとはならないのである。こうして総価値と総価格、総剰余価値と総利潤のあいだのマルクスによる総計一致二命題の意図は、価値の実体と形態の区別により否定されるのではなく、むしろ理論的に論証されることになるといえよう。

表Ⅰから表Ⅲにいたる理論的構造は、理論モデルがn部門に拡張されても変わらずに維持されうるであろう。とりわけ、各部門の資本家たちが同じ構成の商品を消費し、単純再生産が継続されるなら、各部門で生産される価値実体と生産価格を介し取得される価値実体とのあいだのすべての関係は、三部門の場合と同じ性質を有することとなろう。各部門の資本家たちが消費する商品構成が等しくなくなれば、m'_iはp_iにかならずしも比例しないことになりうる。そのことはa'_iにも変化を生ずるであろう。しかし、他のすべての諸項目は、$\sum m'_i$と$\sum a'_i$とをふくめ、不変のままとなろう。同様なことは、p_iを介して剰余価値の一部が再生産の拡大に用いられる場合にもあてはまるであろう。

各部門における資本の有機的構成や投入要素の構成に示される生産の技術的条件に変化が生じつつある場合は、ここでみてきたような分析手法では、とり扱いが困難となる。実際、表Ⅰに表現されているような投入‐産出の基本的生産条件が再編過程にあるような時期については、生産価格の水準を理論的に確定することはある意味で不可能となる。それゆえ、価値実体による生産価格の規制は、理論的に、比較的短期であっても、ある期間について安定的な生産の技術的条件が存在することを(いわば比較静学的に)想定したうえで論証されるところと考えられる。

とはいえ、マルクスの価値論は、生産価格論をふくめ、本来的にはたんなる静態理論ではありえない。安定的技術的諸条件を所与としても、諸資本のあいだの競争は、市場価格の絶えざる変動をひきおこす。生産価格はそのような市場価格の動揺する変動の重心としてのみあらわれる。価値実体の観点からすれば、そのような市場価格の生産価格からの偏倚は、通常は、m'_iとそれに対応するa'_iについてのみ変化を生ずる。

そのような市場価格の生産価格からの乖離は、価値法則の作用をただちに否定する事態を意味しない。それは、つぎのような意味で、むしろ価値法則の具体的貫徹機構の一環をなしている。すなわち、価値の実体による価値の形態としての生産価格の規制は、過去の（生産手段に対象化されている）死んだ労働とそれに追加される活きた労働の社会的必要量を各生産部門に配分することを要請している。そのような社会的労働配分は、資本主義のもとでは無政府的市場経済のしくみにより達成されるほかはない。生産価格をめぐる市場価格のたえざる変動は、社会的労働配分の無政府的撹乱をあらわすとともに、諸資本にその撹乱を是正させるようガイドしているのである。

そうしてみると、価格としての価値の形態は、みずからを具体的には変動する市場価格とその中心となる生産価格とに二分化する。その両面が、価値の具体的形態として、価値実体の必然的規制機構を構成しているのである。すでにみてきた剰余価値（m）の範囲内での弾力性が、そのような価値の二形態をつうずる社会的労働配分の無政府的な撹乱とその是正を法則的に許容し、必然化しているといえよう。

それと同時に、生産価格を重心とする市場価格の変動をつうずる社会的労働配分の調整機構は、ことに再生産の拡大をともなう資本の蓄積過程では、商品としての労働力が安定的価値水準で入手可能であることを基本条件としてのみ順調に機能し、運動を続けうることにも注意しておかなければならない。その入手可能性が失われれば、資本主義的価値法則のすべての貫徹機構は、機能不全におちいりおびやかされる。そのような場合の撹乱は、産出される剰余価値の再配分関係の範囲内にとどまりえなくなる。剰余価値の生産自体が困難となりうる。その困難が経済恐慌にまで展開されれば、不変資本（c）と可変資本（v）とにわたる資本の価値も破壊されるであろう。

そのような恐慌がなぜ、いかにして法則的に生じざるをえないか、そして資本主義経済が原理的にそのような危機的災厄をいかに克服しうるかを理論的に解明することは、恐慌論の課題となる。労働力商品と商品生産物との価値の形態と実体との理論的関連の動態はより具体的には周期的恐慌の不可避性をふくむ景気循環論において研究されなければならない。そこで、本書の第六章では、マルクスの価値論は体系的に恐慌論に展開されなければならず、マルクスの恐慌論はまた価値論と整合的に完成されなければならないことに、たちいって考究をすすめることとしたい。

第四章　マルクスの市場価値論

1　マルクスの市場価値論の諸問題

マルクスは、『資本論』第三巻第九章で、商品の価値を生産価格に転化させた後、第一〇章で「競争による一般的利潤率の平均化。市場価格と市場価値。超過利潤」というタイトルのもと、市場価値の議論へと進んでいる。この複雑な章は、価値と生産価格のあいだの論理的関係の検討からはじめられている。マルクスの転化の手続きによれば、

中位またはほぼ中位の構成をもつ資本にとっては、生産価格は価値と、また利潤はその資本が生産した剰余価値と、まったく一致するかまたはほぼ一致する。そのほかのすべての資本は、構成がどうであろうと、競争の圧力のもとで、これらの資本と平均化されようとする傾向がある（『資本論』邦訳⑥二八八頁）。

同時に、「すべてのいろいろな生産部面の利潤の総計は剰余価値の総計に等しくなければならないのであり、また、社会的総生産物の生産価格の総計はその価値の総計に等しくなければならない」（同⑥二八七―二八八頁）。そこでマルクスは、「本来の困難な問題は、このような諸利潤の一般的利潤率への平均化がどのようにして行なわれるかという問題である。なぜならば、この平均化は明らかに結果であって、出発点ではありえないからである」（同⑥二八九頁）と

述べている。

マルクスは、この章の終わり近くでこの問いに答えようとしたようで、価値タームでは異なる利潤率を、資本の再分配をつうじて一般的利潤率へと平均化するのは、資本主義的競争だとしている。

もし諸商品がそれらの価値どおりに売られるとすれば、すでに述べたように、生産部面が違えば、それぞれの部面に投ぜられている資本量の有機的構成の相違にしたがって、さまざまに違った利潤率が成立する。しかし、資本は利潤率の低い部面から去って、より高い利潤をあげる別の部面に移ってゆく。このような不断の出入りによって、一口に言えば、利潤率があちらで下がったりこちらで上がったりするのにつれて資本がいろいろな部面に配分されるということによって、資本は、生産部面が違っても平均利潤が同じになるような、したがって価値が生産価格に転化するような需要供給関係をつくりだすのである(同⑥三二四頁)。

この説明を読んでわれわれは、価値が生産価格に転化されるとき、資本によって規制される死んだ労働と活きた労働の配分が変更されると理解すべきだろうか。価値関係のもとでの各商品の需給の均衡比率が、生産価格のもとでのそれと異なるとき、それでもなお前者を、現実性をともなわないたんなる仮想的前提ではなく、資本主義経済の分析の現実的な枠組みとしてみなしうるのだろうか。これらの問題は、より根本的な点、すなわち、商品に対象化された抽象的労働の等価交換の現実的妥当性をいかにして証明するかという点に、われわれを立ち返らせる。マルクスは、一般的利潤率の形成に関する問いのすぐ後で、つぎのように疑問を呈し、この点に触れている。「このように諸商品がそれらの現実の価値どおりに交換されるということは、いったいどのようにして成り立ったのであろうか?」(同⑥二九〇頁)。

これに答えるべく、マルクスは「労働者たち自身がめいめい生産手段をもっていて、自分たちの商品を互いに交換し合う」(同⑥二九一頁)単純商品生産者による交換モデルを提示し、「価値どおりの、またはほぼ価値どおりの、諸商品の交換は、資本主義的発展の一定の高さを必要とする生産価格での交換に比べれば、それよりもずっと低い段階を必要とするのである」(同⑥二九四頁)という有名な主張をするにいたる。

エンゲルスは「『資本論』第三巻への補遺」において、そしてR・ヒルファディングはベーム＝バヴェルクへの反批判において、この見解を敷衍し、価値から生産価格への歴史的・論理的転形説を唱えた。(1) しかし、歴史的・論理的転形説は最終解決にはなりえないだろう。第一に、単純商品生産者は、資本主義的生産者と異なり、社会全体を支配することはなく、そのためその交換関係は社会的に必要な労働支出によって必ずしも規制されない。第二に、マルクスの『資本論』第一巻第三編以降は、先資本主義的経済ではなく、あきらかに資本主義的生産を価値法則を基礎として分析するものである。ボルトキエヴィッチが指摘したように、生産価格論におけるマルクスの費用価格のとり扱いもまた、不完全なままであった。(2)

こうした転形問題を解決するためには、マルクス独自の、価値の形態と実体の区別を明確にし、それを活用することが不可欠であると考える。生産価格を発展した価値の形態ととらえ、それがいかにして、次元的に異なる量である、価値の社会的実体としての諸商品に対象化された抽象的労働時間によって決定づけられているかを研究する必要がある。労働量の社会的配分を媒介するにあたり、生産価格が果たす役割もあきらかにされなければならない。この視点は本書第三章で詳述されており、本章の主題は転形問題そのものではないので、ここでは繰り返さない。しかしのちにみるように、適切な生産価格論との論理的関係からして、この文脈でマルクスの市場価値論を検討することは重要である。

マルクスは、商品を実際の価値どおりに交換する場合をふりかえったのち、同じ種類の商品の個別的価値が生産条件のちがいによって等しくならない場合に、単一の市場価値がどのように決定されるかを検討することに話を進めている。この市場価値の検討は、『資本論』第三巻第一〇章の大部分を占めている。しかし、マルクスの市場価値論の定式化の試みは、十分に完成しなかった。特に、二つの矛盾した理論が残されたように思われる。
二つのうちひとつは、市場価値は技術的に平均的な生産条件によって直接決定されると定義している。この文脈では、たとえばマルクスはつぎのように述べている。

市場価値は、一面では一つの部面で生産される諸商品の平均価値と見られるべきであろうし、他面ではその部面の平均的諸条件のもとで生産されてその部面の生産物の大量をなしている諸商品の個別的価値と見られるべきであろう（『資本論』邦訳⑥二九六頁）。

この定義では、市場価値は、異なる生産条件の下で生産された商品の異なる個別的価値の平均、もしくは平均的かつ支配的な生産条件の下で生産された商品の個別的価値とみなされる。これは、市場価値の「技術的平均」説と呼びうる。厳密にいうと、平均的な生産条件と支配的な（あるいは最も一般的な）生産条件は、常に同じというわけではない。しかし、両者は通常は同一であるとみなされている。この理論では、市場における需要と供給の状況は、市場価値の重心を中心とした市場価格の変動を引き起こすものの、市場価値の水準を決定する上ではいかなる役割も果たさない。
これにたいして、マルクスの第二の理論は、市場価値の決定にあたり、需要に重要な役割を与えている。たとえばマルクスはつぎのように述べる。

需要が非常に大きくて、最悪の条件のもとで生産される商品の価値によって価格が規制されても需要が収縮しないならば、このような商品が市場価値を規定する。このようなことが可能なのは、ただ、需要が普通の需要を越える場合か、または供給が普通の供給よりも減る場合だけである。……生産される商品の量が、中位の市場価値で売れる程度よりも大きければ、最良の条件のもとで生産される商品が市場価値を規制する（同⑥二九七頁）。

この文脈では、技術的に平均的な生産条件ではなく、「両極の一方が市場価値を規定する」(同⑥三〇七頁)。これは市場価値の需給説と呼びうる。

『資本論』第三巻第一〇章全体にわたって、マルクスはこれら二つの異なる理論をくりかえし述べている。われわれは、マルクスの市場価値論をどちらの方向に向かって完成させるべきなのだろうか。あるいはこの二つの理論に示された、マルクスの意図は統一しうるのだろうか。最後に、市場価値論をどのようにして生産価格論と調和させるべきなのだろうか。ここではこれらの論点を、この問題に関する日本の議論を検討することで考察していく(3)。ここでの考察が、マルクスの価値論の重要な側面をあきらかにし、西欧のマルクス派が注目しはじめた地代論に不可欠な理論的基礎を与えることを期待したい。

2　技術的平均説

需要と供給の比率が市場価値の水準を決定するとすれば、商品の生産に対象化された抽象的労働の量による価値の決定が曖昧になり、限界理論の需給の価格理論に近づくおそれがある。このような立場を避けるために、マルクス学派の大勢は伝統的にマルクスの市場価値の第一の定義を志向し、ある商品を生産するために技術的に必要な平均的労働時間によって決定されるものとして市場価値をとらえてきた。この種の解釈は、日本の議論においては、たとえば向坂逸郎や横山正彦によって示されてきた。この市場価値の技術的平均説によれば、需要と供給の関係の変化は、生産条件が変化しないかぎり、市場価値からの市場価格の乖離しかもたらさない。この解釈にしたがうと、マルクスが第二のタイプの市場価値論を提示したのはたんに間違いだったのか、マルクスの二つの市場価値論を整合させることはできるのか、といった疑問が生じるように思われる。

これらの疑問に答えるべく、さまざまな試みがなされている。横山は、ローゼンベルグによりつつ、最も正統的な解釈のうちのひとつを示している[4]。横山によれば、マルクスによる二つめの説明は、実は、支配的な技術的条件の変化によって、市場価値が変わるケースを扱っているのだという。増大した社会的需要が、最劣等条件のもとで生産された商品の供給増加によってもっぱら満たされ、その条件で生産された商品がいまやその商品の生産の大部分を占めるようになった場合や、あるいは逆に、過剰生産によって、劣等な条件で生産された商品が排除され、最も有利な条件が商品の大部分を生産する条件となるような場合には、第二のタイプの説明は、第一のタイプの説明と整合的となる[5]。これは、技術的平均説の観点からマルクスの第二の市場価値論と整合した解釈を与える試みであるが、マルクスの異なる見解を実質的に統合するものとはいえない。第一に、技術的平均説においては、最劣等あるいは最優等の生産条件は、その他の条件が依然として存在するかぎり、市場価値を単独で規制するものとはなりえない。第二に、この主張は恣意的な解釈として容易に批判される。なぜならマルクス自身が、第二の理論において、劣等あるいは優等な生産条件の割合の変更に言及していないからである。

生産条件の技術的平均による市場価値の決定と完全に一致する説明をすべく、山本二三丸は、マルクスの第二の理論における「市場価値」という用語は、すべて「市場価格」の誤植にちがいない、という独創的な案を示した[6]。もしこれが本当なら、「第二の理論」は存在せず、マルクスの立場というのはたんに、需給関係の変化は市場価格にのみ作用し、市場価値には作用しないという主張に還元される。しかし、山本は自らの誤植説に文献学的な証拠を与えることができず、当然ながら、この解釈への支持は得られなかった。

大島雄一は、もっとバランスのとれた解釈を示そうと試みた[7]。大島は、マルクスの第一の理論を市場価値の一般理論ととらえ、他方、第二の理論を放棄するのではなく、独占的価格設定、景気循環の一定の局面、そして差額地代の論理といった事例を分析するための特殊理論として位置づけるべきだと主張した。しかし、この解釈においても、一般理論と特殊理論は統合されておらず、別々のケースとして分離されているだけである。そして、技術的平均説は、市場の役割を考慮することなく、市場価値の一般理論とされている。このように、第二の理論に示されたマルクスの考察と意図の重要性は、十分にくみ取られていない。

3　宇野の市場価値論

ひとつめの市場価値論と二つめの市場価値論とは、もともとマルクスの議論のなかで明確な内的関係をもたずに併存していた。第一の理論においては、マルクスは、市場における需要と供給の変動を考慮することなく、完全に生産条件の静的な組み合わせにもとづいて市場価値を定義したのにたいし、第二の理論においては、需要と供給の比率の変化が、ただちに市場価値にたいして規制的な生産条件を決定すると主張しているように思われた。その結果、市場価値の変動を、市場価格の変動と区別することが難しくなっていた。(8) 二つの理論をたんに足し合わせる試みも、第一の理論をそのまま堅持する試みも、いずれも満足のいくものとはいいがたい。マルクスが市場価値概念を二重化させつつ模索していた方向へと、理論を展開させてゆく必要がある。

「市場価値」という概念は、たんに静的で技術的な価値の定義ではなく、市場のダイナミズムと関係づけられたものでなければならない。同時に、市場価値は、市場の変動をつうじて市場価格を規定するものとして提示されなければならない。完成された市場価値の概念は、以上の要件を満たさなければならない。このような観点から、宇野弘蔵は「市場を媒介にして決定される社会的価値」(9) として市場価値概念を提示し、マルクスの二重の理論を、より実質的に再構築することを試みた。さらに宇野から引用しよう。

市場価値は商品の需要に対する供給が、市場価格の騰貴するとき増加し、低落するとき減少するという価格の運動の中心をなすものとして、需要供給の均衡を基礎にして決定されるのであって、それはかかる変動の過程で供

給の増加が如何なる生産条件の生産による商品によって行われるかにかかることになる。(10)

この見解によれば、マルクスの第二の市場価値論で述べられていた、市場における需要と供給の動きは、市場価格の変動だけに関係しているわけではない。市場価格の変動をつうじて、商品経済は、社会的需要に必要な量の商品がどの生産条件のもとで供給されるかを無政府的にあきらかにし、もって市場価格の重心としての市場価値の水準を指し示すのである(一般に、ここで規制的な生産条件が通常、両極のうちのいずれか、つまり「限界部分」なのだと考える理由はない)。もちろん、規制的な生産条件が変われば、市場価値そのものも変わる。しかし、そのような市場価値の変化は、商品経済では直接観察することはできず、市場価格の無政府的な変動をつうじて探られるほかない。ここでは、商品経済が、生産条件のちがいに対応してさまざまな個別価値を存在させながら、実は市場競争の動きをつうじて社会的価値を立ち現させるさまがあきらかになっている。(11) 同時に、市場価値論は、市場価格の無政府的運動をつうじて、商品生産の各部門の生産条件の社会的水準をあきらかにする方法を示すことによって、各部門への社会的必要労働の配分の調整機構をも示している。宇野の市場価値論は、マルクスの二重の市場価値論の拡張的統一として、価値論のこうした重要な側面を明確にしている。

つぎの問題に進もう。市場価値論で論じられるべき生産条件のちがいとは何であろうか。三つの種類が考えられる。第一に、生産方法の技術的改善の過程に現れるちがいである。第二に、同じ技術的基礎の上にあっても、資本規模のちがいによって生じる、商品の原価と生産条件のちがいである。第三に、土地に代表される自然条件のちがいや制約に関連するものである。

あきらかに、第一の種類の生産条件のちがいは、『資本論』第一巻の特別剰余価値論で論じられている問題と実質的に同じ問題をふくんでいる。この種の差異は、技術進歩の過程で現れては消えるものなので、宇野は、ある箇所では、市場価値論における特殊ケースとみなすべきだともしている。正統的な市場価値の技術的平均説に異議を唱える宇野は、自然的生産条件(すなわち土地)のちがいは、市場価値の一般理論に直接関連づけられるのだと主張した。宇野は、差額地代の理論を、市場価値論の修正ではなく、拡張的発展として位置づけたのである。

しかし、生産方法の技術的差異は厳密には特殊ケースだとみなすならば、宇野の市場価値論は、資本の規模や土地の等級といった、その他の生産条件のちがいの話に還元されすぎはしないだろうか。そうではなく、宇野の市場価値論は、三種類すべての生産条件のちがいにひろく共通する、市場を介した社会的価値の形態的決定を一般に示したものと考えられる。この定式化においては、たんなる個別的価値の平均は、もはや市場価値を適切に定義するものとはなりえない。しかし、最初の二つの場合に関しては通常、宇野の革新的な理論は、実質的には、市場価値を技術的に支配的な、あるいは最も一般的な生産条件によって規制されると定義する「技術的平均」説の変種と考えることができる。なぜなら、変動する需要に対応する際に商品の供給に使われる生産条件は、それが技術的条件または資本規模のいずれかに関する場合には、ふつうは、支配的かつ最も一般的な条件として現れるからである。これにたいして、土地のように制限された自然の生産条件の場合には、社会的需要を満たすのに必要な限界的な最劣等条件が市場価値を規制する。したがって、諸資本の競争論は、ここで地代の特殊理論を必要とし、そこでは市場価値と同じ規制方式でありながら、それが差額地代に特有の社会的実体をもつことが示される。

これらのちがった場合における価値の社会的実体の性質をさらにあきらかにするためには、不均等な技術進歩による特別剰余価値の実体と、差額地代に転化される特別利潤の実体を考察しなければならない。技術的平均説は、優等な技術的生産条件をもつ資本家が獲得する特別剰余価値は、実質的に平均より劣等な生産条件で操業する同一部門内の他の資本家からの価値移転だとした。しかし、この解釈は、最劣等の限界的な土地が市場価値を規制し、より優等な土地で生産されるすべての商品が、その個別的価値よりも高い市場価値をもつという差額地代の場合には、あきらかに適用できない。この場合、市場価値と個別的価値とのあいだの差分は、同じ生産部門内での価値実体の移転によって相殺されることはないように思われる。それゆえマルクスは、差額地代に転化されるこの差分を「虚偽の社会的価値」(『資本論』邦訳⑧八六頁)と呼んだ。この「虚偽の社会的価値」の社会的源泉を説明することは、市場価値論の技術的平均説には難しい。しかし、この問題をさらに論じる前に、生産価格論と市場価値論との論理的関係を考察しておこう。

4 生産価格と市場価値

ここで決定的な問いは、市場価値の決定問題を、生産価格の決定問題とはまったく別のものとして提起するかどうかということである。市場価値の技術的平均説は、市場価値の決定において無政府的な市場プロセスの役割を考慮しないため、市場価値論と生産価格論を切り分けている。しかし、本書では、二つの別々のメカニズムがあるわけではないと考える。むしろ、部門内競争と部門間競争の両方が役割を果たし、マルクスが「市場生産価格」(同⑥三二八―三二九頁)と呼んだものを決定する、単一の競争過程が存在するのである。マルクスが市場価値を生産価格論との関連で扱おうとしたことは、『資本論』第三巻第一〇章のタイトルと構成からしてもあきらかであろう。

宇野の市場価値論は、この点をあきらかにするのに役立つ。宇野によれば、市場価値を決定する代表的な生産条件は、部門内市場競争の無政府的な過程をつうじてのみみいだされる。この代表的な生産条件を特定することは、資本間の部門間競争にとって必要である。各部門のこのような基準を参照することではじめて、部門間の利潤率を比較することができ、そうした利潤率を均等化する資本の動的配分がおこなわれるのである。同時に、もし部門間競争がなかったとすると、部門内競争はきわめて限定的かつ非効率的なものとなるはずであり、したがって部門間競争は、市場価値の決定にとって必要な一側面である。

生産価格論は、社会的再生産の資本主義的法則として価値法則を展開する上で、市場価値論に比べてさらに基礎的なものである。とはいえ、資本主義的競争による生産価格の形成に関する理論は、各部門内の競争論を欠くかぎり、完全なものとはなりえない。それゆえ、市場価値論は、生産価格論よりも後に論じられるべきであり、生産価格論の欠くべからざる延長とみなされるべきである。

　そうだとすると、あたかも市場価値が部門間の資本主義的競争とは別に扱われうるかのように、市場生産価格を定義する前に、まず市場価値を示すという、マルクスや宇野のやり方にしたがうべきだろうか。この点では、櫻井毅が提起し、鈴木鴻一郎がより明示的に提唱した、部門内の資本主義的競争を市場価値の問題としてではなく、むしろ最初から市場生産価格の問題として論じるべきだという提案に賛同したい(12)。

　いうまでもなく、生産価格論と市場生産価格論を統合しても、産業部門間の利潤率を均等にする資本主義的競争は、各産業部門の標準的な、したがって代表的な生産条件よりも優等な生産条件をもつ資本家から特別利潤を排除するわけではなく、むしろ生じさせざるをえない。われわれはいまや、このような超過利潤の形態で得られる価値の実体を、新しい角度から理解することができる。市場価値論の技術的平均説の場合とは異なり、改良された生産方法を用いている個別資本が得る特別利潤の実体的源泉を、同じ部門の産業で引き出される剰余労働に限定する必要はない。この特別利潤の実体は、それが市場生産価格論で分析されるかぎり、平均利潤の一部の実体部分と同様に、他の産業部門で引き出された剰余労働の移転でありうる。同時に、このような超過利潤の源泉を、標準的な生産条件よりも劣等な資本が存在しないケース、したがって、同じ産業部門内において価値の実体の移転による相殺関係がないケースでも、論理的に考えられるようになる。このことは、差額地代に転化される特別利潤の実体についてもいえる。マルクスは、このような価値の部分を「虚偽の社会的価値」あるいは「消費者として見た社会が土地生産物のために過多に支払うもの」(『資本論』邦訳⑧八六―八七頁)と呼んだ。これは、原理的には、資本主義的競争による価値の実体の創造でも、労働力の価値の実体からの控除でもない。したがって、差額地代の実体は、社会的な剰余労働の一部が資本主義的競争によって地主に移転し、それによって農産物の市場生産価格が決定されるものとみなされるべきである(13)。

　以上で論じてきた、二種類の特別利潤の歴史的意味と機能のちがいを明確にしなければならない。前者は、『資本論』第一巻に提示されている特別剰余価値の問題としても検討されなければならないが、それは生産方法を改善し、したがって相対的剰余価値の社会的生産をもたらすインセンティブとして機能する。宇野が示唆するように、それは生産方法の改善と更新のために社会的に必要となる労働コストをふくみうるのであり、そのコストは多かれ少なかれすべての形態の社会に共通で、社会主義社会でもやはり必要とされる。これにたいして、差額地代に転化される特別利潤は、このような生産性向上への積極的な役割を果たさないし、他の形態の社会における共通の基礎もない。その意味で、農産物に対象化される総労働が労働時間の実際の長さによって直接推計される社会主義のもとでは、差額地代は単純に消滅されうるのである。マルクスの「虚偽の社会的価値」という呼称は、このような見解からすると、ある意味、的を射ている(14)。

このように、市場生産価格という形態は同じで、資本主義的競争のメカニズムも同じでも、そこには異なる種類の社会的実体がふくまれ、とり扱われているのである。それゆえここでは、生産価格論と同様に、価値の形態と実体の区別が重要である。資本主義的競争における価値法則の形態と実体を十分にあきらかにするためには、生産価格論と市場価値論は分離されるべきではなく、統合されるべきであり、これまで述べてきたように、後者はむしろ直接に市場生産価格論とされるべきである。資本主義的生産全体の特殊歴史的な機能とメカニズムは、このように価値論を基礎として、より適切に分析することができる。少なくとも、労働が改良された生産方法と組み合わされると、強められた労働によって特別剰余価値が生み出されるとか、農業における「虚偽の社会的価値」が資本主義的競争の過程で生み出されるとかいう、いささか神秘的な考え方は、これではっきりと払拭できる。

第五章　グローバリゼーションの時代の国際不等価交換

現下のグローバル化の時代において、資本主義はさまざまな市場にたいする社会的統制を弱め、資本主義経済の基礎的なしくみを、現代的特徴とともにあらわにしてきている。新自由主義は、新古典派経済学を基礎として、支配的なイデオロギーとなった。自由で競争的な市場秩序は、公正で合理的な効率性を実現するという新自由主義の信念にもかかわらず、現代の資本主義的市場経済は、実際には大多数の労働者の経済生活を不安定化し、国際的にも国内的にも所得と富の格差を大幅に拡大してきている。

こうしてわれわれは、これらの傾向の参照枠として、資本主義的市場経済の基本的な性質と働きをいかに理解すべきかという、理論的な問題に立ち戻ることになる。本章では、とりわけ、現代における所得と富のグローバルな二極化に関する基礎的な参照枠として考えられる、国際不等価交換の理論に焦点をあてる。本章は、「新自由主義的なゲームのルールのもとでは、貧困国や中所得国の急速な発展はありえない」(Crotty 2003)という認識と関連し、この視角に理論的基盤を提供する試みである。

1　国際不等価交換の古典的理論

D・リカード

リカードの比較生産費説は、いまだ国際貿易論の強力な起源であり続けている。『経済学および課税の原理』においてリカードは、「一国内の諸商品の相対価値を規定する同じ法則は、二国間またはそれ以上の国々の間で交換される諸商品の相対価値を規定しない」(リカード 一九八七、上一九〇頁)と述べて、国際貿易への労働価値説の直接適用を否定している。それは、一国内の異なる地域間の場合と異なり、国際間では、資本と人口がより高い利潤にしたがい移動してゆくことが容易ではないからである。

これに続き、ポルトガルとイギリスのあいだの国際貿易の有名な数字例が示される。すなわち、イギリスの毛織物(たとえば一〇〇〇ヤール)との交換にポルトガルが拠出するワインの量(たとえば三〇〇〇本)は、それぞれの生産に投ぜられる労働量によって決定されるものではない。イギリスでは、毛織物の生産に一年間に一〇〇人分の労働を要し、ワインの生産には年間一二〇人の労働を要するとしよう。イギリスは、毛織物の生産に特化することで、より多くのワイン(および/あるいは毛織物)を獲得できることになるため、この場合、毛織物を輸出してワインを輸入することが自国の利益となる。ポルトガルでは、ワインの生産に年間八〇人、毛織物の生産に年間九〇人を要するとする。ポルトガルにとっても、毛織物と引き換えにワインを輸出することは、国内で生産するより多くの毛織物(および/あるいはワイン)を入手できることになるため、有利である。このように、イギリスの一〇〇人分の労働と、ポルトガルの八〇人分の労働の不等価交換がおこなわれ、これは両方の国に望ましい結果をもたらす。

ポルトガルはイギリスよりも少ない労働で同じ量の毛織物を生産できるので、ポルトガルがワインだけでなく、毛織物もイギリスに輸出することにした場合はどうなるだろうか。その場合、リカードによれば、イギリスは自国の輸出品で輸入代金を支払えないので、ポルトガルに正貨としての金貨幣を支払わなければならない。イギリスでは貨幣の量が減るので、商品の価格は下落し、ポルトガルでは正貨が流入するので、価格が上昇する。ある点で、こうした価格水準の変化の結果として、イギリスはワイン生産にくらべ比較優位を有する毛織物を輸出できるようになり、貨幣の国際的配分と、両国にとっての国際貿易の利益とが回復されるにいたる。この論理は、貨幣数量説にもとづく正貨流出入メカニズムである。均衡では、商品の(労働)価値タームでの正貨の相対的(交換)価値は、イギリスよりポルトガルでの方が小さくなる。

このように、古典派の労働価値説を純化したリカードは、国際貿易にはそれを機械的に適用しなかった。彼は実際には、労働の国際不等価交換を想定し、比較生産費説と正貨流出入メカニズムに関して、一連の興味深い問題を残した。労働価値説は国際貿易の理論的解明に妥当性がまったくないことになるのであろうか。国際貿易の条件は何によって決まるのだろうか。異なる諸国における労働コストをどのように計算するのだろうか。世界の異なる諸国における貨幣の相対価値(ないしは物価水準)をどう理解したらよいのであろうか。リカードの理論は、自由貿易の利益を一般的に論証したものなのであろうか。これらは、その後に続く経済学の異なる学派の異なる接近を分岐させる試金石となった問題群である。

たとえば、F・リスト(一八四一年(リスト 一九七〇))は、リカードの自由貿易論に反対し、それは強い輸出産業力という絶対的優位をそなえた最先進国の国民経済の利益だけを代表していると批判し、発展途上国のための保護関税と産業政策を提唱した。彼の接近は、国民経済システムの成功のために、国家、社会制度、国民精神の役割を強調し、ドイツ歴史学派に道をひらいた。

経済学の基礎理論をなす価値論の分野では、リカードの外国貿易論は、客観価値説としての労働価値説が新古典派経済学によって全般的に放棄されてゆく、決定的な論点のひとつとなった。リカードは、自らの例で、毛織物とワインの交換比率がどのように決定されるのか、精確には説明していなかった。毛織物とワインの交換比率(Pc/Pw)が、$100/120<(Pc/Pw)<90/80$ の範囲にあるかぎり、(使用価値量タームでの)両国にとっての相互利益というリカードの説は成立する。J・S・ミル(一八四八年(ミル 一九五九―六三))は、国際的交換比率の決定における相互需要の均等性の役割を強調することにより、労働価値説からの価値論の乖離を媒介した。新古典派経済学がその乖離をおしすすめ、比較生産費説は、機会費用説にもとづく、ヘクシャー＝オリーン＝サムエルソン流の生産諸要素の法則論へと鋳なおされてゆく。

カール・マルクス

これとは対照的に、マルクスとそれに続く論者たちは、労働価値説を堅持し、労働の国際不等価交換の存在を示そうと試みた。しかし、『資本論』においては、国家と世界市場とともに、外国貿易はほとんど無視されており、マルクスは外国貿易については十分なとり扱いをしていない。というのは、マルクスのプラン(たとえば『経済学批判』(一八五九年(マルクス、一九五六))の序言に示されているもの)の前半の項目にあたる資本、土地所有、賃労働だけが『資本論』の理論体系の主要トピックとなり、後半部分をなす国家、外国貿易、世界市場は、その主著においてはほとんど触れられずに終わったからである(Itoh 1988, §3-2)。それゆえ、マルクスの国際貿易に関する論及は不完全なままであり、リカードの貨幣数量説にたいする批判とも結びついておらず、結果として議論の火種として残ってしまっている。たとえば、『剰余価値学説史』においてマルクスは、リカードの理論に則したとしても、労働の不等価交換は起こりうると主張している。

この場合には価値の法則は本質的な修正を受ける。一国の内部で、熟練した複雑な労働が未熟練で簡単な労働にたいしてどうであるかということも、違った国々の労働日が相互にどうであるかということも、同様であろう。このような場合には、より富んでいる国が、より貧乏な国を搾取することになり、それは、たとえあとのほうの国が交換によって利益を得るにしても、そうである(マルクス 一九七〇―七一、⑦一八六頁)〔この引用部では、第二文の冒頭の句「そうでない場合には(Oder)」が省略されている。この理由については伊藤誠「グローバリゼーションの時代における国際的不等価交換の意義」(『伊藤誠著作集』第一巻、社会評論社、二〇一〇年所収)注2を参照〕。

このようにマルクスは、一方では労働の不等価交換と搾取の、他方では国際貿易をつうじて実現する比較優位による相互利益の、両方の理論的可能性をはっきりと認識している。

『資本論』第一巻第二〇章「労賃の国民的相違」での議論においては、この認識が深まり、より複雑になっている。マルクスによれば、労働の平均的強度は国によって異なる。強度のより大きい国民的労働は、強度のより小さいそれに比べて、同じ時間でより多くの価値を生み出し、それはより多くの貨幣で表現される。価値法則のさらなる修正は、その生産物が競争によって販売価格をその価値の水準まで引き下げることを強制されないかぎり、より生産的な国民的労働は、より強度の大きいものとみなされる、ということによって生じる。

このような異なる諸国における労働の強度と生産性の国際比較に関わる価値法則の二重の修正は、ある産業の同じ商品の生産（ないしは同じ構成の諸商品を産出する諸産業の束）についての比較であれば、理解しやすい。マルクスはこの場合を想定しているようで、ここでは出来高賃金を、労働の強度や生産性の測度器としている。

これにたいして、異なる使用価値を産出する異なる産業のあいだの労働の強度や生産性の比較は、異なる使用価値はそれ自体では通約不可能なので、論理的に不可能である。商品としての通約性は、価値の形態としての価格か、価値の実体としての対象化された労働時間の大きさによって与えられる。国際貿易が各国間の国際的な分業を形成する傾向があるかぎり、世界市場における価格から独立して各国間の労働の強度と生産性を比較することは容易ではない。

マルクスがここで、異なる産業間の労働強度と生産性の比較にともなうこのような論理的複雑さを意識的に回避し、注意深く尺度として出来高賃金に着目していることは注目に値する。マルクスの主な意図は、労働価値の法則が国際貿易の場合にも放棄されるべきではなく、労働の国民的な強度と生産性の程度によって修正が必要であることを示すところにあった。

そして一連の問題群が残された。このような議論は、国際貿易における労働の不等価交換や搾取を理解する上で説得的であろうか。国際価値の法則はどのように理解したらよいであろうか。（物価水準の逆数としての）貨幣の相対価値の国民的相違は、こうした議論にそって説明しうるであろうか。

しかし全体としては、マルクスの『資本論』は、先進資本主義国が発展途上にある国々の将来像を示していると想定することで、資本主義経済の基礎的な運動法則に焦点をあてており、国際不等価交換にはあまり注意を払っていなかった。

ある国における資本主義経済の運動の基本論理を研究する場合、確かに理論上は外国貿易を捨象できる。なぜなら、一定規模の通常の年間再生産が続くかぎりは「対外貿易はただ国内生産物を使用形態や現物形態の違う物品と取り替えるだけで、価値の割合には影響を及ぼさない」(『資本論』邦訳⑤三四八頁)からである。それはあたかも、国内的な資本の一部が、輸出用の国内生産物の生産から、そのように輸入される物品の生産へ移転したのと同様である。このような外国貿易がリカードの比較優位の効果を実現し、外国の生産物を入手するために必要な労働コストを、それを国内で生産するのに必要な労働コストよりも低減させるかぎり、それは国内産業における生産性が上昇したかのように、剰余価値率および利潤率の上昇に寄与することになりうる。

V・I・レーニン

マルクスの後、レーニンは『帝国主義――資本主義の最高段階』(一九一七年(レーニン 一九五六))という著作で、マルクスの『資本論』のような資本主義経済の原理とは異なるが、それにもとづきつつ、より具体的な次元での資本主義の発展段階論を提示した。基軸産業、支配的資本の性格、主要国、経済政策、世界市場の構造の歴史的変化がすべて、具体的に検討されている。マルクスによるライフワークのプランにおいて後半体系とされていた要素(国家、外国貿易、世界市場)は、このように資本主義の発展段階論の次元で導入されている。

帝国主義段階を自由主義段階と比較し、レーニンはつぎのようにこれら二つの段階の特徴を対比している。「自由競争が完全に支配していた古い資本主義にとっては、商品の輸出が典型的であった。だが、独占が支配している最新の資本主義にとっては、資本の輸出が典型的となった」(レーニン 一九五六、一〇二頁)。レーニンにとっては、この点を強調することが、列強間の帝国主義的植民地政策の経済的基礎をあきらかにし、それによって必然化される第一次大戦と、それに続く社会的危機が、社会主義革命の新しい強力な地盤を与えると主張するためにも重要であった。

同時に、レーニンは、資本の輸出が、一握りの富裕な国々のために「大多数の国民と国とにたいする帝国主義的抑圧と搾取との基礎」(レーニン 一九五六、一〇五頁)となったことを強調した。他方、国際的搾取の源泉となりうる外国貿易における不等価交換の側面、およびそれと資本輸出との連関は、レーニンの帝国主義についての定式化では無視される傾向があった。

2　日本における国際不等価交換論争

日本は第二次大戦後、国際価値論争の舞台となった。木下編(一九六〇)に、当時の論争を代表する八編の論稿がおさめられている。この論争は、レーニン以前の古典的な国際貿易論に立ち返り、マルクスの労働価値説から離れたJ・S・ミルの展開を退け、リカードの外国貿易論をマルクスの労働価値説の観点から再検討しようという試みであった。この論争で試みられた主要な議論はつぎのとおりである。

まず、名和統一は、各国に共通する同一の基軸産業をとりあげれば、労働の国民的生産性の国際比較が可能になると主張した。先進国の基軸産業の生産性は高いので、世界市場で、その労働価値の等価以上の金貨幣を取得することができ、その結果その国の国民的労働全体にたいする金貨幣の相対価値を引き下げることになるという。

この議論はある意味、先にみたような、労働の強度と生産性の国際比較についてのマルクスによるとり扱いにそくしている。それは労働の国際不等価交換を導きうるが、異なる基軸産業をもつ国々のあいだでの国際貿易のケースには適用できない。世界市場における異なる諸国のあいだに、共通の同じ基軸産業を想定してよいのだろうか。また、先進国の基軸産業における高い生産性が、相対的に低い貨幣価値の形で、その国の全労働におしおよぼされるしくみや理由も十分にあきらかでない。

第二に、平瀬巳之吉は、例外的に優れた生産性を有する諸資本には、強められた労働がおこなわれているかのように、特別剰余価値がもたらされるという、マルクスの市場価値論を国際価値論に適用すべきであるとした。そうすると、リカードの比較生産費説とは異なり、商品の輸出は、あらゆる産業において、生産費用の低い国から高い国にむけておこなわれることになるという。その結果、物理的な意味での労働時間の等価交換にはならないが、価値の等価交換が実現する。また、赤松要は、マルクスの複雑労働と単純労働の理論を、リカードの外国貿易論に適用して、両国からなされる輸出は、その国内価値と矛盾しないと主張した。そこでは、ポルトガルでワインを生産する労働が、イギリスで毛織物を生産する単純労働の八〇分の一〇〇倍とみなされる複雑労働であるかぎり、価値および労働の不等価交換が起きているわけではなく、等価交換が実現しているとされる。

これらの解釈は、マルクスの価値論のいくつかの側面を、リカードの比較生産費モデルに適用しようとしたが、その結果、労働の不等価交換をつうじて、富める国による貧しい国の搾取をみてとろうとした、マルクスの見解を否定するにいたってしまっていた。

これらの議論にたいして、木下悦二は、労働の同等な強度や複雑さを有する諸国間においても、労働の国民的生産性の格差にもとづき、国際的な不等労働量交換が実現されることを強調した。木下によれば、ある国の国民的生産力がより高ければ、それは、金貨幣の国民的価値の相対的低位をもたらし、またそれによって代表される。貨幣の国民的価値が国民的生産力に適合していなければ、それは貿易不均衡に示され、金貨幣の国際的再配分をつうじて再調整されるという。

木下はまた、価値法則の修正を、あたかもこれらの価値が複雑労働と単純労働とによって生み出されるかのような、一種の価値の等価交換とみなした。この点で、木下の立場が、単純労働を尺度として、国際不等価交換をほんとうに認めるものとなっているかどうか、不明確なところを残している。加えて、そこではリカードの貨幣数量説が踏襲されているようでもある。また、その国の相対的物価水準(相対的な貨幣の国民的価値の逆数)やその国の貿易収支から独立して、どのように国民的生産性を定義するのかといった点にも問題がある。そこで木下は、この論争は、国際価値の主要な問題さえも未解決のままであると告白せざるをえなかったのである。

私の考えでは、日本におけるこの論争は、戦後間もない時期の実際の国民的な関心を反映している。資本輸出にもとづく植民地政策という、レーニンの帝国主義の概念は、すでに国民の現実からはかけ離れていた。国際貿易の方がはるかに重要であり、日本経済の回復を悩ませたドル不足の問題もあった。アメリカ経済に追いつくためには、基軸産業を強化し、国民的生産力を創出する必要があり、それが国民の関心を占めていたわけである。

その一方で、第三世界諸国との国際不等労働量交換、およびそれと関連する国際資本移動は、まだ大きな関心事にはなっていなかった。同時に、マルクス価値論そのものにも、まだ解決すべきさまざまな問題があった。生産価格と商品に対象化された抽象的人間労働としての価値の実体といった、価値の形態と実体の区別および関係、さらには複雑労働をめぐる理論的問題などについて、まだまだ考察を進めなければならなかった。それゆえに、国際価値という概念自体も、問題ぶくみで曖昧なままにとどまらざるをえなかった。先進国の商品は、それ以外の国の商品よりも高く売れるが、そのような価値の形態としての先進国の商品の価格の重心は、あたかも複雑労働や強められた労働の生産物であるかのように、より多くの労働実体をふくむものと直接的にみなされる傾向にあった。こうして、不等労働量交換の問題は、複雑で不明瞭なものとなっていた。

振り返ってみると、マルクスの市場価値と複雑(熟練)労働の基礎理論自体が、それが強められた労働によってなされたかのように、より多くの労働量の支出であるとみなす非現実的な想定によって、重大な困難を残していた。私が別稿で論じたように(Itoh 1988, §6-3, §7-2)、これらの理論には別の接近法をとるべきである。すなわち、あらゆる具体的有用労働(複雑労働や例外的に先進的な生産条件下での労働をふくむ)を、抽象的人間労働として、さまざまな仕事を遂行できるという、基本的な意味で平等な人間の潜在能力の発露ととらえる、経済的民主主義の社会的基盤を想定すべきなのである。そうすれば、これらの労働は、共通の物理的時間の社会的寄与によって、単純にカウントすることができる。このことは、たとえ賃金労働者のなかに、より多くの教育や養成費用を必要とする者がいたとしても変わらない。というのもこの側面は、労働力の価値をどのように定義するかという別の問題に属するからである。私の考えでは、この点は、マルクス経済学において長らく議論されている、三つの大きな論争、すなわち転形問題、社会主義経済計算、国際価値論において、関連する諸問題を解決するための理論的根拠となる可能性がある。このような人間労働のとり扱い方は、たんに頭のなかでおこなわれているだけでなく、地域交換取引制度(LETS)や地域通貨の多くの実践において、すでに経験されているところである。

3　従属学派の不等価交換論

A・エマニュエル(Emmanuel 1972)は、マルクスの生産価格論を応用して、国際不等価交換の新しい理論を提示した。その理論は、古い帝国主義的植民地体制から政治的解放を達成した後にも、第三世界諸国が構造的な経済的困難に直面し続けていることを強調する、従属学派の基礎となった。この文脈において、世界市場における中枢と周辺とのあいだの不等価交換の論理は不可欠に思われた。

マルクスによれば、資本と労働の産業間の移動が自由で、利潤率と賃金率が産業間で均等化される傾向があるなら、生産価格は、費用価格($c+v$　cは生産手段に投下された不変資本をあらわし、vは剰余価値mの源泉となる労働力に投下された可変資本をあらわす)プラス平均利潤(r)により決定される。その場合、資本の有機的構成(c/v)が社会的平均より高い産業で産出される商品の生産価格は、その商品に対象化されている価値の実体($c+v+m$)よりも大きくなるはずである。その逆のことが、資本構成が平均より低い産業で産出される商品の生産価格については成り立つはずである。その場合、労働価値の不等価交換が実現し、生産価格体系のもとで、剰余価値の一部が後者のタイプの産業から前者のタイプの産業に移転される。

エマニュエルは、国際貿易において先進国は周辺部の途上国よりも資本構成の高い産業をもつ傾向があることから、このような商品交換を国際貿易における「第一形態の不等価交換」と呼んだ。これに加え、中枢と周辺とのあいだに賃金率や剰余価値率(m/v)に大きな格差があると、さらに重要な「厳密な意味での不等価交換」が生じるという。資本と異なり、労働力についての移動は、移民への政治的社会的制約により、一般にせまく制限されているため、賃金率や剰余価値率の格差は国際的にほとんど均等化されない。

エマニュエルの数値例では、中枢国Aにおける賃金率は周辺国Bの一〇倍と想定される。A国での労働の強度はB国での労働の強度の二倍とする(ただし労働の強度の差はエマニュエルの理論にとって本質的でないように思われる)。そのような場合、同量の価値生産物(v+m)、たとえば一二〇を生産する労働力の価値がA国で一〇〇であれば、B国では二〇にとどまることになる。A国の剰余価値率は二〇%である一方、B国の剰余価値率は五〇〇%にならなければならない。これらの国のあいだの国際貿易が、利潤率を均等化する生産価格(c+v+z)の体系のもとでおこなわれるならば、あきらかに、第一形態の不等価交換に加えて、B国からA国への剰余価値の移転がより大規模に発生しなければならない。

このモデルは、従属学派によって、新植民地主義の時代においても、第三世界諸国における低開発性が経済的に深化せざるをえないのはなぜかを解明する根拠を与えるものとみなされてきた。その理論は、リカードの外国貿易論における、資本の国際的移動性はないものとする想定に反対しつつ提起されていた。レーニンが政治的帝国主義の基礎として強調していた資本の輸出が、ここでは、新植民地主義の経済的帝国主義の時代に途上諸国を搾取する国際商品取引の役割と構造的に結合されている。

シャイク(Shaikh 1980)は、このモデルにしたがい、リカードの外国貿易の予定調和論的なモデルを、それが貨幣数量説にもとづいている点とあわせて、鋭く批判した。リカードの数値例で、ポルトガルが、貨幣資本を貸し付けることで、イギリスにワインと毛織物の両方を輸出し続ければ、貨幣数量説による正貨流出入メカニズムは作用しないであろう。そうなれば、イギリスは慢性的な貿易赤字と対外債務の一方的増大に陥る可能性がある。シャイクはこのようなケースを、慢性的な貿易赤字と累積的な対外債務の両方に陥るという、絶対劣位の状況にある現在の周辺途上国の困難に適用したのである。

エマニュエルのモデルは、労働の強度と生産性が高いことを反映して、先進資本主義国では他の国々よりも剰余価値率が高いとみるマルクスの認識とは一致していなかった(たとえば、『資本論』邦訳③九七―九八頁)。この点に関するマルクスの見解は、当時のイギリスのような先進国における厳しい搾取的な労働条件を反映したものにちがいない。しかしながら、第二次世界大戦後一九七三年までの高度成長の時期には、いわゆるフォーディズム的資本蓄積体制のもとで、先進資本主義国では、労働生産性上昇の果実を、資本と労働が協調的に分け合うこととなっていた。この状況は、周辺において深まる貧困との対比で、中枢における搾取率の低下を想定するエマニュエルの見解を支持するものであったように思われる。

S・アミン(一九七三年(アミン 一九七九))は、第三世界諸国からの輸出の少なくとも四分の三は、いまや先進諸国と等しい物的労働生産性を有する「超近代的資本主義セクター」において生産されているのであり、したがってそれらに対象化されている労働時間は先進諸国での労働時間と通約可能なものであると主張し、エマニュエルの不等価交換論を補強した。

4　現代のグローバリゼーションのなかで

エマニュエルの不等価交換モデルは、中枢と周辺とのあいだの大きな賃金率の格差があることを前提としており、そこにはさらに分析すべき必要が残されていた。マルクスが述べるように、「労働力の価値規定は、他の諸商品の場合とは違って、ある歴史的な精神的な要素を含んでいる」(『資本論』邦訳①三〇〇頁)。周辺諸国では、アミン(一九七九)やウォーラーステイン(一九九五年〈ウォーラーステイン 二〇二二〉)が指摘したように、労働力の再生産は、種々の非資本主義的生産様式や非市場労働の役割とひろく関連している。ことに、資本主義的貨幣経済の重圧のもとにおかれている農村部の小農民の経済的困難の増大は、「絶えざる潜在的過剰人口」(『資本論』邦訳③二三六頁)の形態において、低賃金労働の広範な供給源をなす一般的な傾向がある。

この文脈では、中枢諸国と周辺諸国とのあいだの大きな賃金格差が国際不等価交換と搾取の本質的な源泉であるかぎり、世界資本主義の中枢諸国と周辺諸国とのあいだにみられる、労働法、産業政策、教育制度、労働組合の役割などの資本蓄積の社会的構造や諸制度のちがいが重要となるはずである。この点で、蓄積の社会的構造学派の接近が、国際政治経済学に受容され、さらに応用されなければならない。

実際、周辺諸国では、小農民のあいだにおける生産物や遊休労働力の販売をめぐる過度な競争圧力、低賃金、生産物の費用価格の削減、世界貨幣(たとえばドル)の相対価値の高位、労働力の再生産費の低廉性、貧困な生活条件、および不十分な教育水準といった一連の社会経済的諸要因が悪循環をなしている。あきらかに、これらの諸要因は、相互に強化し合っており、中枢の先進国との関係で国際的不等労働量交換や搾取が起きる原因でもあり、その結果でもある。

労働価値説は、特に国際政治経済学の分野では、たんなる価格理論である必要はない。そうであっても、価格は先に列挙したような社会経済的諸要因をふくみ込んで決定されるのであって、価値の形態をつうじて、国際的不等労働量交換や搾取が起こる広範な余地が存在することを、労働価値説はわれわれに認識させてくれる。これらの諸要因は、とりわけ、国ごとに異なる賃金水準の規定にとっては決定的である。

しかし、注目すべきは、現代のグローバリゼーションの時代における不等価交換が、停滞し劣位に置かれた周辺諸国と、裕福な先進諸国とのあいだの静態的な関係性を維持する作用をたんにはたしているだけにとどまらなくなっていることである。エマニュエルや他の従属理論家たちによる不等価交換の当初のイメージとは異なり、第三世界は非常に多様化しており、少なくとも三つのグループに分かれている。

第一に、産油諸国である。たとえばアラブ首長国連邦などの国々は、一九七三年以降、くりかえされてきた大幅な原油価格の高騰により、一種のグローバルな地代として、巨額のオイルマネーを獲得し、その発展はオイルマネーの循環をつうじて金融取引のグローバル化の重要な推進力となった。第二のグループは、サブサハラの大半の国々やアジアの一部の最貧国(後発途上国(LLDC))である。不等価交換における劣位は、従属学派の当初の説明にあったとおり、そこでは厳しく残存しており、石油価格の度重なる上昇と対外債務の累積によってむしろ深化したのであった。

第三のグループは、より高い成長率を実現している発展途上の国々である。ことにアジア諸国の多くは、つぎつぎにこの動向に参画し、めざましい活力を示してきた。第一次石油ショックの後にも、アジアの新興工業経済地域(韓国、台湾、香港、およびシンガポール)は、一〇%近くの高い年成長率を維持し、ASEAN諸国(マレーシア、タイ、インドネシア、およびフィリピン)がこれに続いた。世界最大の人口を有する中国もこれに加わり、一九七八年以来三〇年にわたって年率ほぼ一〇%の成長を続け、さらに最近には、世界第二位の人口を有するインドがほとんど同様の急成長を開始している。

あきらかに、新しい情報技術によって、先進諸国の多くの資本主義的企業が、これらのアジア諸国に投資し、その有利な社会的政治的生産条件を利用することができるようになったのである。「新自由主義的なゲームのルール」ではなく、経済特区へのインフラ供給や、ドル固定相場などの安定した金融環境の維持などといった、強力な産業政策も、これらの国々における外国からの資本投下の誘致と工業化にとってあきらかに有効だった。この点で、現代における資本輸出は、レーニンの時代のように途上国を一方的に植民地化し、搾取するものではない。国際的不等労働量交換は、とくに相対的に低い賃金水準にもとづいており、これらの発展途上国にたいして、やはり搾取的であり続けずにはいない。しかし、先進諸国からの多国籍企業の直接投資の流入の効果もあいまって、現代の不等価交換は、かつてほどには途上国の経済成長を抑圧したり禁止したりするものではなくなっている。

国際的不等労働量交換が参加国のどちらにも有利な効果をもたらすという、リカードが主張し、マルクスも強調したこの議論は、現代において、この発展途上国のグループに実際に再現している。この議論におけるプラスの効果とは、その国が入手可能な使用価値の量の増加に関するものであり、価値の実体としての労働の不等価交換とは別物である。しかし、このような効果は、積極的な産業政策によって事後的に実現されているものであって、リカード的な自由貿易の原則や新自由主義的なルールを支持する証拠とされるべきではない。

同時に、このように有効性をもつ国際不等価交換は、資本主義の以前の局面とは異なり、もはや先進諸国に相対的に高く安定した経済成長を保証するものとはなっていない。継続的な経済恐慌と不況によってもたらされた構造再編のうちに、現代における新自由主義的グローバリゼーションは、低賃金環境を有した発展途上諸国の工業化に由来する競争圧力のもとで、脱工業化を加速させ、先進諸国の大多数の労働者のあいだで、経済不安と労働条件の悪化を引き起こしている。これはまるで、現代の国際不等価交換をともなう資本主義経済のグローバル化が、経済生活のグローバルな二極化を中枢の先進諸国に内面化させる反作用を引き起こしているかのようである。

国際不等価交換はこの意味で継続しているのであり、その観点からすれば、先進諸国と発展途上諸国のあいだの対立的な経済的利害を強調するだけではなく、世界資本主義において支配的な新自由主義的グローバル化のもとで、双方の国々の労働者がともに直面している、重圧と苦難があきらかにされるべきである。それは、こうした世界中の大多数の労働者たちのために、新自由主義的グローバリゼーションの流れに抵抗する、共通の必要性を少なくとも示唆するものにちがいない。

Ⅲ

恐慌

第六章　マルクス恐慌論の形成

『資本論』におけるマルクスの恐慌論は、資本主義経済を人間社会の究極の自然的秩序とみなす古典派経済学にたいする体系的な批判の焦点をなしている。マルクスは、古典派とは異なり、資本主義的生産の運動法則を、その歴史的形態やメカニズムとともに、科学的にとり扱っている。このような体系的な理論がなければ、資本主義経済のあらゆる相互関係の矛盾を暴露する、周期的恐慌の論理的必然性を解明することはできない。このように複雑な現象を扱う場合、抽象の次元と経験的根拠をみさだめることが特に重要である。『資本論』における恐慌論は、原理論次元で周期的恐慌の必然性を証明するために展開された。その経験的基礎は、恐慌の原理を精緻化するのに最も適した歴史的基盤である、一九世紀半ばの典型的な周期的恐慌であった。

重商主義の時代の未成熟な恐慌をふくむ、恐慌の全歴史を抽象の基礎としてとりあげるとすれば、扱うべき恐慌の過程と局面に影響を与える要因が（しばしば、戦争などの経済的要因にはかぎられないものまで）多岐にわたりすぎることになるか、あるいは周期的恐慌の可能性のみならず論理的な必然性を論証するにあたり、抽象的すぎる形式的諸要因をあげるにとどめざるをえなくなるであろう。宇野弘蔵が、マルクス経済学の研究次元を、原理論、段階論、現状分析に体系的に区分したことは、ここでは重要な意味をもつ。重商主義、自由主義、帝国主義の三つの段階からなる資本主義の世界史をつうずる、経済恐慌の役割に関する研究は、『資本論』の理論体系において展開されている経済学の原理論の次元というより、さらに高次元の研究、つまり段階論に属する。恐慌の原理についての理解が盤石になればなるほど、恐慌の段階論を定式化し、さらには現代資本主義の危機的状況を分析する力が研ぎ澄まされる。したがって、一九世紀半ばの典型的な周期的恐慌から抽象された、マルクスの恐慌論の意義は、われわれの時代にあっても認められるべきなのである。

1　恐慌論の二類型

しかしながら、マルクスの恐慌論は十分には完成されていない。とりわけ、そこには互いに容易に両立しない、二つの異なる類型の理論がふくまれている。それらは「資本過剰論」と「商品過剰論」と呼びうる。

たとえば、『資本論』第三巻第一五章第三節では、マルクスは「労働者人口に対する」「資本の絶対的な過剰生産」によって、「一般的利潤率のひどい突然の低下」が周期的恐慌をひきおこすことを示そうとしている(『資本論』邦訳⑥四一〇—四一一頁)。この文脈では、市場での商品過剰と剰余価値の実現の困難は、資本の過剰蓄積を原因とする利潤率の低下の結果だとみなされている。(1) この線にそって景気循環論を展開しようとする『資本論』でのマルクスの試みは、第一巻の資本蓄積論(邦訳③一八八—二〇三、二一九—二二〇頁、および『資本論』第二巻・邦訳⑤二五三—二五四頁も参照)や第三巻の信用論(邦訳⑦三七六—三七八頁)にもみられる。

これにたいして、同じく第三巻第一五章の第一節では、マルクスはつぎのように、流通過程において剰余価値を実現する困難が資本主義的生産の制約となるとしている。

直接的搾取の諸条件とこの搾取の実現の諸条件とは同じではない。……一方はただ社会の生産力によって制限されているだけであり、他方では、いろいろな生産部門のあいだの均衡関係によって、また社会の消費力によって、制限されている。……〔剰余価値生産の増大とともに〕この剰余価値が生産される諸条件とそれが実現される諸条件とのあいだの矛盾は増大する（邦訳⑥四〇〇―四〇一頁）。

また、第三巻第三〇章においては、マルクスは「いろいろな部門の生産の不均衡」と「大衆の窮乏と消費制限」が恐慌の究極の原因だと指摘している（邦訳⑦二九六―二九七頁）。こうした箇所では、マルクスは生産部門間の不均衡あるいは大衆の消費制限に起因する、需要をこえた商品の過剰生産によって、恐慌が発生するとしている。過剰資本と利潤率の低下は、こうした過程の結果だとされているのである。

いうまでもなく、資本も商品も、恐慌期には一般に過剰になる。しかし、経済恐慌の根本原因はどちらにあるのかをみきわめることが重要である。資本過剰論と商品過剰論は、この点において論理的に対立している。経済学の原理論において、経済恐慌の論理的必然性を証明しようとするならば、この二つの理論をともに維持するということはできない。

なぜ『資本論』では、これら二つの異なるタイプの恐慌論が、ぎこちなく併存しているのだろうか。マルクスの恐慌論は、どちらの方向性で、どのように完成されるべきなのだろうか。こうした問題にたいして、以下では『要綱』から『資本論』にいたるマルクスの恐慌論の形成を概観することによって、解答をさぐってみたい。

2　『経済学批判要綱』における恐慌論

『要綱』（一八五七年から五八年にかけて書かれた『資本論』の最初の草稿）の「資本にかんする章」では、マルクスは主として第二の項目「資本の流通過程」の冒頭と、第三の項目「果実をもたらすものとしての資本」での利潤論の考察において、恐慌の理論的研究を展開している。

『要綱』の冒頭では、『資本論』第二巻と異なり、マルクスは、資本の運動にたいする重要な制約として、資本による商品生産物の販売、すなわち$W'-G'$をとりあげている。

マルサスが言うように「どの商品にも利潤が存在するということ自体が、その商品を生産した労働者の需要とは無関係の需要があることを前提している」ということ、したがってまた「労働者自身の需要は、けっして十分な需要ではありえない」ということ、このことが忘れられるのである。ある生産は別の生産を動かすのであり、だからまた他の資本の労働者のうちに自らの消費者をつくりだすので、おのおのの個別的資本にとっては、生産そのものによって生みだされている労働者階級の需要が「十分な需要」であるように見える。生産そのものによって生みだされるこの需要は、生産を駆り立てて、労働者との関連で生産がもたなければならないはずの比率を越えさせる。一方で、生産がこの比率を越えて突き進まずにはいないのに、他方で、労働者自身の需要とは無関係の需要が消滅または収縮するならば、崩壊が始まる[2]（『要綱』邦訳②三五頁）。

ここでマルクスは、資本による商品生産全体は、消費需要との適切な比率をこえずにはいられないとして、「最終生産物が直接的かつ最終的な消費のところで自己の限界につきあたる」（同②三六頁）ということを強調している。マルクスはまだ、経済恐慌の論理的必然性をその周期的形態において論じてはいないことに注意する必要がある。マルクスは『要綱』においては、むしろ過少消費説的な商品過剰論にもとづき、経済恐慌は資本主義的生産の最終的な崩壊とほぼ同等のもの、あるいは直接それにつながるものと主張する傾向がある。

マルクスは、ここではリカードの古典派理論に反対していた、シスモンディとマルサスの恐慌論にしたがい、それを発展させようとしている。マルクスは、つぎのようにシスモンディをリカードと対比させている。

それゆえ、リカードウのような、生産を資本の自己増殖と直接に同一視する経済学者たち……は、シスモンディのような、消費の制限と現存する対向価値の範囲の制限とを強調した経済学者たちよりも、正しくかつ深く資本の肯定的な本質をとらえたのである。ただし後者は、資本にもとづく生産の局限性、その否定的な一面性をより深く把握した。どちらかと言えば、前者は資本の普遍的傾向を、後者はその特殊的な被制限性を、把握したのであった(同②一九頁)。

確かに、シスモンディやマルサスは、全般的過剰生産の不可避性、したがって資本主義的生産の特殊的な被制限性を示そうとしたが、リカードのような経済学者は、価値法則にもとづく需要と供給の調整を一面的に強調し、商品の全般的過剰生産の可能性を否定していた。古典派経済学の労働価値説によれば、年間の商品生産物の価値とそれを購入するために必要な賃金、利潤、地代などの収入は、合計では常に互いに等しくなる。というのも、両方とも、年間の社会的労働の総量によって決まるからである。資本による生産規模の拡大は、総価値においては、商品生産物の供給と需要の両方を等しく増大させる。シスモンディとマルサスは、事実上労働価値説を廃棄することでこの説に反対し、さまざまな収入の形態が資本、労働、土地とは無関係に生じるとして、それゆえそれらの収入の合計が、年間の労働生産物の総供給量を買うのに十分かどうかは分からない、と問うたのである。ここでは、生産と消費、あるいは需要と供給の社会的関係は、社会的労働との内的連関とは無縁のものとされ、流通の表面における外面的なバランスだけが問題にされている。

たとえばマルサスは、「若し生産が消費以上に大いに超過するならば、主たる購買手段を有つ者の有効需要の不足により蓄積及び生産の誘因は終りを告げなければならない(3)」と述べ、この困難は、地主などの「不生産的」需要によって克服されうると主張した(4)。シスモンディは、マルサスにやや先立ちながら、むしろよりはっきりと過少消費説を打ち出していた。シスモンディによれば、資本蓄積は、一方では、生産が集中される過程で、労働者(および農民)が機械にとってかわられるために、消費需要の収縮が生じ、他方で、消費需要の大きさと無関係に商品生産物を増加させる。(5) その結果として、「消費を凌駕する生産の過剰」(6)が生じざるをえない。

以上のようにマルクスは、古典派経済学が無視した、資本主義的生産の制限的性格と全般的過剰生産の不可避性をあきらかにするために、消費需要の制限による実現の困難を強調した。こうしてマルクスは、マルサスとシスモンディが考えた路線を延長していった。その意図は、古典派の労働価値説にそくして、非古典派(あるいは反古典派)の恐慌論を展開し、古典派の唱える調和的な社会像を批判することであった。

ここまでのところでは、『要綱』で練られた過少消費説の恐慌論は、価値法則の働きとの内的関係を欠く傾向が否めない。しかしマルクスは、シスモンディやマルサスとは異なり、労働価値説を放棄せず、古典派的価値論の限界を批判することによって、それを資本の運動法則として、その歴史的形態とともに、体系的に展開しようとしている。同時に、価値法則にもとづく資本の運動法則と矛盾するところでは、過少消費説的な商品過剰論を批判もしている。

たとえばマルクスは、プルードンを批判して、「労働者は自分の生産物を買い戻すことができない」(『要綱』邦訳②四一頁)という事実から過剰生産の必然性を説くのは表面的だと述べている。そして、原材料、機械、労働者の生活必需品、そして剰余生産物を生産するさまざまな部門間の相互関係の考察へと歩を進める。この再生産表式の初期の定式化において、マルクスは、各部門の商品生産物が、(古典派経済学者が無視しがちな)不変資本、可変資本、または剰余価値のいずれかとして購入され消費されうることを示している。このように、商品生産物の生産と消費のあいだの内的関係を、価値法則にもとづいて洞察するなら、資本主義的生産の拡大は、労働者による消費需要の増大だけでなく、生産手段にたいする需要の増大をもたらすことがあきらかになる。このことは、「最終生産物が直接的かつ最終的な消費のところで自己の限界につきあたる」ために、全般的過剰生産が起こるという、マルクスの先にみた考え方に疑問符を打つものである。マルクスはここで議論を終え、要点はたんに生産と消費のバランスにあるのではなく、むしろ資本の価値増殖過程にたいする制限にあるということを示唆している。マルクスはつぎのように書いている。

> 一般的過剰生産が起こるのは、労働者によって消費されるべき商品が相対的に過少に〈消費された〉からでもなければ、資本家によって消費されるべき商品が相対的に過少に〈消費された〉からでもない。そうではなくて、両方の商品が過多に生産されているからなのである。――ただし、消費にとって過多に、ではなくて、消費と価値増殖〔Verwerthung〕とのあいだの適正な関係を保持するには過多に、つまり価値増殖にとって過多に、である（同②七六頁）[7]。

それでは、「価値増殖」にとって過多な生産とは何を意味するのであろうか。この問題は『要綱』ではまだ提示されていない。しかし、「資本にかんする章」の第三の項目では、恐慌の論理的必然性に接近するまた別の種類の試み、すなわち、利潤率の傾向的低下の法則との関連で恐慌論を構築しようとする試みがみられる。

『要綱』の利潤論は、いまだ生産価格論を欠いている。利潤と利潤率の概念は、たんに社会的総剰余価値の総資本価値にたいする割合で示されている。その上でマルクスは、利潤率の傾向的低下論へと直接議論を進めている。

> だから利潤の率は、――必要労働にたいする剰余価値、剰余労働の割合が同じであると前提すれば――、生きた労働と交換される資本部分の、原料および生産手段の形態で存在する資本部分にたいする割合に左右される。したがって、生きた労働と交換される部分が少なくなればなるほど、利潤の率はそれだけ小さくなる。……〔そして、資本蓄積過程における生産性の上昇は〕生きた労働と交換される資本〈部分〉の、不変価値として存在する資本部分にたいする比率の減少として表現される（同②五五五頁）。

このような利潤率の傾向についての考えにもとづき、マルクスはつぎのように議論を続ける。

生産諸力の発展が、ある一定の点を越えると、資本にとっての制限となり、したがって、資本関係が労働の生産諸力の発展にとっての制限となるのである。……恐慌、痙攣において、社会の生産的な発展が社会の従来の生産諸関係とますます適合しなくなっていることが表現される(同②五五八—五五九頁。これに続く記述も参照のこと)。

ここでのマルクスの議論は、リカードの利潤率の傾向的低下論とは異なっている。リカードは、土地の肥沃度が減退することから穀物価格が上昇するとの想定に立って、「社会の進歩とともに、労働の自然価格はつねに騰貴する傾向があ(8)り、「利潤の自然的傾向は低下することにある(9)」と考えた。これにたいしてマルクスは、利潤率の低下傾向を引き起こすのは、資本の外部にある土地の肥沃度のような自然的要因ではなく、資本の内部にある生産力増大の過程であると示そうとしている。これは、古典派によって無視されてきた、不変資本の再生産の原理を発見したことと関連する理論的成果であった。

しかし、このような資本構成の上昇にともなう利潤率の低下傾向が、「ある一定の点」を過ぎたとき、果たして恐慌をもたらすのかどうか、根本的な疑問が残されている。一方では、これが周期的なものではなく、長期の運動であることから、恐慌の周期性をここから直接説明することは困難である。さらに、利潤率の傾向的な低下は、必ずしも資本蓄積の決定的な障害を意味するものではない。なぜなら、剰余価値の絶対量が増加しているにもかかわらず、資本構成の上昇に起因する利潤率の傾向的な低下は起こりうるからである。相対的剰余価値の生産によって、剰余価値の絶対量は増加し続け、資本蓄積も、ペースを落としつつも継続しうる(10)。この点で、農業における生産性向上は不可能だという誤った想定にもとづいているものの、利潤量の絶対的減少を形式的に必要としているリカードの理論と、マルクスの利潤率の傾向的低下論とは、あきらかに異なっている。

利潤率の傾向的な低下の過程に、周期的な恐慌を引き起こすような、一時的、突発的かつ急激な利潤率の低下がふくまれるとすれば、なぜそれが避けられないのかを明確にしなければならない。マルクスの資本過剰論的恐慌論は、『要綱』ではまだ完成にはほど遠かったとみられる。

3 『剰余価値学説史』における恐慌論

『剰余価値学説史』は、『資本論』の二番目の草稿として、一八六一年から六三年までの間に書かれた二三冊のノートのうち、第六―一五番、一八番、二一番と二二番の一部から主に編まれている。そこには、『要綱』から『資本論』にいたるマルクスの理論的進展の経過が、さまざまな点において示されている。『剰余価値学説史』の恐慌論は、第一七章「リカードの蓄積論　それの批判（資本の根本形態からの恐慌の説明）」に集中している。

『要綱』と同様に、マルクスの議論の主な力点は、いまだ商品過剰論におかれている。たとえば、恐慌論に関して「資本の単なる生産過程（直接的な）は、それ自体としては、なにも新しいものをつけ加えることはできない」と述べられている。というのも、恐慌を発生させる実現問題は、「それ自体同時に再生産過程であるところの流通過程においてはじめて現れうる」（『学説史』邦訳⑥一六六頁）[11]。それは、「商品の単なる変態のところで明らかにされた恐慌の可能性」の展開を示すものであり、資本の運動をつうじてその「内容」あるいは「基礎」を獲得する（同⑥一五六―一六五頁）。

マルクスはここでは、恐慌の必然性を説明するのに、いまだ過少消費説的な見解によっているところがあり、つぎのように述べている。「過剰生産は、まさに、人民大衆が必需品の平均的な量よりも多くをけっして消費しえないということ、したがって彼らの消費が労働の生産性に一致して増大しないということから、生ずるのである」（同⑥八九頁）。しかし、資本の部門間の関係にたいする考察の進展を反映し、不均衡説的な恐慌論により力点が置かれるようになっている。

部分的な過剰生産の可能性を認めながら、商品の全般的過剰生産を否定したリカードを批判しつつ、マルクスは「恐慌（したがってまた過剰生産）が一般的であるためには、それが主要な商品を襲えば足りる」（同⑥一五三頁）と述べている。もし綿布が過剰生産されたなら、その部門の労働者だけでなく、綿糸生産者、綿花栽培者、技術者、鉄や石炭の生産者も影響を受けるだろうということを指摘した上で、マルクスはつぎのように主張している。「キャラコだけでなく、リンネルや絹製品や羊毛製品にも過剰生産が生じたとすれば、これらの少数ではあるが主要な財貨における過剰生産が、どのようにして多少とも一般的な（相対的な）過剰生産を全市場にひき起こすであろうか、ということは、だれにでもわかることである」（同⑥一八四頁）。続けてつぎのように述べる。

> しかし、資本主義的生産は、ただ一定の諸部面で、一定の諸条件のもとでのみ、思うままに発展しうるのだから、もしそれがすべての部面で同時に均衡的に発展しなければならないとすれば、そもそも資本主義的生産はありえないであろう。これらの部面で過剰生産が絶対的に生ずるからこそ、過剰に生産されていない諸部面でもまた相対的に過剰生産が生ずるのである（同⑥二〇〇頁）。

このように、マルクスは、リカードが資本の運動をつうじて不断に調整されるとみなした、不均衡的・部分的過剰生産が、主要な商品で発生する場合には、部門間の影響をつうじて必然的に全般的過剰生産と恐慌とをもたらすと主張している。マルクスの商品過剰論型恐慌論は、かつての過少消費説的な見方に、この不均衡説を加えて多様化した。

マルクスは依然として、流通過程での実現の困難を、直接的生産の外側のものとして強調しながらも、さまざまな生産部門間の関係といった流通過程を再生産過程の一部とみなすようにもなっていく。これは、資本主義的生産の障害を、資本の再生産過程そのものの内部から生じるものとしてみいだそうとしていることを示唆しているように思われる。同時にマルクスは、もはや恐慌を、価値法則や資本の運動法則に対立し、それを破壊するというように、一面的にとらえてはいない。マルクスは、恐慌が価値法則にもとづく資本間の均等化過程の破綻として起こるだけでなく、「恐慌そのものが均等化の一形態でありうる」(同⑥一八一頁)とも指摘している。恐慌論が、いわゆる崩壊論から切り離され、再生産論や蓄積論の具体的な形態として展開されようとしている。

しかし、資本蓄積の過程は、さまざまな生産部門間の労働量の配分にたえまなく無政府的な不均衡を引き起こしながらも、資本間の信用制度が市場価格の動きとシンクロしつつ、通常、競争をつうじてこれらの不均衡を調整できる。これは、資本蓄積の通常の過程における価値法則の規制の具体的な形態を示すものである。[12] したがって、資本主義の無政府的性格を所与としても、全面的な恐慌を引き起こすに十分な「主要な財貨」の過剰生産をふくむ深刻な不均衡が、なぜ必然的に起こり、さらにはそれがなぜ周期的なのかを説明することは、なお困難である。このような深刻な不均衡は、資本蓄積の過程全体の内側に、何らかの異常かつ特別な困難が出現しないかぎり、起こりそうにないように思われる。それでは、急激な恐慌なしに克服できないような、そのような異常な困難は、どのようにして起こるのだろうか。

資本過剰論的な恐慌論が答えになりうるが、『剰余価値学説史』では、このタイプの恐慌論はほとんど展開されていない。しかしマルクスは、この点に関連するつぎの問いを打ち出している。

リカードは、たんにセーの需要と供給の理論を受け入れていたからというだけではなく、資本蓄積の過剰は、あまりにも遠い将来か、あるいは原理的に扱うにはあまりにも偶然的で特殊な状況においてしか起こりえないという理解から、商品の全般的過剰生産の可能性を否定していた。このような考え方は、ある意味で論理的に一貫しているとしても、リカードの時代以降の資本主義の現実の発展とはあきらかに一致しない。それにもかかわらず、彼の後継者たちは、商品の全般的過剰生産の可能性を否定しながら、資本の過剰から周期的恐慌を説明するという矛盾したことを続けた。

そうだとすれば、リカードは、自分の後継者たちが、一方の形態での過剰生産（市場における商品の一般的供給過剰）を否定しながら、資本の過剰生産、資本の過多、資本の過剰としての、他方の形態でのそれを認めるというだけでなく、それを自分たちの学説の本質的な点にしているという愚かさにたいして、なにか言うべき言葉があったであろうか？　……〔恐慌は両方の形態での過剰生産をふくむよう明確化されねばならない。したがって〕残る問題は、ただ、過剰生産のこの二つの形態……とは、相互にどんな関係にあるのか？　ということだけである（同⑥一三七―一三八頁）。

続くページで、マルクスはこう要約している。「したがって、問題になるのは、資本の過多とはなにか、またこのことと過剰生産とはなにによって区別されるのか？　ということである」（同⑥一三九頁）。

マルクスは、この箇所で提起した重要な問題をまだ考察することなく、ここまででみたように、商品過剰論を議論し続けている。そのため、資本の過剰生産あるいは過多とは一体なんなのか、答えられないままとなっている。『学説史』をふくめ、そこにいたるまでのマルクスの理論研究は、二つの点において、この問題に答えるための基礎を欠いているように思われる。ひとつは、資本の過剰生産と資本の過多とのあいだの区別と関係をあきらかにするためには、信用制度の働きについての理論的とり扱いがあきらかに不可欠だという点である。マルクスも、『資本論』では、資本の過多とは、貨幣市場における「ただ利子生み資本すなわち貨幣資本だけに用いられる表現」（『資本論』邦訳⑦二八四頁）と述べている。マルクスは資本主義経済の運動における信用制度の重要性を最初から認識しており、すでに『要綱』において、流通期間を縮減させる資本の傾向が、「信用と資本のもろもろの信用の仕組みとの基礎規定」（『要綱』邦訳②四二一頁）をなすと指摘していた。『要綱』の別の箇所でも、「一般的な過剰生産恐慌においては、矛盾は、さまざまな種類の生産的資本のあいだにあるのではなく、産業資本と貸付可能資本とのあいだに――すなわち、生産過程に直接に引き込まれたものとして現われる資本と、貨幣として自立的に(ただし相対的に)生産過程の外に現われる資本とのあいだに――あるのである」(同②二二頁)とされている。その後『学説史』では、不均衡説の展開とともに、資本家らが商業信用をつうじて債務を支払いえないということから、連鎖反応が起こり、それが恐慌の勃発を媒介することに注意を払うようになる(『学説史』邦訳⑥一六二―一六三頁)。しかし、『学説史』までのマルクスの利子論には、まだ信用機構についての体系的な検討はふくまれておらず、産業的企業の外側に貨幣資本家の存在が前提され、利子付き資本の抽象的な形態が追究されているにすぎなかった。信用制度をつうじた景気循環における資本の運動をあきらかにするためには、当初のプランでの「資本一般」[13]をこえて、その仕事を大きく拡張することが不可欠となっていた。

もうひとつは、主に労働者人口と資本の過剰生産との関係をあきらかにするために、資本蓄積過程における資本主義的人口法則を正しく理論化することも不可欠だったという点である。マルクスは『学説史』第一八章でこの理論にとりくんでおり、「資本の蓄積とともに、その有機的構成には変化が生じ、そのうちの不変部分は可変部分よりも速い速度で増大」(同⑥二五八頁)し、「機械はつねに相対的過剰人口を、労働者の予備軍を、つくりだす」(同⑥二四五頁)と指摘している。しかし、『資本論』での説明とは異なり、ここでのマルクスは、相対的過剰人口の形成と吸収における周期的変化をほとんど無視し、前者のみを強調している。それゆえ、資本主義的人口法則に関するマルクスの研究は、この時点では、資本過剰論的恐慌論を支持するにはあまりにも未熟なものであった。

4 『資本論』における恐慌論の完成

資本の過剰生産を労働者人口との関連で明確化した、『資本論』の資本過剰論は、たいへんな重要性をもっている。

それは、『剰余価値学説史』における資本の過剰や資本の過多の問題を解決するだけでなく、実質的に『資本論』にまったく固有の、新しい恐慌論を定式化している。[14]『資本論』第三巻第三編において「極端な前提のもとで」(『資本論』邦訳⑥四一七頁)の議論として示されたものとはいえ、それは偶然浮かんだ思いつきなどではなく、『学説史』から『資本論』にかけてのマルクスの理論的発展の論理的な成果なのである。というのもそれは、一方では、資本の過剰生産と資本の過多とのあいだの区別と関係が明確に分析されている、第三巻第五編における信用制度の考察と、他方では、相対的過剰人口の形成と吸収をともなう周期的変化が考慮されている、第一巻第七編における資本主義的人口法則論の進展と、それぞれ関連しており、またそれらを前提としているからである。

しかし、「資本の絶対的過剰生産」に焦点をあてたこの類型の恐慌論は、『資本論』で初めて定式化されたものであって、その完全な意味と論理的必然性に関して、十分に完成されてはいない。『資本論』においては、まだ商品過剰論の恐慌論がみられ、これは、すでにみてきたとおり、古典派の限界を批判しながら、シスモンディとマルサスの恐慌論を発展させようとした『要綱』と『学説史』の努力の延長線上にあるものである。そこには、『資本論』の恐慌論における、一種の反古典派的残滓が現れているのであって、それは、恐慌の媒介的要因や結果を、原因としてとらえてしまっているように思われる。この理論は、全般的過剰生産の周期的性質と論理的必然性を証明する上で、特に価値法則の働きに関連して、根本的な困難を抱えている。この価値法則を基礎として、資本は、競争的な資本蓄積が全体として継続するかぎり、種々の商品についての需要と供給とのあいだの絶えざる不均衡を調整するからである。

商品過剰論の本質的な弱点は、資本の困難を、生産過程のうちにではなく、基本的に流通のうちにみいだそうとすることに由来している。これにたいして、『資本論』の資本過剰論は、「資本主義的生産の真の制限は、資本そのものである」(『資本論』邦訳⑥四〇八頁)というのはどういうことなのかをあきらかにするものであり、生産と流通の過程の両方を考察する。したがって、周期的恐慌の論理的必然性を示そうとするマルクスの試みは、前者ではなく、後者の類型の恐慌論を発展させることによって完成すべきである。[15]

しかし、『資本論』における資本過剰論は、いくつかの点でまだ不完全である。先に触れたように、『学説史』とは異なり、『資本論』は、資本主義的人口法則論において、相対的過剰人口の吸収と排出の交替を扱っている。マルクスは、もはや相対的過剰人口の生成のメカニズムだけを考えているのではない。たとえば、「資本蓄積の一般法則」を扱った『資本論』第一巻第二三章の第一節で、マルクスは、「資本構成の不変な場合に蓄積に伴う労働力需要の増加」を論じている。しかしマルクスは、この節の理論的必然性と意味を十分にあきらかにしているとはいえない。同章の第二節以降では、第一節とはあまり関係なく、「蓄積の進行途上での可変資本の相対的減少」をともなう「相対的過剰人口または産業予備軍の累進的生産」が、「蓄積の一般法則」として強調されている。その結果として、資本主義的人口法則の規定は、依然として過剰人口の累進的形成に過度の重点を置くこととなっている。

マルクスは、当時のイギリス経済における大量の産業予備軍のさまざまな形態の存在に強く印象づけられ、自らの相対的過剰人口論を説明するのに、そうした事例を引用したのであろう。このように産業予備軍の具体的な形態を分析することは、当時のイギリス資本主義の研究にとっては重要であるが、これらの産業予備軍の形態には、資本主義的生産の内部で生み出される相対的過剰人口だけでなく、小商品生産者や小農の分解過程から生じる余剰人口もふくまれていることにも注意が必要である。宇野弘蔵のいう原理論、段階論、実証分析のレベルの区分を用いるならば、基本原理を説明するにあたっては、後者の余剰人口部分をふくめるべきではない。資本主義経済の基本原理をあきらかにするためには、資本主義的生産以外のさまざまなタイプの生産者との関係に直接言及することなく、資本主義的生産の運動法則に完全集中しなければならない。

そのうえ、資本主義的蓄積のもとでの生産方法の変化とそれによる労働者階級への影響を扱いながら、固定資本という特殊な制約を考慮しないのは、理論的に不適切であると思われる。この意味では、資本蓄積論は、第一巻の最後ではなく、第二巻の「資本の回転」の後に置き、そうすることで資本の再生産を再生産表式論と理論的に整合させるべきであった。産業資本家は通常、生産過程のうちに固定資本をもち、それを利潤を生み出す資本の一部として機能させる。そして産業資本家は、すでに存在する生産手段を基礎として、連続的に、私的に、そして少しずつ、剰余価値を資本に転化していくのである[16]。このような条件のもとでの資本の蓄積は、すでに存在する生産方法を基礎として、資本を深化させるよりもむしろ資本を拡張させる方式で進行するのが通常となる。より優等な生産方法の採用によって特別剰余価値を獲得しようとする試みは、このような過程においては、せまく制限され、部分的にしか実行されない。したがって好況期には、資本が、既存の固定資本を廃棄し置き換えることによって、相対的剰余価値を生産し、相対的過剰人口を創出しようとする可能性は低い[17]。

マルクスはまた、資本の絶対的過剰生産という概念を説明する際に、相対的な剰余労働時間の拡大は、「労働にたいする需要が強くて賃金の上昇傾向が強いような場合にはどのみち不可能であろう」(同⑥四一一頁)と述べている。原則として、資本蓄積の過程を既存の固定資本との関係で考えるならば、同じ資本構成のもとでの蓄積にともなう労働力需要の増大は、好況期においては偶然ではなく、必然的な過程として現れる。賃金の上昇による「一般的利潤率のひどい突然の低下」は、もはや「極端な前提のもとで」なされるたんなる推論ではなく、好況期における資本主義的蓄積の必然的な論理的帰結とみなされるであろう[18]。人間の労働力を商品として生産しえないながらも、それを商品として扱わなければならない、資本主義的生産の根本的な弱点が、ここで資本蓄積にとって決定的となる。

しかし、なぜ過剰に蓄積された資本は、急性的な恐慌を招かないよう、部分的に「未使用」で寝かせておくことができないのだろうか。あるいは、なぜ資本は利潤率の低下とともに蓄積のペースを落とし、急激な恐慌をもたらさずに、好況を不況へと転換することができないのだろうか。こうした問題は、資本の過剰蓄積の論理的必然性を証明した後でも、なおも残っている。これらの問いに答えるには、商品市場を介した競争の働きと、資本間の信用制度の理解が不可欠である。『資本論』第三巻第五編におけるマルクスの貢献は、ここでは絶対に不可欠であるが、日本の宇野派以外では、マルクス恐慌論の不可欠な部分として扱われることはほとんどなかった。

マルクスが『資本論』第三巻で初めて試みた信用のメカニズムの理論的体系化は、完成にはほど遠いということは否めない。景気循環論をふくむ信用論は、あきらかに『資本論』全体のなかで最も未完成な主題である。とりわけ、信用制度は、資本主義的生産の内的機構として、まだ十分に抽象化されてはいない。『要綱』でみたように、また『資本論』第二巻でもみられるように、信用制度は遊休資本を利用するため、あるいは資本の回転における非生産的な流通期間を短縮するために形成されるということを、マルクスは認識していた。しかし、マルクスは、銀行信用の働きを考察するにあたり、産業資本家や商業資本家の次元の外側にいる「貨幣資本家」やその他の預金者に重点を置いた。現実の資本主義経済には、たんなる貨幣資本家のようなさまざまな種類の預金者が存在するのは確かであるが、信用制度の原理は、これらの外部要因を捨象して論じられるべきであり、そうすることで、資本の回転から必然的に生じる、遊休する資本要素の稼働を促進するという、信用制度の実質的機能があきらかになる。景気循環をつうずる貨幣市場の標準的な運動は、本当はこれらの遊休資本の相互利用における運動によって決定される。

ここで注意しなければならないのは、信用論において「貨幣資本家」を重視するというマルクスの方向性は、理論的抽象の不十分さだけでなく、『要綱』で説かれた「資本一般」の枠内での利子論にも由来するということである。[19]信用制度は、原理的には、資本主義的生産の純粋な内部的機構とみなされるべきであり、資本主義的生産を促進する実質的機能をもたない外部の金貸しや「貨幣資本家」に依存するものではない。したがって、「再生産に携わっている資本家たちが互いに与え合う」商業信用は、「信用制度の基礎」として扱われるべきである(『資本論』邦訳⑦二八九頁)。この場合、銀行信用とは、産業資本家や商業資本家によってもちこまれる為替手形の割引であり、これらの資本家の預金と、満期を迎えた手形の返済の両方によって形成される資金に依存している。[20]銀行券または銀行手形の発行によって弾力的に信用を拡張する銀行の能力は、究極的には、再生産に携わっている資本家に由来する、これらの資金の運動によって規制されているのである。

マルクスが指摘しているように、「近代産業がそのなかで運動する回転循環……を考察してみれば、そこで見いだされることは、利子の低い状態はたいていは繁栄または特別利潤の時期に対応し、利子の上昇は繁栄とその転換との分かれ目に対応し、また極度の高利にもなる利子の最高限は恐慌に対応するということであろう」(同⑦八一頁)。

好況期には、「商業信用の拡大と結びついた還流の容易さと規則正しさとは、貸付資本の供給を、その需要の増大にもかかわらず、確実にして、利子率の水準が上がるのを妨げる」。景気循環の過程のうちで、この時期だけ「貸付可能な資本の相対的な豊富さが産業資本の現実の拡張と一致する」(同⑦三〇四頁)。このような状況が変化するのは、資本の過剰蓄積が発生する好況末期においてである。

マルクスは、資本過剰論の文脈で、賃金、利潤および利子の変化が、相互に関連しつつ発生することに注目している。

労働力にたいする需要の増大が可能なのは、労働の搾取が特別に有利な事情のもとで行なわれるからであるが、しかし、労働力にたいする需要、したがってまた可変資本にたいする需要の増大は、それ自体としては利潤をふやすのではなく、むしろそれだけ利潤を減らすのである。とはいえ、労働力にたいする需要の増大につれて、可変資本にたいする需要、したがってまた貨幣資本にたいする需要も増加することはありうるのであって、これはまた利子率を高くすることができるのである。その場合には労働力の市場価格はその平均よりも高くなり、平均よりも多数の労働者が雇用され、またそれと同時に利子率も上がる。なぜならば、このような事情につれて貨幣資本にたいする需要が増大するからである。……ほかの点では商況がよくない場合になんらかの原因で労賃が高くなるとすれば、労賃の上昇は利潤率を低下させるであろうが、しかし、その上昇が貨幣資本にたいする需要を大きくするのと同じ度合いで利子率を高くするであろう(同⑦三四六―三四八頁)。

賃金の上昇によって利潤率が低下しながら、貨幣資本にたいする需要が増大するという事態は、資本過剰論が適切に展開された場合の、資本蓄積過程の不可避的な結果である。しかし、産業資本や商業資本がそれまでどおり生産物を販売し、満期を迎えた手形にたいして支払いをおこない、そうして順次銀行が自由に利用可能な資金が形成されるならば、銀行は貨幣資本に対する需要の高まりに対応して、弾力的に信用を拡張できる。さらにこの場合に、資本家が純利潤の減少のために投資を減らし、そうして信用の連鎖に深刻な破綻がもたらされないこともありうる。それゆえ、急激な恐慌の理論的必然性を論証するには、もう少し具体的な理論展開が不可欠なように思われる(21)。

マルクスは、いくつかの箇所で、信用の投機的利用がいかにして利子率を上昇させるかを強調している。マルクスは、高利子率が「利潤によってではなく、借り入れた他人の資本そのものによって支払われることができる――それは一部は投機の時期に行なわれる――のであり、そしてこういうことがしばらく続くこともありうる」(同⑦三四五―三四六頁)としている。

しかしまた、穀物や綿花などの不作の場合のように、ある商品の供給が平均よりも減って、しかも貸付資本にたいする需要は増大するということもありうる。なぜそれが増大するかといえば、価格がもっと高くなることを見越して思惑が行なわれるからであり、また、価格を高くする最も手近な手段は、供給の一部分をしばらく市場から引きあげておくことだからである。ところで、買った商品を売ることなしにその代価を支払うためには、商業的な「手形操作」によって貨幣を調達する。このような場合には貸付資本にたいする需要が増大するのであって、利子率は、このように市場への商品の供給を人為的に妨げようとする試みによって、高くなることがありうる。利子率が高くなるということは、この場合には、商品資本の供給の人為的な削減を表している(同⑦三四九頁)〔第三文の中の「貨幣」は、原書ではgold(金)になっており、原書が引用しているPenguin版でもgoldになっている。しかし『資本論』ドイツ語版では、現行版でも草稿でも、ともにGeld(貨幣)であり、日本語版も「貨幣」と訳している。Progress Publisher版もmoney(貨幣)になっている。Penguin版の英訳が誤りと思われるため、訂正した〕。

マルクスは、なぜ好況末期にこのような投機が蔓延するのか、その理由を明確にしていない。また、資本の過剰生産と大規模な投機の高まりとのあいだの関係をあきらかにしようともしていない。しかし、論理的に必然的な関係をみいだすのは、難しいことではない。資本の過剰蓄積によって賃金が上昇すると、一般的利潤率が圧縮されるだけでなく、商品の市場価格にも二つのルートで必然的に影響がおよぶ。第一に、マルクスが『資本論』第三巻第一一章で指摘しているように、資本の有機的構成の低い部門(すなわち、より労働集約的な部門)で生産される商品の価格は、利潤率の均等化のもとで賃金コストが上昇するかぎり、継続的に上昇する。第二に、農産物にしばしばみられるように、賃金上昇にともなう消費手段にたいする需要増大は、消費財やその生産に用いられる財の供給が速やかに調整されない場合には、それらの価格を引き上げることがある。

好況中期においては、相対的過剰人口に依存する資本の拡張的な蓄積がおこなわれつつ、安定した賃金水準にもとづく安定した生産価格を中心として、市場価格は狭い範囲でしか変動しない。他方で、好況末期には、資本の過剰蓄積の結果として、一部の商品の市場価格が不可避的に上昇する。それによって、これらの商品の異常な投機的在庫形成が、信用制度の弾力性をフル活用しながら、産業資本や、さらにとりわけ商業資本によっておこなわれる。

しかし、このような大規模な投機活動にさらされると、信用の弾力性は低下する。より多くの商業手形が発行され、割引のために銀行にもち込まれる。手形の満期は繰り延べられ、支払いは遅れるか、新たな借り入れによってのみなされることになる。賃金の追加的支払いに応じるための貨幣資本にたいする需要の高まりとともに、このような投機的な需要は、銀行の準備資金の相対的な減少をつうじて貨幣市場を引き締めることにならざるをえず、その結果として利子率の上昇がもたらされる。中央銀行から貨幣市場への金準備流出は、信用制度のこの特徴を、好況の最終局面の臨界点において、最も顕著に示すことになる。

したがって、資本の過剰生産は、資本家にたいし、賃金上昇、利潤率低下、利子率上昇という三つの関連した困難を必然的に引き起こす。労働力人口にたいする資本の過剰生産の問題は、貸付可能な貨幣資本の不足に表現される。

産業資本家および商業資本家の純利潤は、賃金と利子の両方の上昇によって、急激に圧縮される。特に、信用の引き締めは、投機的な在庫形成活動にとって致命的であり、純利潤からの実体的な投資が全般的に減少するという問題も同時に発生する。やがて、利子コストの上昇にてらして、投機的な在庫形成を維持することは、困難となるばかりか、まったく採算が合わなくなる。

満期をむかえた手形への支払いのために、投げ売りが始まる。大規模な投機活動の破綻は、通常、好況が急性的な恐慌へと転じる、最も具体的な瞬間である。一般的利潤率と一般的利子率の相反する動きの衝突は、こうして信用制度の崩壊をもたらす。

周期的恐慌の始まりは、通常、大規模な卸売業を営む商業資本の投機が崩壊することによって告げられる。というのも、好況末期に、信用を利用した投機的在庫形成が最も集中的かつ大規模に展開されるのがこの部面であり、したがって信用の引き締めや利子率の上昇の衝撃も、ここで最も深刻となるからである。他方で、これらの商業資本による投機の破綻は、商品市場と貨幣市場の双方に、深刻な衝撃を与える。

マルクスは、恐慌はつぎのようにして始まると述べている。「恐慌がまず出現し爆発するのは、直接的消費に関係する小売業ではなく、卸売業やそれに社会の貨幣資本を用立てる銀行業の部面だという恐慌現象が生ずるのである」(『資本論』邦訳⑥四九六頁)。同時に、資本の過剰蓄積を基礎として、商業資本のみならず産業資本によってもなされている、多かれ少なかれ投機的な過剰取引が、継続できなくなり、崩壊し始める。投機的在庫形成の崩壊は、投機的活動によって維持され引き上げられてきた、商品の市場価格の急落を引き起こす。市場価格の一定水準を前提とする、信用関係の基盤が破壊される。債務不履行の連鎖が発生する。過去の債務を支払うための貨幣資本にたいする需要が急激に増大するにもかかわらず、すべての資本と銀行は、自らの支払準備を確保するために、新たな信用を厳しく制限することになる。

そのため、新たな恐慌が始まるや否や、利子率は再びその最高水準に達する。「急に信用が停止され、支払が停滞し、再生産過程が麻痺し、……貸付資本のほとんど絶対的な欠乏と並んで遊休産業資本の過剰が現われるようになる」(同⑦三〇五頁)。

商品市場の崩壊と販売の全般的困難は、信用の収縮と崩壊をともなう。信用の停止は、あらゆる産業部門において生産を阻害し、収縮させる。というのも、資本主義的生産においては「再生産過程の全関連が信用を基礎としている」(同⑦三〇七頁)からである。マルクスは、資本の絶対的過剰生産の結果をつぎのように描写している。

この攪乱や停滞は……一定の期限の支払義務の連鎖をあちこちで中断し、こうして資本と同時に発展した信用制度の崩壊が生ずることによってさらに激化され、このようにして、激烈な急性的恐慌、突然のむりやりな減価、そして再生産過程の現実の停滞と攪乱、したがってまた再生産の現実の減少をひき起こすのである(同⑥四一五頁)。

信用制度の崩壊による再生産の崩落とともに、労働者の雇用も激減せざるをえない。多数の労働者が失業に追い込まれる。賃金が急激に下落する。労働者の消費需要が減退する。資本主義的商品の販売困難の連鎖が全面化する。遊休産業資本の過多と失業した「過剰」労働人口の共存は、貸付資本の絶対的不足の結果、不可避となる。信用証書、商品、物理的な生産要素といった形をとっている資本価値は、破壊される。資本主義の生産関係と生産力の増大との間の矛盾が暴露される。

しかし、資本主義的生産は、たんなる経済恐慌でその存在を終えるわけではないことにも留意しなければならない。原理的には、恐慌の局面は、必然的に不況に変化する。資本は無秩序で不均等に破壊されるので、一部の資本には、その価値を部分的に保持するチャンスが与えられる。資本のもとでの再生産は、そのような資本によって再開される。しかし、資本が不況から抜け出すのは容易ではない。というのも、恐慌の間の資本の無秩序で不均等な破壊によって、生産部門間の比率がゆがめられているからである。これは、既存の固定資本が動かせないために、すぐには再調整されにくい。信用制度は、原理的には流通資本の相互運動を促進するために形成されており、生産過程に存在する固定資本の価値を流動化する上ではほとんど役に立たない。したがって、「産業資本の収縮と麻痺」(同⑦二九九頁)を反映して、貸付可能な貨幣資本が豊富になっても、それは不況の根本的な困難を除去するにあたり積極的な役割をはたしえない。遊休産業資本の過剰、使用されない貸付資本、そして失業した労働人口、あるいは利潤率・利子率・賃金率の低位は並存し、この局面では結合されえないのである。

しかし、不況期をつうじて、「価格低下と競争戦とはどの資本家にも刺激を与えて、新しい機械、新しい改良された作業方法、新たな組合せの充用によって自分の総生産物の個別的価値をその一般的価値よりも低くしようとさせたであろう」(同⑥四一六頁)。そのうえ、好況期と異なり、既存の固定資本は一般にもはや高利潤を生むものではないため、できるだけ早く更新できるよう、それらを償却しようとする圧力がある。主要な生産部門のほとんどの資本が、固定資本の価値の大部分を償却し、新しい設備に投資するのに十分な自己の貨幣資本を蓄積するようになると、固定資本の更新をつうじて新しい生産方法を採用することができる。このような固定資本の更新は、競争的に、したがって不況末期にかけて同時に起こる。

新しい生産方法の採用に成功した資本は、市場生産価格の水準が低下しても、活発な蓄積を再開することができる。同時に、固定資本の更新の過程をつうじて、生産部門間の比率が根本から再調整される。なぜなら、資本は、その過程で自由に移動し、最も有望な部門にその価値のすべてを投資できるからである。こうして、生産部門間の比率のゆがみが、新しい生産関係に対応して修正される。

このような資本間の関係だけでなく、資本と賃労働とのあいだの生産関係も更新される。一方では、生産方法の改善によって労働力の価値が低下し、剰余価値率が上昇して、資本蓄積の基礎が拡充される。他方では、資本の有機的構成が高められて相対的過剰人口が生み出される。この相対的過剰人口は、資本が以前の好況期よりも高い価値の蓄積水準に達するための基礎的条件をなす。こうしたことはすべて、資本主義的発展の歴史的性格と疎外された本性をあらわしている。相対的過剰人口を確保するのに必要な資本構成の高度化は、労働が恐慌によって過剰化される不況期に実現するのである。

資本間の、および資本と労働の関係が、生産力の新しい水準にもとづく新しい価値関係に対応して再編されると、資本は利潤率を回復し、拡張を再開する。商品取引は順調に増加し、信用制度は弾力的に拡大する。

こうして、好況・恐慌・不況の三つの局面からなる産業循環(景気循環)は、新たな循環に入る。各局面は、順々につぎの局面の原因となり、「拡大された生産条件のもとで、拡大された市場で、高められた生産力によって、同じ悪循環が繰り返されて行くであろう」(同⑥四一六頁)。「この産業循環は、ひとたび最初の衝撃が与えられてからは同じ循環が周期的に再生産されざるをえないというようになっている」(同⑦三〇五頁)。重要な産業部門における固定資本の「生命循環」は「周期的な恐慌の一つの物質的な基礎」(同④三〇〇頁)である。とりわけ、それは景気循環の周期にとって決定的である。というのも、主要部門における固定資本の同時的更新が、毎回の新たな好況期の出発点だからである。

資本主義的生産の内的矛盾は、人間の労働力を商品として扱うことの困難に由来し、資本間の競争と信用をつうじて周期的な恐慌のうちに爆発する。それは、産業循環の過程において、現実的な解決を与えられているのである。しかし、それは根本的な解決策にはなりえないので、このような循環のなかで絶えずくりかえされざるをえない。周期的恐慌は、資本の運動における矛盾を暴露するだけでなく、資本主義的発展のメカニズムの不可欠な部分をなしている。資本蓄積の基本条件である労働力商品の供給は、原理的には、景気循環という形での資本主義的人口法則の展開によって確保される。

同時に、周期的な恐慌をふくむ景気循環は、資本と賃労働との間の、およびさまざまな商品生産物間の価値関係を調整する機構を構成している。商品の再生産に社会的に必要な労働量に応じた商品価値の規制は、商品の再生産を維持するために必要な社会的労働の配分の調整とともに、産業循環の過程で遂行される。かくして、産業循環は、資本の運動法則としての価値法則が作動するための最も包括的なメカニズムをなしている。

したがって、『資本論』における価値論の体系的展開には、恐慌論がふくまれなければならず、逆に恐慌論は、資本の運動法則としての価値法則の具体的メカニズムを総合するものでなければならない。実質的に、『資本論』の恐慌論は、全般的過剰生産や恐慌の必然性を価値法則と矛盾するものとみなした、古典派にたいする根本的な批判を要約したものにもなっている。

これまでみてきたように、いまだ不完全なものとはいえ、『資本論』には、蓄積、利潤、信用制度の理論をつうじて、資本過剰論的な恐慌論を精緻化するために必要な本質的な点がすでに与えられている。段階論や現代資本主義の実証分析など、また別のより高い研究次元に属すべき、恐慌の具体的な歴史研究とは別個のものとして、マルクスの恐慌論は原理的に完成させることができるし、そうすべきである。その理論の不完全な部分をそのままにしておくことは、『資本論』の科学的成果を正当に扱うものとはいえない。特に、マルクスの資本過剰論的恐慌論を信用論とともに完成させることは、たんに古典派と反古典派の両者の重大な限界を克服するだけでなく、世界史と現代をつうじて変化しつつある経済的・社会的危機の諸局面とあわせて、資本主義の矛盾した運動を分析するための健全な理論的基準を提供するために、不可欠である。

第七章　マルクス学派の恐慌論

マルクス学派の恐慌論は多種多様である。なぜ統一が難しいのだろうか。状況に応じて選択し、適用することができる異なるモデルとして、それらすべてを保持しておいてはいけないのだろうか。マルクスの恐慌論は、どのような方向で、どのように完成させるべきなのか。このような疑問にたいして、まずマルクス学派の恐慌論の主要なものを概観することから始めて、いくつかの解答を提供することを試みる。私自身の見解は、さまざまなタイプの理論の混合ではなく、ある特定の理論にもとづいているため、資本主義の発展を特徴づける、一見するとバラバラにみえる恐慌現象を、ひとつの理論の見地から、どのように扱いうるのかを示すことも必要である。自らの立場を一貫させつつ、マルクス恐慌論における多様性の源泉と、この問題をいかに克服しうるかを、できるだけ客観的に説明するよう努めたい。

1　恐慌論の多様性

マルクス自身の恐慌論は、『資本論』においても完全には完成されなかった。前章でみたように、実際にはマルクスはいくつかの異なる恐慌論の類型を残していた。この遺産をめぐるマルクス学派の試みのほとんどは、ひとつの類型を発展させ、残りを無視・否定するか、吸収するものであった。

これらの試みは、恐慌の原因のとらえ方によって、大きく二種類に分けられる。ひとつは商品過剰論にもとづくもので、もうひとつは資本過剰論にもとづくものである。前者は、需要にたいして商品が過剰に供給される論理的過程を重視し、利潤率の低下に示される資本の過剰を、その結果とみなす。これにたいして、後者は、利潤率の低下に表される資本の過剰蓄積への動きを強調し、商品の全般的な過剰生産を、原因ではなく、結果とみなす。この二つの異なった考え方を論理的に調和させることは容易でない。

これら主要な類型のそれぞれに、さらに二つの下位分類がある。商品過剰論には、不均衡説と過少消費説があり、資本過剰論には、労働力不足にもとづくものと、資本構成の高度化にもとづくものとがある。

商品過剰論

(a) 不均衡説

マルクス学派の不均衡型恐慌論を最初に展開したのは、ツガン＝バラノウスキーの『英国恐慌史論』(一八九四年(ツガン＝バラノウスキー 一九三一))であり、この分析をルドルフ・ヒルファディングが『金融資本論』(一九一〇年(ヒルファディング 一九八二))にて敷衍した。ツガンは、マルクスの再生産表式を完成させれば、生産手段の市場は蓄積過程で拡大するため、市場は社会的消費量によって制限されないことが分かると主張している。

この見解によれば、シスモンディ、ナロードニキ、そしてマルクス自身の過少消費説的な部分は正しくない。「資本主義にとって販路は常に不足である。それは消費者があまりに少数なるが故でなくして、生産の均斉的配分が、資本主義経済の条件の下では、絶対に実現不可能なるが故である」(1)。しかし、ここには少なくとも二つの問題が未解決のまま残されている。社会的労働配分における無政府性の結果としての不均衡によって生じた部分的な過剰生産が、なぜ恐慌を特徴づけるような全般的過剰生産へと広がってしまうのだろうか。そして、恐慌はなぜ周期的に発生するのだろうか。

ツガンは、貨幣と信用の流通のうちに成立する商品価格の相互関係に着目することによって、第一の問題に答えようとしている。第二の問題に対処するためには、貸付可能な資本資金を吸収する固定資本の大規模な建設に典型的な、周期的パターンをもつ需給効果が導入されている。

ヒルファディングは、恐慌論にとってマルクスの再生産表式が重要だというツガンの認識を認め、再生産表式の均衡条件が崩れれば恐慌になりうるという趣旨のマルクスの言明(ツガンはみおとしているが)を引用した。ヒルファディングによると、「均衡が破られれば、単純再生産においても恐慌が生じうる」(2)。ツガンに続き、ヒルファディングも固定資本の懐妊期間の影響を詳しく検討している。ツガンは『資本論』第三巻第五編にあるマルクスの信用制度の分析を利用できなかったが、ヒルファディングは産業循環における信用の役割を適切に位置づけようという試みにおいて、それを利用することができた。これはヒルファディングの重要な貢献のひとつである。しかしそこでは、長期資本市場の働きと、マルクスの主要な焦点であった短期貨幣市場の働きとが混同されるきらいがあった。

(b) 過少消費説

ツガン＝バラノウスキーとヒルファディングの不均衡説にたいして、カール・カウツキー、ローザ・ルクセンブルグ、そしてニコライ・ブハーリンは、過少消費説をとなえた。たとえばカウツキーは「被搾取者の過少消費はもはやそれに相応する搾取者の個人的消費によってつぐなわれない。そこに、今日の生産方法に於ける、過剰生産への継続的な切迫の原因が横わっている。……以上が、簡単ではあるが、我々の見る限りでは、「正統」マルクス主義者によって一般的に認められている、マルクスによって基礎づけられた恐慌理論である」(3)と述べている。しかし、カウツキーは不均衡説を完全に否定しているわけではない。とりわけ、ヒルファディングの恐慌論について、カウツキーはつぎのように評している。

恐慌を研究するに際しては、およそ三つの要素が区別さるべきである。……彼〔マルクス〕の恐慌理論なるものは、実に数種の要素の総合にあるのであって、その中のどれを取ってみても、それだけでは恐慌の不断の必然的回帰を説明するに足りない。

これらの三要素の中で、まず第一は、商品生産の無政府状態である。次は、労働大衆の過少消費であり、最後は、社会的資本の種々なる構成要素の成長条件に存する差異である(4)。

このように、カウツキーは商品過剰論のうちに、多原因説的な立場を採用している。

ローザ・ルクセンブルグは、そのような立場をとらなかった。ルクセンブルグの考えによれば、マルクスの再生産表式論は、生産手段部門(第Ⅰ部門)と消費手段部門(第Ⅱ部門)のそれぞれの生産部門において、蓄積がスムーズに進行するという幻想を生じさせた。このように表面上はバランスのとれたプロセスが進む理由として、ルクセンブルグは、現実の生産拡大に存在する特殊な困難、すなわち剰余価値を実現するのに必要な貨幣の源泉という問題を、表式が捨象している点をあげた。「その困難というのは実に次のこと、すなわち、蓄積の目的のためには、剰余価値の一部分が資本家によって、消費されないで、生産の拡張のために資本に追加されるということ、であった。そこで問題となるのは、資本家自身が消費し得ず、労働者はなおさら消費し得ない……ということである(5)」。資本主義的生産は、自らの制限のうちにこの問題を解決することはできず、帝国主義的拡張のうちにますます外部の市場を獲得しなければならない。このように、ルクセンブルグの過少消費説は、その帝国主義分析の直接の基礎となっている。

しかし、私自身の以前の論評からの引用であるが、「ルクセンブルグは、再生産表式を商品資本の循環としてみたマルクスと異なり、貨幣資本の循環として考えているという点で正しくない。ルクセンブルグの論理にしたがうと、拡大再生産全般にとって事実上不可避ということになる実現の困難も、この不正確なとり扱いに由来している(6)」。マルクスによれば、他の価値構成部分とともに剰余価値を実現するのに必要な貨幣は、資本家によって相互に支出される流通手段として現れる。ブハーリンは、また違った観点からルクセンブルグを批判している。ブハーリンは、ツガンに部分的に由来するルクセンブルグの主張に反対して、『資本論』第二巻のマルクスの再生産表式は、第三巻にみられる過少消費説の発想と「矛盾する」と述べた。注意深く分析すれば、ツガンが考えたところとは異なり、再生産表式は「生産手段生産の一定の状態に消費資料生産の全く一定の状態が照応する、換言すれば、生産手段の市場は消費資料の市場と結びつけられている」[7]ことを示している。無政府的な資本蓄積は「生産が必要な割合の限界をのり越えて不可避的に社会的消費と衝突を引き起こすに至る」[8]のである。労働力が商品として存在する資本主義社会においては、「商品の使用価値とその交換価値との間の矛盾は、ここでは、限りなく拡大せんと努める剰余価値の生産と、その労働力の価値を実現する大衆の限りある購買力との間の矛盾という形を採って現れる。そしてこの矛盾こそまさしく恐慌によって解決されるのである」[9]。

　こうしてブハーリンは、根本的な矛盾を、資本主義的生産と外部の市場とのあいだの外的関係や、個々の生産部門間のたんなる不均衡ではなく、資本と賃労働とのあいだの内的な生産関係に位置づけることによって、マルクス派の過少消費説を純化した。そうすることによって、ブハーリンは、自分の理論が、マルクス、レーニン、その他の正統的なマルクス派の立場と一致すると主張した[10]。ポール・スウィージーはこの系譜に連なり、自らの理論的著作や、ポール・バランとともに展開した理論を提出していった[11]。

　ブハーリンは、過少消費説を純化して提示したために、その弱点はより容易にあきらかになった。ブハーリンは、恐慌の周期性を示せていないとルクセンブルグに批判を向けているにもかかわらず、資本主義のもとでの労働者階級の消費制限が、なぜ周期的な恐慌を生じさせるのかという問題にたいして、適切な答えを与えることができなかった。加えて、恐慌期以外には、蓄積は消費の相対的減少という「法則」と両立するようにみえながら、労働者階級の消費の減少が蓄積過程において急性的な崩壊を生じさせる論理必然的な理由を示すことは困難であった。こうした困難を解決するために、戦後日本の「正統」マルクス派は、固定資本の減価と更新の間の不整合などの不均衡要因を、過少消費説と結びつけようとしている。ルクセンブルグの接近を(資本の有機的構成の上昇にもとづく)資本過剰論的恐慌論と統合しようというメグナド・デサイの労作も、これらの問題を克服しようとする最近の試みの一例である。[12] しかし、こうした最近の試みをふくめても、商品過剰論的恐慌論は、根本的な難点を解決するにあたって、成功したとも、説得的だったともいえない。しかし、ブハーリンは正統性を主張しているものの、実際には、マルクス派の恐慌論には、資本過剰論という形で、もうひとつの強力な流れがあり、これにも二つのタイプがある。

資本過剰論

（a）労働力不足説

オットー・バウアーは、労働者人口との関連で、マルクスの資本の過剰蓄積論を恐慌論へと拡張しようとした、最初の主要な論者であった。バウアーは、剰余価値は拡大再生産表式内では実現されないというルクセンブルグの主張を批判し、正しい前提を与えられれば、「第一年度のみならずそれに続く各年度においてもまた、両部面の総生産物価値は攪乱されることなく売り捌かれ、総剰余価値は実現される[13]」と解しうるモデルを示した。バウアーの再生産表式の主な特徴はつぎのとおりである。(i)可変資本vは、人口増加率と均衡を保ちつつ、毎年五％増大する。(ii)資本の有機的構成の上昇とともに、不変資本cは年率一〇％で増大する。(iii)剰余価値率m'は一〇〇％で固定。(iv)以上のようなvとcの増加率を維持しうるよう、第II部門からの剰余価値の一部は、第I部門に移転・投下される。

バウアーの主張によれば、このモデルは、不均衡説的恐慌論も過少消費説的恐慌論も、いずれも成り立たないことを示しているが、労働者人口にたいする資本の過剰蓄積に起因する恐慌は排除されない。資本主義社会では、社会主義社会とは異なり、蓄積のペースを人口増加のペースに合わせるための「機関」が存在しない。蓄積のペースが遅くなると、失業者数の増加によって賃金が引き下がり、剰余価値率が高まって、蓄積が再加速する。これは、マルクスが『資本論』第三巻で「資本の絶対的過剰生産」と定義した「過剰蓄積の状況」をもたらす。バウアーはつぎのように付け加えている。「この点が蓄積の絶対的限界を示す。この点が達せらるるや、蓄積の人口増加に対する適応が、巨大なる資本の休止、価値の莫大なる攪乱、更に利潤率の急激なる崩落をともなう破壊的なる恐慌の中に起こる」(14)。

バウアーがマルクスの資本過剰論的恐慌論を労働者人口の制約と結びつけうるとみたのは慧眼であるが(15)、バウアーは他方で、この理論を再生産表式との関連で論じていた。バウアーは、『資本論』第一巻第二三章「資本主義的蓄積の一般法則」と、第三巻第五編の信用機構の分析においての、このタイプの理論に関するマルクスの重要な貢献を明確化できていなかった。

ポール・スウィージーは、第一巻第七編のマルクスの資本蓄積論と、第三巻第一五章のマルクスの資本の絶対的過剰生産という概念の間の内的な論理的関係を発見し、この関係がすでに「理路整然とした恐慌理論」(16)をなしていると論じている。

宇野弘蔵は、このタイプの恐慌論を完成させることを試み、一九三〇年代に書かれた戦前の準備的な論文を敷衍した(17)。宇野によれば、マルクスが第一巻第二三章第一節で「資本の構成が不変な場合における、蓄積にともなう労働力需要の増大」と特徴づけたものを、既存の固定資本が一般に更新されない好況期のような、再生産がスムーズに拡大する場合の主な特徴とみなすなら、資本の絶対的過剰生産は必然的に生じるといえる。資本の有機的構成が高くなる方向への資本蓄積の変化は、このような社会的生産力の拡大が、労働者人口の大きさの限界に直面したときに起こる。この変化は、技術のスムーズな交替のような形にはならない。資本の蓄積が過剰蓄積に転じると、賃金の上昇が利潤率を引き下げると同時に、信用制度の働きによって、必然的に利子率の上昇と貸付資本の不足が生じるのである。信用制度の基礎理論へのマルクスの貢献は、この点において、激発的かつ全面的な恐慌の論理的必然性を証明するのに利用されうる。本書第六章で論じたように、宇野の立論は、すべての面で完全ではないにせよ、周期的恐慌の背後にある基本原理に到達するための最も有力な方法であるように思われる。

利潤圧縮型の接近は、近年、アンドリュー・グリンとボブ・サトクリフ、ボブ・ローソン、ラドフォード・ボディとジェームズ・クロティ、そしてジョン・ハリソンといった、欧米マルクス派によって示されているが[18]、それを支持する基礎理論をマルクス自身の恐慌論に求めようとすれば、労働力不足にもとづく資本過剰論的恐慌論にきわめて近く、おそらくはそれに還元しうるように思われる。しかし、これらの研究は、マルクス自身の時代の典型的な周期的恐慌の経験的基礎の上に、マルクスの恐慌論を完成させることを主眼としていた宇野のアプローチに比べ、最近の恐慌の分析により直接的な関心を寄せている。同時に、最近の研究は、賃金上昇の原因として、資本蓄積過程における労働市場の変化よりも階級闘争の役割を強調し、また恐慌の周期的性格よりも、むしろその長期的性格に着目する傾向がある。

（b）資本の有機的構成高度化説

資本過剰論的恐慌論のもうひとつのタイプは、資本の有機的構成高度化による、マルクスの利潤率の傾向的低下の法則を恐慌の基本的要因とみる。このタイプは、エーリヒ・プライザーによってはじめて定式化された。プライザーは、利潤率の傾向的低下の結果として「資本家が生産を断念する瞬間に資本主義一般の絶対的危機が生ずるであろう」と主張した。「それゆえ利潤率の低落は資本主義的生産様式にもっとも固有の制限であり、利潤率低下の法則は、この歴史的生産形態の必然的な運命、すなわち社会主義への不可避的な発展を説いているのである」[19]。プライザーによれば、このような崩壊の必然性は、周期的に「資本の減価」により克服されるほかはなく、ここに恐慌の必然性が打ち立てられる。

しかし、マルクスの利潤率の傾向的低下の法則から、周期的恐慌の必然性を導出することはきわめて困難である。第一に、この法則は、利潤率の短期的・循環的な動きにたいしてではなく、長期的な傾向にたいして適用される。第二に、この傾向的な低下は、ペースは低下していくものの、剰余価値の絶対量の増大と資本蓄積の継続をともなう。したがって、本書第六章で指摘したように、「利潤率の傾向的な低下の過程に、周期的な恐慌を引き起こすような、一時的、突発的かつ急激な利潤率の低下がふくまれるとすれば、なぜそれが避けられないのかを明確にしなければならない」。

実際、プライザーの数値例においては、「資本家間の競争の結果、賃金が高まる」[20]という前提のもと、剰余価値率が五〇%から二五%へと下がることになっている。しかし、この現象は、たとえば労働力不足の理論によって、それ自体として説明されなければならない。この論文の最後の方で、プライザーは、利潤率の低下が、流通部面における競争の激化をつうじて、資本の過剰生産に続く商品の過剰生産をいかにして悪化させるかということを論じている。この点で、プライザーの資本過剰論は、競争を媒介とする商品過剰論に還元されるきらいがある。

ヘンリーク・グロースマン『資本の蓄積並に崩壊の理論』(一九二九年(グロースマン 一九三二))は、利潤率の傾向的低下の法則にもとづき、崩壊論(および恐慌論)を「再構築」しようという、さらに徹底した試みである。グロースマンは、バウアーを二つの点で非難している。第一に、マルクスが『資本論』第一巻第二三章で論じたように、資本の有機的構成が高度化しながら資本が蓄積されると、相対的過剰人口が累進的に発生するので、資本の有機的構成が高度化する再生産表式と、労働力不足に関連する資本過剰論との間には、矛盾が残されていた点である。より深刻なのは、第二に、バウアーは、自身の試みの結果を十分に吟味せずに、資本蓄積はそのペースが人口増加に相応するかぎり進行しうると結論づけた点である。

グロースマンは、バウアーの再生産表式を当初の五年度から三六年度まで延長することによって、重要な結論に達した。この延長の過程で、グロースマンは、資本家が消費する剰余価値の部分が二一年度以降減少し始め、三四年度には一万一一四一の最小値に達し、三五年度以降は完全に消滅することを発見した。グロースマンは「組織は崩壊する、起こりはじめた組織の危機は、その価値増殖の崩壊を表わしている。第三十五年度からは、資本家階級にとっては、如何なるこれ以上の蓄積も――上述の諸前提の下に於いては――無目的であろう」[21]と結論づけている。同時に、蓄積は労働者と資本をますます遊休させることによって、利潤率のさらなる低下をもたらす恐慌を生み出しながら、その恐慌は、生産システムの支配を労働者階級に移す機会を提供する。恐慌は過剰資本の負担を軽減するが、各恐慌の後の回復に続いて蓄積過程が進むにつれて、崩壊の必然性は増大していく。「マルクスの崩壊理論はかくて彼の恐慌理論の欠くべからざる基底であり前提である、何となれば、恐慌とはマルクスによれば単に一瞬間中絶せしめられその完全なる発展を遂げえなかったところの崩壊傾向を示すものにすぎ」ないからであるとされる(22)。

しかし、グロースマンの崩壊論は、それが基礎としているバウアーの拡大再生産表式の前提を外すだけで、成り立たなくなってしまう。第一に、剰余価値率が一〇〇%で一定であるという前提は、生産性の上昇と矛盾する。第二に、年率五%の可変資本の増大と、一〇%の不変資本の増大とを不変と想定すること(あるいは少なくともこれらの増加率が利潤率の変動にたいして独立だと想定すること)は、グロースマンの結論、すなわち資本家消費の消滅にとっては不可欠だったが、長期的な利潤率の低下傾向という文脈においては、これらの増加率は減退しうるものとみなされねばならない。これらの比率が低下したときに起こりうることは、たんなる蓄積の減速であり、これは死んだ労働と活きた労働との間の比率の変化を反映しつつ、なおも資本家消費と蓄積に使われうる価値の絶対量の増大を許す。

『資本論』におけるマルクス自身の利潤率の傾向的低下の法則の示し方は、特に『要綱』において同法則が示されているやり方と比べても、資本主義の崩壊や経済恐慌の論理的必然性とそれほど直接的に結びついていない。したがって、マルクス派恐慌論を「再構築」しようとするグロースマンの試みは、それ自身の内的論理とマルクス解釈の両面からして、説得力を欠くものと思われる。

このタイプの恐慌論は、日本のマルクス派のあいだでは強い支持を得ることができず、長いあいだ用いられてこなかった。しかし、欧米の有力なマルクス経済学者のなかには、利潤率の傾向的低下の法則がマルクスの恐慌論の基礎をなしていると主張し続けている者もいる。一例として、モーリス・ドッブは「マルクスが、この利潤率下落傾向を、たんに長期的趨勢の形成要因とみなしていただけでなく、周期的恐慌の根底に横たわっている一つの重要な要因とみなしていたこと……は明らかなように思われる(23)」と考えている。ドッブは、さまざまな状況を前提して、これを他のタイプの恐慌論と合体させようとした。エルネスト・マンデルの多原因説的接近は、やはりこの傾向の基層的な役割を強調しているが、理論的にはドッブの恐慌論のとり扱いから派生したものと思われる[24]。さらに、ポール・マティックは、資本の有機的構成高度化説的な恐慌論にほぼ全面的に依拠しており、グロースマンの接近にしたがっているように思われる。近年では、デイヴィッド・ヤッフェは、このタイプの恐慌論を展開しようと試みており、マリオ・コゴイとポール・ブロックも同様である。アンワール・シャイクの恐慌論のレビューにおいても、この接近は好意的に受け止められている[25]。

このように、マルクス派のあいだでは、いまだに相当数の理論が主張されており、それらはしばしば互いに対立していることがあきらかになっている。この多様性を科学的に克服しうる接近法を形成していくことは可能なのだろうか。以下の節における私自身の研究は、当然ながら私自身の理論的立場を志向している。しかし、私の主張と批判が、異なる立場をより深く理解し、将来的に統一するための確固たる基礎をつくるのに役立つことを期待したい。

2　恐慌の原理論の完成

抽象の経験的基礎

みてきたように、恐慌論の分野におけるマルクス学派の研究は、資本主義がすでに帝国主義段階に移行した時代に始まり、進展した。この時期には、重工業における巨大な固定資本の成長と資本市場の役割の増大が、周期的恐慌の過程と局面に大きな影響をおよぼしていた。自由主義段階と比較して、遊休固定資本と貨幣資本の形態で過剰資本が発生する慢性的な傾向は、全般的な好況を阻害し、産業循環の局面の不規則性を増大させた。同時に、資本主義の発展は、世界市場における外的な帝国主義的対立という形で、その内的矛盾を顕在化させ始めた。帝国主義的世界戦争と資本主義世界システムの崩壊の始まりは、マルクス学派の大きな関心事となった。

こうした状況のもとで、マルクスの恐慌論は、資本主義的発展の新しい特徴を理解するための直接的な理論的切り口を供するものであるとみなされた。多くの場合、マルクスの恐慌の基礎理論を解明しようとする試みは、新しい現象の観察と絶えず交錯している。したがって、資本主義のどの歴史的段階から周期的恐慌の基礎理論を抽象すべきかを考えることは、きわめて重要である。マルクスの恐慌論を完成させるにあたって、抽象の経験的基礎を帝国主義段階にまで拡張することはできるのだろうか。

たとえば、ツガンとヒルファディング以降、巨大固定資本の懐妊期間の影響や、資本市場の役割を周期的恐慌の基本的な説明に導入しようとする試みが数多くなされてきた。しかし、このような研究は、そうした巨大な固定資本の建設が産業循環の全体的性質にどのような影響を与えたかを軽視しがちである。また、典型的な周期的恐慌の過程で、再生産の激発的かつ全般的な麻痺がもたらされるにあたり、信用制度の動きが決定的な効果を発揮することも不明瞭であった。これは、ヒルファディングがはっきりと述べたように、二次的な問題とみなされる傾向がある。[26]

恐慌の基礎理論から帝国主義や資本主義の崩壊の必然性を直接に導出しようとする試みもまた、失敗に終わっている。ローザ・ルクセンブルグが典型例であった。一方では、第一次世界大戦にて頂点に達する帝国主義的政策を必然化した、資本主義的発展の特殊歴史的な変化を明確にできていない。他方では、帝国主義の抽象的必然性を導出しやすくするために、資本主義経済に通底する基本原理をゆがめてしまっている。同時に、恐慌の周期性と激発性をほとんど考慮の対象から外してしまった。

ルクセンブルグの『資本蓄積論』、ヒルファディングの『金融資本論』、レーニンの『帝国主義』を順に読むと、帝国主義の段階論の確立とともに、マルクスの恐慌論が直接的な出発点としてはますます使われなくなったことが分かる。このことは、帝国主義の段階論を、より具体的な現代資本主義の分析とともに構築する研究が、マルクスの恐慌の基礎理論の完成をめざす研究とは異なる次元でおこなわれていることを示唆しているように思われる。このようなさまざまな次元のちがいを明確化して初めて、マルクスの恐慌の基礎理論を、資本主義的発展の段階論や、より現実的な実証分析の科学的基礎として完成し、応用することへと進むことができるのである。

恐慌の基礎理論の条件

未完成ではあるが、マルクスは『資本論』において、いかにして資本主義的生産の自律的な運動が、規則的な周期性をもって、全面的で激発的な恐慌を引き起こすのかを示そうとしていた。資本主義的生産の矛盾的性格は、周期的恐慌において最も明瞭にあらわれ、そこでは、資本の運動における価値増殖の過程が、必然的に資本価値の突然の破壊をもたらすこととなる。恐慌論は、資本主義的生産の基本的な内的矛盾を、その運動の具体的なメカニズムとともにあきらかにしなければならない。しかし、資本主義的蓄積の自己破壊的運動の結果としての恐慌の勃発は、それ自体としては、資本主義体制の最終的な崩壊を意味するものではない。実際には、より高次の蓄積への進展を可能にする産業循環の形で、資本主義がその矛盾にたいする現実的解決に到達する重要な局面として、恐慌そのものが機能するのである。その解決は、恐慌が反復する必然性に示されるように、その性質上根本的なものにはなりえない。

経済学原理論が網羅的なものとなりうるための前提条件は、資本主義的生産内部の矛盾の運動の具体的な形態として、産業循環でくりかえされる激発的・全面的な恐慌を位置づけ、その論理的必然性を説明できることである。同時に、恐慌論は、価値法則が資本主義経済の原理を説明する有機的体系の基本的要素である以上、価値法則の働きと整合的でなければならない。さらに恐慌論は、資本主義経済において価値法則が貫徹する具体的なメカニズムを解明しなければならない。基本的には、価値法則とは、商品を生産するのに要される社会的必要労働量の変化が、どのように価格を規制するかを示すものである。恐慌論は、価値法則をつうずる規制がまず大きくゆがめられ、その後、資本蓄積の過程で労働力とその他の商品の価格が相互に変動するにつれて、その規制が回復されることをあきらかにしうるものでなければならない。『資本論』にみられるマルクスの恐慌論を完成させようとする場合、これらの条件を心に留めておくことが不可欠である。とりわけ、一九世紀半ばの周期的恐慌を、われわれの抽象の本質的な経験的基礎とみなすならば、こうした条件は『資本論』にみられる理論体系から恣意的に導き出されるものではないと私は考えている。

このような条件に照らしてみると、商品過剰論は、激発的・全面的・周期的恐慌の論理的必然性を示すのに向いているとはいいがたい。資本蓄積が進むかぎり、商品生産物の需要と供給は、価値法則のはたらきにしたがって調整されうる。商品過剰論的恐慌論が示すことができるのは、恐慌の可能性だけである。このタイプの理論は、商品の過剰供給に先立つ、より基本的な資本蓄積の困難を提示するものではない。資本過剰論は、特に価値法則のはたらきとの関係でこのような限界を克服すべくして提案された。

しかしながら、有機的構成高度化説の資本過剰論は、マルクスによって規定されている「資本の絶対的過剰生産」のような、資本蓄積にたいする明確な制限がどの時点で発現するのかを示すことに、基本的な困難がある。(27) 三つの方策が残されている。恣意的な特定の前提に頼るか(グロースマン)、その他の恐慌論と組み合わせるか(プライザー、ドッブ、マンデル)、恐慌をつうじて利潤率の傾向的低下の法則を緩和する抽象的な必要性を示すにとどめるか(ヤッフェとブロック)、である。

これにたいして、労働力不足説の資本過剰論は、これらの欠陥や矛盾を克服し、恐慌の基礎理論に必要なすべての条件を満たすことができる最有力候補であるように思われる。最近の欧米の利潤圧縮型の分析(グリン、サトクリフ、ローソン、ボディ、クロティ、ハリソン)は、このタイプの恐慌論を、研究を推し進めるための基礎として利用しうる。しかし、マルクスのいう労働者人口にたいする資本の過剰蓄積の方ではなく、階級闘争をつうじて利潤率を圧縮する労働組合の力を、恐慌を引き起こす基本的要因として一般化してしまうと、恐慌の周期性と激発性を説明しにくくなるだろう。周期的恐慌の基本原理はむしろ、労働組合がまだ一般的には確立されていなかった、一九世紀半ばの現実的基礎に根ざして解明されるべきであろう。

資本主義の基本矛盾と社会主義の目的

基礎理論において恐慌の根本原因をどのようなものとして考えるかは、資本主義的生産の基本矛盾の理解と密接に関係している。資本過剰論の立場からすると、恐慌の商品過剰論は、恐慌の原因を、その中間的な要因や結果と取り違えている。

不均衡説の恐慌論は、資本主義的生産の無政府的性格を、その基本的矛盾とみなしている。この見解においては、社会主義は、部門間の不均衡を社会的に制御することによって、資本主義の限界を克服する体制とみなされている。ヒルファディングによれば、金融資本の発展は、資本主義の枠内で、制御が増大する方向を垣間みせており、「組織資本主義」の可能性を示すとされている。この見解では、社会主義や社会主義運動のその他の主要な意義づけは、考慮外におかれがちである。

マルクス学派の過少消費説論者は、この考え方を批判し、資本主義の基本矛盾を構成しているのは、生産力の増大との関係で労働者階級の消費が制限されていることだと主張した。「生産の社会的性格と取得の私的性格との矛盾」というレーニンの定義も、この観点にふくまれうるとみなすべきである。(28)

その上で、社会主義の課題は、領有の性格を社会化し、大衆の消費を増大させることとみなされる。この見解は、基本矛盾を、生産過程ではなく、分配のうちに位置づける傾向がある。このような問題は、所得の再分配と有効需要の生成の重要性が前面に押し出されているかぎりにおいては、ケインズ主義的政策によっても是正されうるであろう。事実、K・ツィーシャンクのように、国家独占資本主義の理論家のなかには、ケインズ主義的な反循環・反恐慌政策が有効でありうると是認する者もいた。(29)ポール・バランとポール・スウィージーもこの見解に賛同していたようだが、スウィージーは『独占資本』(一九六六年(バラン&スウィージー 一九六七))の出版以降、その立場を修正したようである。「社会主義」諸国において、過少消費説的な矛盾を止揚せんとする社会主義政策は、国家官僚的支配のもとでも実現されえたが、生産過程や社会生活における一連の疎外形態はまったくそのまま残されていた。

資本過剰論的恐慌論は、商品過剰論を批判し、資本主義経済の基本矛盾を、その生産過程と資本そのものに位置づけた。しかし、資本構成高度化説の場合においては、その社会主義的解決策がどのようなものかは明確でない。というのも、資本主義のもとでの利潤率の傾向的低下に表現される、死んだ労働にたいする活きた労働の減少は、労働量の蓄積ペースの鈍化と合わせて、資本主義的生産様式が廃棄された後であっても、残存し続けるからである。

これにたいして、労働力不足説的恐慌論は、労働力の商品形態が資本主義的生産の本質的基礎であり、その矛盾の根源であることを明確化させている。マルクス学派のなかには、このタイプの理論は、恐慌を基本的に労働者階級とその賃金の上昇のせいにしていると批判する者がいる。実際には、その逆である。この理論は、労働力不足と恐慌を生み出すのは、資本とその蓄積であることを強調するものである。この理論はまた、v/m の上昇をつうじて、労働力の価値の実質的な上昇を維持することが、労働者にとっていかに困難であるかをも示している。それは、好況末期に、一時的にしか実現されえないのである。資本が過剰に蓄積されたこの局面においてのみ、実質賃金の上昇は恐慌を誘発するにいたる。一定の状況下では、実質賃金の上昇は、不況の影響を緩和するのに役立ちうる。

したがって、社会主義の根本的な目的は、労働力の商品形態の揚棄であるべきである。ひとたび直接的生産者が、生産の客体ではなく、主体として復帰すれば、生産力の増大にあわせて労働者の数を決めるのではなく、労働者の数にあわせて生産力が増大されうるようになるであろう。この変化によって、労働者階級の生活水準を高め、資本主義のもとで発生する労働力の不適切な配分を防ぐことが可能になるはずである。しかし、このような変化と再編成はすべて、搾取される労働者の、階級社会における最終的かつ最高の疎外形態として労働力商品をとらえたうえで、それを廃止することによる副産物だとみなされなければならない。社会主義は、国家官僚によってコントロールされ統治される社会ではなく、「自由な人々の結合体」(『資本論』 邦訳①一四五頁)でなければならない。

要するに、過度の単純化は避けなければならないが、ネガフィルムが、あるポジ写真をつくりだすように、それぞれのタイプの恐慌論からは、社会主義の特定のイメージや概念が投影されていることをみいだしうるのである。

『資本論』における適切な理論部分

マルクス学派の恐慌論の長い歴史において、ほとんどすべての商品過剰論者は、『資本論』の再生産表式を利用し、それを拡張しようと試みてきた。ツガンの論考以来、この恐慌論の主な関心事は、再生産表式の均衡条件がどのように、なぜ破られうるかを示すことであった。しかし、資本の無政府的運動の結果として再生産表式で起こりうる不均衡は、資本蓄積過程の無政府的な作用によって再調整されうるので、後者が全体として継続するのであれば、表式は、恐慌の可能性しか示しえない。

恐慌の基礎理論が、恐慌のたんなる可能性ではなく、論理的必然性を証明するものであるならば、再生産表式は原理的にこの条件をみたしえない。マンデルが、ロスドルスキーによりつつ、最近指摘しているように、「再生産表式の機能は、資本主義的生産様式の存在可能性を一般的に証明するということに存する」(30)。宇野もまた、はやくも一九三二年の時点で、再生産表式の課題は、資本主義的生産の基本的なプロセスを、すべての社会に共通する社会的・物質的基盤に適合する条件に、いかにして定式化しうるかを示すことだと指摘している。したがって再生産表式は「決して資本主義的生産が資本そのものを制限として有する意味での恐慌の必然性を明かにするものではない(31)」。

実際、再生産表式は、労働力が常に手に入ることを前提にしており、労働力の売り手の必要数が資本蓄積をつうじて再生産される資本主義のメカニズムについてはとり扱っていない。『資本論』第一巻の資本蓄積論と第二巻の再生産表式論を比較すれば、資本主義的生産様式の再生産過程における特殊性を実際に扱っているのは前者の方である。

再生産表式が資本主義的再生産過程のすべてを包含できるという誤解が、マルクス学派の商品過剰論者のあいだにひろく浸透しているようである。主として再生産表式の限界に関するこの誤解のために、商品過剰論はひろく用いられながらも、ずっと不首尾に終わっている。

資本過剰論ですらこの潮流に影響され、バウアーもグロースマンも、再生産表式を基礎として研究を定式化した。最近、資本過剰論者が再生産表式を放棄したことは、肯定的な一歩とみなさなければならない。スウィージーが指摘したように、強調すべきなのは、資本蓄積論の方に目を向けることなのである。固定資本が生産方法の変更を妨げるようにいかに作用するのかを検討すれば、「資本の絶対的過剰生産」の論理的必然性はきわめて明白になる。この概念が導入される『資本論』第三巻第一五章は「この法則の内的矛盾の展開」と題されているが、注意深く読めば、その論理的内容のほとんどが、法則そのものからではなく、法則の基礎にある資本蓄積の過程からとられていることが分かる。資本構成の高度化にもとづく恐慌論は、特に最近では、一般に入手できるようになった『要綱』の利潤論を解説するものだという意義が付加され、魅力を高めてはいるが、それは『資本論』第三巻第一五章のタイトルに過度に影響されたものだといいうる。

また、『資本論』第三巻第五編におけるマルクスの信用制度に関する考察は、きわめて重要である。信用制度のはたらきの分析なしには、周期的恐慌の激発的かつ全面的な性格は十分に説明できない。恐慌論の正しさを判定するひとつの試金石は、信用理論に関するマルクスの貢献をいかに体系的に統合することができるかということであろう。この点に関するかぎり、ヒルファディング、そして最近ではブロックとヤッフェが、西洋の文献のなかで例外をなしている(32)。しかし、彼らの信用のしくみのとり扱いは、いまだ恐慌論の補足程度のものにとどまっており、抽象の適切な歴史的基礎に関しても、やや混乱したままである。宇野の業績にもとづく私自身の考えは、規則的な産業循環の過程における信用制度の構造と作用に関する基礎理論を解明するためには、適切な資本過剰論と、マルクスがとった適切な経験的抽象の基礎(一九世紀半ば)の両方に依拠する必要がある、というものである。

3　恐慌の形態変化

多原因説的接近の妥当性

さまざまなタイプの恐慌論を組み合わせる、多原因説的接近を採用したマルクス学派の理論家は多い。カウツキー、プライザー、ドッブ、マンデルはこの流れの代表である(ただしカウツキーは他の三人とは根本的にちがっている)。この接近がなぜマルクス恐慌論の歴史のなかでくりかえし登場するのかについては、二つの大きな理由が考えられる。第一に、マルクス自身の恐慌論に、さまざまに異なる見解がふくまれており、それぞれが恐慌の論理的必然性を証明するには不十分であるようにみえることである。第二に、資本主義の歴史そのものが、さまざまなタイプの恐慌を呈しているようにみえることである。

しかし、私は納得できない。もしマルクス理論家が、たんなる解釈論から脱し、より創造的な見地へと進もうとするならば、まずマルクスの恐慌論のうちどれが最も正確で一貫しているかを考察し、その後ベストな接近を選択し、それを完成させることを試みるべきである。もし各理論がそれ自体では不十分であるならば、多原因説的接近でそれらを組み合わせたところで、どうして恐慌の論理的必然性を満足に証明できようか。また、恐慌のパターンの決定要因がさまざまな歴史的状況に依存するものだとしても、経済学の基礎理論は、自律的な資本蓄積が、いかにして周期的な恐慌をともなう産業循環の類似パターンをくりかえすか、やはり説明しなければならない。一八二〇年代から一八六〇年代にかけての典型的な周期的恐慌は、それぞれが特殊な歴史的状況をともなっていたとはいえ、実際、非常に似たパターンでくりかえされたのである。

したがって、マルクスの時代から、周期的恐慌の完全な決定原理を抽出できるのである。この基本原理は、恐慌の歴史的変容を特徴づけるさまざまな性質を分析するために不可欠である。その理由の少なくとも一端は、基礎理論と具体的な分析の研究次元が混同されるからである。その混同のために、多原因説的接近をとる人びとは、多数の可能なモデルからなる抽象的な理論の道具箱を組み立てることによって、資本主義的発展のさまざまな歴史的時期を、直接かつ同時に扱ってしまう。

現実の恐慌の研究においても、多原因説によって、異なるタイプの恐慌論を恣意的に使用すべきではない。多原因説的接近による恐慌の歴史研究は、断片的になり、弁証法的統一性を欠きがちである。恐慌の形態変化の主要な特徴を概説することで、われわれの原理的恐慌論の観点から、現実の実証分析にたいして、より統一的な接近が可能となることを示そう。

典型的周期的恐慌(33)

自由主義段階における主導的な資本は、綿工業を中心とするイギリスの産業資本であった。この段階での資本蓄積は、ほぼ正確に一〇年という典型的な周期で変動していた。恐慌は、まず一八二五年に発生し、その後一八三六年、一八四七年、一八五七年、一八六六年と起こった。これらのサイクルは、同じような周期性を示すだけでなく、同じような経過をたどった。好況期の拡張は、その末期には大規模な投機的取引をともない、商業恐慌・貨幣(または信用)恐慌・および産業恐慌の三位一体からなる激発的な恐慌を引き起こした。その後、不況が三、四年続き、それによってまだ事業を続けている資本家は、生産方法を一新せざるをえなくなる。

好況、恐慌、不況のサイクルは、イギリス資本主義のたんなる国内的運動ではなかった。イギリス産業資本の過剰蓄積は、国内の労働市場との関係だけでなく、海外からの原材料や食糧の非弾力的な供給との関係でも起こった。中心的な綿工業は、好況末期において、常に綿花価格と賃金の上昇に悩まされた。そして利潤率が低下し始めると、原綿、綿製品そして穀物の市場価格の上昇からの利得を期待して、大規模な投機的在庫形成が広がる。特に大規模な卸売商人は、信用制度の弾力的な拡張を利用して、こうした投機的取引を活発化させた。しかし、このような利潤率の低下にともなう不均等かつ投機的な発展は、まず商業信用を、それから銀行信用を制限し、引き締める。利子率は上昇することとなる。イングランド銀行の金準備の国外流出とそれに続く国内流出は、ともに貨幣市場の引き締めを反映し、激化させた。

このような状況下で、大規模な卸売商人による投機の失敗は不可避となり、商品市場と貨幣市場を巻き込んだ崩壊を全般的に引き起こし、資本主義的再生産を麻痺させることとなった。海外からの農産物との関連で発生した資本の過剰蓄積と同様に、投機的な過剰取引、信用拡大、およびそれらに続く崩壊もまた、世界市場に及び、イギリス国内市場に限定されなかった。しかし、世界市場における物価変動や信用制度は、自立的ではなく、イギリスの産業資本の蓄積によって完全に規定されていた。イギリス資本主義の内的論理からみれば、国際貿易と国際金融の形態は、国内的経済秩序とあいいれないものではなく、たんにこの時期のイギリス資本蓄積の循環の振幅に量的影響を与えるものにすぎなかった。このため、具体的な国際関係に明示的に言及することなく、周期的恐慌の原理を、資本主義社会の運動の完全な規定的原理として抽象することが可能である。

資本市場の役割と関連しつつ展開された鉄道建設は、一八四〇年代まではおおむねイギリス国内にとどまっていたが、一八五〇年代以降は海外に広がり、恐慌の性格にたいするその影響を増していった。しかし、イギリスの綿工業が産業循環の流れを支配しているかぎり、それは主として増幅器の役割にとどまった。

周期的恐慌は、自由主義段階における資本主義の内的矛盾の最も顕著な現れであった。マンデルの『後期資本主義』で近年提示されている長期波動論によって、この段階の統一的な性格と、その特徴たる規則的な周期的恐慌が曖昧にされるべきではない。長期波動論は、むしろ、一九世紀末の大不況と一九三〇年代の大恐慌の歴史的経験を一般化しようとするものとみるべきであろう。私見では、それらがマルクスの恐慌の基礎理論の構成要素であることを論証するのは、かなり困難であるように思われる。

大不況(34)

産業循環のパターンを決定づけた資本蓄積の構造の変化は、一八六〇年代にはじまり、一八七〇年代には顕著になってきた。イギリスの綿工業は技術的に成熟し、産業循環の中心的な役割から外れた。新しい支配的な蓄積のなされ方は、イギリスの海外投資、海外での鉄道建設、そしてそれに関連する鉄鋼業にみいだされることとなった。大陸ヨーロッパおよびアメリカでの鉄道建設における資本蓄積は、一八七〇年代初頭に、労働市場および石炭・鉄鋼の生産量にたいし過剰となった。コストの急増によって、多くの鉄道建設計画が中止となった。その資金調達のために発生した、資本市場の投機的拡大は、一八七三年に崩壊し、オーストリア、アメリカ、ドイツで深刻な貨幣恐慌を引き起こした。それらの国々では、銀行が資本市場での金融や鉄道建設に直接関与していたからである。しかし、ロンドン金融市場の極端な引き締めは、海外の金融センターに深刻な困難をもたらしたが、それによって、そのときのイギリスは深刻な貨幣(信用)恐慌を免れることができた。輸出されていた資本の海外からの還流が、ロンドンにおける貸付資金の決定的な不足を緩和したのである。くわえて、イギリスの銀行は、鉄道建設のための長期貸付や海外資本市場には直接関与しておらず、世界貿易の金融センターにおける短期割引市場に主にその役割を集中させていた。

恐慌が決定的な性格のものにならなかったために、膨大な固定資本が、イギリスの産業においてほとんど破壊されずに持ちこされることとなった。過剰設備の形態での過剰資本は、産業資本同士を厳しい競争へと追い込んだ。特に重工業における過剰な固定資本の減価償却と更新の難しさは、不況をより長期化させ、株式会社をつうじた大規模な新規設備投資の存在によって、その困難はさらに増幅した。資本蓄積の停滞があまりにも深まり、継続したために、一八八〇年代にはイギリスの産業の生産性の伸びは完全に止まり、イギリスの産業はその主導的地位を失い始めた。一八七三年から一八九六年にかけての大不況の根底には、こうしたイギリスの産業における資本蓄積の困難があったと私は考えている。イギリスは、工業製品の世界貿易で依然として圧倒的なシェアをもち、技術面でも主導的な地位を占めていたが、この時期の終わりごろには、自らの停滞によって、その地位を失うこととなった(35)。

製造業の長期にわたる不況基調によって、ヨーロッパ農業恐慌も緩和されがたかった。一八八〇年代の初めと終わりにみられた回復はいずれも、当初から不均等で投機的な性格の、弱々しいものであり、それぞれ、一八八二年と一八九〇年の、同様に決定的でない恐慌で終わりを告げた。これらの恐慌が商品過剰論に合致するようにみえても、重要なのは、回復とそれに続く恐慌の性格を決定づけたのは、中心的な産業と金融市場に存在する慢性的な過剰資本であったと認識することである。資本主義的生産の内的矛盾は、もはや周期的な経済恐慌をつうじて解決されるものではなくなり、過剰資本の慢性的存在という形態をとるようになった(36)。（イギリスを除いて）自由主義の経済政策から、保護主義をともなう植民地主義の拡張政策への転換をもたらしたのは、下部構造におけるこうした変化であった。

基本的には固定資本の増大によって引き起こされた産業循環の形態変化が、独占的な金融資本の確立に先立って起こっていることは注目に値する。金融資本の確立そのものは、二〇世紀に入った直後のことだからである。実際、独占的金融資本の成長と経済政策の主要な方向性の変化を必然化したのは、こうした形態変化なのであって、その逆ではない。

アメリカとドイツの重工業の生産力がイギリスに追いつき、さらには追い越すようになると、アメリカやドイツの資本主義の成長は、停滞するイギリス経済の不況的影響を抑え込み、大不況を終結させるにいたった。イギリスの産業も、世界市場の新たな状況に対応すべく、しだいに高級品や特殊品の生産へとシフトしていった。南アフリカの金産業の発展による金採掘の生産性の向上は、商品の価格水準を押し上げる傾向をもち、さらなる資本主義的蓄積を刺激した。

しかし、こうした状況も、大規模な固定資本の存在に対処することの困難を、根本的に解決するにはいたらなかった。過剰生産力と過剰貨幣資本の両方の形態をとった、過剰資本が発生する慢性的な傾向が継続し、大不況の後になっても、それが異なる特徴をもってくりかえし立ち現れた。このような傾向の全般的な困難から逃れるべく、金融資本の独占的組織が、産業中心地で形成されたが、これは実際には、一方ではその困難を強化しつつ、他方ではその困難を非独占的部門に転嫁するものであった。こうした状況によって、必然的に、国家レベルでの帝国主義的対外投資、貿易および経済政策が活発に推進されることとなり、第一次大戦へと結実してしまうのである。

宇野の説くところとは異なることとなるが、固定資本の増大によって生じる、産業循環の形態変化の基本原理を定式化することは、おそらく可能であるように思われる。そのような原理においてあきらかにされるべき最も基本的な変化は、過剰資本の慢性的な存在、それに続く好況期の不均等で投機的な性格、そして恐慌が完全な回復に向けて構造的困難を解決する力を欠いていることである。

しかし、産業循環の形態変化の原理を定式化することはできるものの、それは自由主義段階から抽出された典型的かつ規則的な産業循環の原理よりも抽象的であらざるをえない。慢性的な過剰資本にもとづく産業循環は、それ以前の典型的な循環とは異なり、安定した規則的な過程をくりかえすことはない。回復と好況の起点となる要素は、中心的な産業に外在しがちとなり、それゆえ好況の直接的な原因とその崩壊の要因は、時代によって多様化する。産業循環の具体的な局面におけるこうした歴史的変化は、段階論とより具体的な実証分析との二つの次元で研究されるべきものである。私がこれまで示してきた、資本過剰論的恐慌論は、ここまで素描してきたような、この大不況のケースにはじまる経済恐慌の歴史的形態変化を研究するための参照枠として機能する基本原理として、きわめて有効であると私自身は考えている。

大恐慌(37)

一九二九年秋に始まった大恐慌は、資本過剰論の労働力不足説には当てはまらないようにみえる。一九二〇年代をつうじて、ヨーロッパのみならず、アメリカの資本主義ですら、比較的高いレベルの失業率を呈することとなっていた。その結果、賃金率が低迷した。第一次大戦中にヨーロッパ以外で拡大した農業生産は、ヨーロッパの農業生産が回復すると、過剰生産となった。一九二〇年代の初頭から、農業の苦境は世界経済全体に広がった。さらに、資本主義世界はロシア市場を失った。特に産業資本における蓄積は停滞しがちとなった。

一九二九年に先立つこれらの特徴はすべて、過少消費説あるいは不均衡説の商品過剰論を支持しているようにみえる。しかし、さまざまな商品生産物の需給の表面的な不均衡の背後には、中心的産業と金融市場における資本蓄積のより根本的な困難があった。この時代の実際の状況において、最終的に大恐慌を引き起こした資本蓄積の困難は、第一次大戦の結果と深く結びついていたのである。

戦中はフル活用され、大きく拡大した重工業の生産力は、ひとたび戦争が終わると、過剰固定資本となって現れた。アメリカ経済の場合、鉄鋼業をはじめとするこの過剰資本は、新興の自動車産業と建設ブームによってある程度吸収された。自動車産業の発展と建設ブームは、戦中にさまざまな社会階級が獲得した貨幣的資産の増加を動員することによって始まった。しかし、自動車生産と建設ブームの伸びがあっても、基礎的な重工業の固定資本をフルに活用させるには不十分であった。その結果として、金融資本の独占的な行動が再び強まることとなった。鉄鋼業の場合、新市場によって生じた価格競争は一九二四年にはすでに終わっていた。これは新しく発展してきた自動車産業にも影響を与え、一九二〇年代終わりごろには、生産性は向上しながらも、自動車の価格は下がるどころか、むしろ実際には上昇していた。

市場の独占的支配は、生産規模の制限によって過剰固定資本の死重を悪化させ、その結果、一九二〇年代半ばから工場や生産設備といった産業的な投資は停滞し始めた。これによって、失業や農業の不振を緩和することはさらに困難となっていった。その一方、戦中や戦後間もない時期に労働者や農民でも獲得できた貨幣的資産は、ますます資本家階級の上層部に集中し、過剰貨幣資本となっていった。この当時、一方では農業そのものが世界的に深刻な危機に陥っており、他方ではアメリカの資本を農業国に輸出するよう誘引する有効な政治的手段がなかったため、アメリカの過剰貨幣資本を発展途上国に輸出しうる経路はほとんどなかったのである。

戦後の急激なインフレが抑え込まれるやいなや、アメリカの過剰な貨幣資本の一部は、国内の生産投資では吸収しきれないために、ドイツへと輸出された。また、ドイツは、主にフランスとイギリスへの賠償金の支払いに応じるため、平均より高い利子率でアメリカの資本を吸収する必要があった。賠償金の負担とそれに関連した高利子率は、ドイツ資本主義の回復と成長にとっての大きな障害となった。しかし、賠償金を受け取る国々も、それほど恵まれてはいなかった。それらの国々もまた、主にアメリカにたいする戦債を返済しなければならなかった。イギリスの場合、金融業者の利害のために、戦前の金平価が再確立された。それによってイギリスの輸出価格が上昇し、産業の停滞が助長された。そして、イギリスの国際収支を均衡させるために、海外からの短期資金をひきつける利子率の上昇が必要となった。これらのことは、この時期のヨーロッパにおいて、過剰固定資本と金融資本の独占的な組織が、いかに生産的投資を妨げていたかを物語っている。このような状況では、アメリカの対ヨーロッパ資本輸出は、産業資本の新たな蓄積を活性化し、拡大を促進する上で、あまり有効ではなかったのである。

賠償金と戦債の支払いの連鎖をつうじて、アメリカの資本輸出は、事実上、過剰な貨幣資本の存在を、アメリカへと還流する国際的な円環のうちに再生産することとなっていた。アメリカの過剰貨幣資本はまた、国内市場において、住宅ローンの提供をつうじて、多かれ少なかれ投機的な建設ブームを支えるために使われた。さらに一九二〇年代末には、アメリカの金融資本が第二次合併運動を推進し、それが大量の過剰な貨幣的資産を吸引したために、過剰貨幣資本はますます資本市場に集中した。このときの好況の最終局面における投機的な展開は、株式市場における投機をつうじ、顕著な金融的形態をとっていた。ニューヨーク資本市場への貨幣資本の集中は、ドイツへのアメリカ資本の輸出を削減し、一九二〇年代の相対的安定を特徴づけていた国際的な支払いの連鎖を破壊する傾向をもっていた。一九二八年末から、世界中の主な金融市場で短期金利が上昇し、資本主義的な産業活動がさらに抑制された。アメリカでは、利子率の上昇は特に、長期の建設業と、その最終局面にあった資本市場での投機的活動に関わっていた資本家たちを直撃した。

一九二九年秋に始まったニューヨーク株式市場での投機の破綻は、激しい金融恐慌をもたらした。株式や不動産の価格の下落によって、投機的操作の失敗が広がり、銀行の取り付け騒ぎがくりかえされた。必要な支払手段を確保するために、非独占的な商品生産物は値下げされ、売り払われた。金融市場の崩壊とこうした商品市場の崩壊は、互いに作用し合い、有効需要と生産高を減少させた。これにたいして、独占的な生産物の価格は、独占資本が独占価格を維持すべく生産を大きく縮小したことで、実質的に低下を免れた。アメリカの独占資本がかなり容易にこれをおこなうことができたのは、対峙すべき強力な労働組合がなく、雇用を大幅に削減しえたからである。資本主義的再生産の縮小とともに、労働者や農民の収入が激減すると、商品の全般的な過剰生産が深刻化した。

ヨーロッパ諸国の金融取引は、アメリカの貸付と資本輸出に大きく依存していたため、アメリカの金融恐慌は、一九二〇年代の相対的安定に不可欠であった国際的な貨幣金融システムを破壊した。金融センターの麻痺により、ヨーロッパ資本主義諸国もまた、アメリカとほぼ同様の深刻な恐慌に陥った。世界経済の周辺諸国では、農業恐慌が激化した。一九二〇年代の国際金本位制はもはや維持できなくなった。その崩壊とともに、主要資本主義諸国は、それぞれの基軸通貨が独自の市場領域をもつ、ブロック経済へと移行した。第二次世界大戦の歴史的必然性は、大恐慌によって生じた、このような敵対的なブロック経済の展開に直接根ざしている。

このように、商品生産物の需要と供給の表面上の不均衡の背後に、独占資本の活動によって強化された過剰な固定資本と、特にアメリカにおける過剰な貨幣資本の両方の形で、一九二〇年代に増加した過剰資本をみてとることが不可欠である。一九世紀半ばの典型的な産業循環における固定資本の根本的な更新をつうじた場合や、また第二次大戦後のアメリカの政治的・軍事的支出をつうじた場合と異なり、過剰な貨幣資本、現実資本、そして労働力の供給は、この時期には有機的に結びつきえなかった。過剰な貨幣資本は、生産的な拡張に吸収されえず、投機的な住宅ローンや資本市場における投機的な運用に利用され、それゆえ急性的な恐慌を形成する上で重要な役割を果たした。

典型的な周期的恐慌、あるいは先の大不況の勃発、さらには次章で検討する一九七〇年代の最近の世界恐慌の過程などと比較すると、一九二九年以降の大恐慌は、資本過剰論的恐慌論の労働力不足説を直接適用することでは、そう簡単には説明できない。しかし、このタイプの恐慌論を基本原理として柔軟に利用し、不況の局面やそれにともなう貨幣資本と現実資本の蓄積についてのそこでのとり扱いを視野に入れるなら、大恐慌の歴史的必然性と特殊な性格について、具体的な理解に到達することができる。このように基礎理論を弾力的に応用することは、多原因説的接近と同一視されてはならない。多原因説的接近では、各要因が概して独立しており、ひとつの基本原理や現実の歴史分析において、体系的な統一は望めないとみなされがちだからである。資本過剰論の実力は、最近の世界資本主義の経済恐慌の具体的な分析によっても判断されなければならない。

Ⅳ

現代資本主義の多重危機

第八章　世界資本主義のインフレ恐慌

1　一九七〇年代のインフレ恐慌

第二次大戦後の現代資本主義は、ケインズ政策の効果的な運用によって経済恐慌を回避し、雇用と所得上昇を維持しえた、成功したシステムであるとみなされることが多かった。このような見方は、資本主義諸国が比較的持続的で安定した経済成長の軌道にあった一九五〇年代から一九六〇年代にかけては適切であったと思われる。もちろん、戦後の世界経済をリードしてきたアメリカでも、一九五三―五四年、一九五七―五八年、一九六〇―六一年、一九六九―七〇年には、景気後退がみられた。しかし、それらはさほど深いものではなく、すぐに克服された。特に一九六〇年代のアメリカ経済は、ケネディ、ジョンソン両政権のもとでのケインズ政策(ニューエコノミクスと呼ばれる)の成功を証明するようにみえた。

世界資本主義が深刻な全般的経済恐慌にみまわれた一九七〇年代に、大きな転換がおとずれた。時系列順で、その過程を概観してみよう。

国際通貨基金(ＩＭＦ)体制は、外国の公的機関の要請に応じたドルの金兌換を基礎として機能していたが、一九七一年八月にニクソンがこの兌換を完全に停止したことにより、ついに崩壊した。多くの人びとが、世界経済はただちに混乱すると予想していたにもかかわらず、主要資本主義国の企業活動は、一九七二年と七三年には活発化した。変動相場制は、国際収支の制約をとり払い、ケインズ政策をひろくより弾力的にすることに成功したと賞賛された。しかし、その一方で、国際流動性の急増にともなうマネーサプライの増加によって、資本主義諸国内のインフレが加速した。[1]同時に、農産物、非鉄金属、ゴム、石油などの基礎原材料を中心に物価の急騰が始まった。西ドイツをのぞく主要資本主義国の卸売物価指数の年間上昇率は、一九七三年秋より前に、すでにいずれも一〇%をこえていた。悪性インフレが出現し始めたのである。

一九七三年一〇月からの四カ月間で石油輸出国機構(ＯＰＥＣ)によって石油価格が四倍に引き上げられた後、一九七四年に資本主義国(西ドイツをふくむ)の卸売物価指数の上昇率が速まっていった。消費者物価の上昇もこれに続き、これらの国(西ドイツをのぞく)では、年率一〇%以上に達した。このような状況下で、金融資本の経済活動は、深刻な混乱を避けえなかった。

一九七四年六月、西ドイツのヘルシュタット銀行が倒産したのを皮切りに、ヘッセンランデスバンク、フランクフルトハンデルスバンク(西ドイツ)、ロイズバンクインターナショナル、ロンドンカウンティセキュリティ(イギリス)、ユニオンバンク(スイス)、フランクリンナショナル、ＵＳナショナルバンク・オヴ・サンジェゴ(アメリカ)などの銀行が大きな損失を出し、同様の困難に陥った。主要国の株価指数は大きく下落した。貨幣市場・資本市場全体に動揺が広がった。同時に、インフレを抑制するために、金融政策は全般的に引き締めを余儀なくされた。そのため、信用機構はいたるところで極端に厳しくなり、金利を押し上げることになった。

この非常に厳しい金融情勢は、物価の混乱とあいまって、企業倒産や経営困難を増加させていった。再生産の縮小が加速し始めた。経済協力開発機構(ＯＥＣＤ)加盟国の生産高は、一九七三年末から七五年秋にかけて一三%減少した。主要資本主義六カ国の失業者は、公式データでも一四〇〇万人に達した。一九七四年から七五年にかけて、国際貿易の数量は一〇％減少した。世界資本主義は、あきらかに戦後最大かつ最長の経済恐慌、すなわち「インフレ恐慌」と呼ぶにふさわしい恐慌に陥ったのである。

ケインズ政策が、この時期に、失業の増大、有効需要の減退、悪性インフレを抑制・回避するという目的を達成できなかったのは明白である。実際には、ケインズ政策は状況を悪化させていたのではないか。

それゆえ、経済政策の運営に関して、すべての資本主義政府にたいする信頼が失墜した。この信頼の喪失は、新古典派経済学の理論的危機を深めた。新古典派理論は、経済恐慌の予防や緩和のための効果的な手段を実際に提供することができなかっただけでなく、なぜこのようなインフレ恐慌が起こるのかを理解するための分析的基礎を理論的に提供できないことが判明した。いわゆる新古典派総合は、一九六〇年代に、新リカード派やマルクス派からの批判によって、ミクロ経済学的な価格・資本理論という支柱をすでに失いつつあった。最近、マクロ・ケインズ理論というもうひとつの支柱が信用を失ったことで、その浅薄な総合の基礎に残されていたものまで失われつつあるように思われる。近代経済学の主流は、価値論と恐慌論の弱点、というよりもむしろそれらの不在のために、そのせまい限界を露呈しつつある。

2　マルクス恐慌論をいかに適用するか

マルクス経済学の立ち位置というのは、それらとはきわめて異なっている。新古典派理論とちがい、マルクス経済学は、資本主義体制を所与で永遠のものとみなしていないし、現行の体制を維持するための政治的手段を提供しようともしていない。それはむしろ、過去および現在の資本主義に特徴的な、内的矛盾と発展を批判的に分析することをめざしている。『資本論』に示されるマルクスの恐慌論は、そのような分析にとって適切な基礎を提供しうるものでである。

しかし、本書の第六章で論じたように、マルクスの恐慌論そのものは不完全なままにとどまっており、簡単に和解させえない、いくつかの見解をふくみ込んでいる。マルクスの恐慌論の誤った部分を使ったり、近年の世界資本主義の具体的な条件を特定せずに基礎理論をあまりにも直接的に適用したりすれば、現代資本主義と近年の恐慌の特徴を正しく理解することはのぞめない。

たとえばポール・バランとポール・スウィージーの『独占資本』(一九六六年(バラン&スウィージー 一九六七))は、独占資本のもとでの経済的余剰の増大は、巨大企業の販売努力と、特に政府の軍事的・非軍事的支出によって吸収されうると述べており、一九五〇年代と六〇年代における、アメリカのスペンディング・ポリシーの表面的な成功を一般化したように思われる。このような分析によれば、先進資本主義諸国のプロレタリアートによる革命行動にはいまやほとんど展望はなく、世界革命への期待は発展途上国での抵抗運動と革命戦争に置かれなければならないことになる。

スウィージーがかつて『資本主義発展の理論』(一九四二年(スウィージー 一九六七))の第九章で『資本論』から引き出そうとした資本過剰論的恐慌論は、ここではまったく利用されていない。『資本論』に特有のものとはいえない、過少消費説的商品過剰論が、独占資本のもとで剰余が増大する傾向を導出するために適用されている。その結果、たんなる経済的余剰でも商品供給でもなく、資本そのものの過剰に対処するという、より根本的な困難が、その具体的な展開において研究されえないこととなっている。特に、一九六〇年代のアメリカ資本主義の表面的な安定が、独占資本主義体制の理論モデルとして過度に一般化されているために、資本の過剰蓄積の発生に向かう圧力を吸収することを可能にした具体的な、したがって歴史的に一時的な前提条件が、不当にもみすごされやすくなっている。それゆえ、バランとスウィージーの『独占資本』が、一九七〇年代の世界資本主義の過程にほとんど適用できないのは不思議なことではない。

マルクスの恐慌論の不十分な側面を適用しているもうひとつの例は、デイヴィッド・ヤッフェとポール・ブロックの著作である。(2) 彼らは商品過剰論的恐慌論をきちんと退けているが、資本の過剰蓄積という概念を賃金率の上昇に関連づけることなく、利潤率の傾向的低下の法則から直接、資本過剰論を展開している。しかし、資本の有機的構成の上昇による利潤率の傾向的低下の法則は、それ自体としては、資本蓄積の過程を妨げるものではない。相対的剰余価値の生産にもとづく剰余価値量の増大とその資本への転換は、この法則が作用しながらも継続しうる。したがって、この法則から経済恐慌の必然性を導出しようとするヤッフェとブロックの試みは、蓄積ペースの減退を緩和するという資本の抽象的な必要しか示していないように思われる。このような恐慌論に直接もとづいているかぎり、彼らの現代資本主義の分析は、世界資本主義の具体的な展開すべてを、利潤率の傾向的低下の法則か、それに抵抗する不確かな必要性の、いずれかの抽象的な結果に還元しがちとなる。したがって、特殊歴史的な前提条件、戦後の好況の必然性と意味、そして最近の崩壊は、彼らの主要な関心から外されてしまう傾向がある。

第六章で論じたように、マルクスの恐慌論は、資本の過剰生産の概念が労働人口と関係づけられる資本過剰論として完成されなければならない。これは、マルクスの資本蓄積と信用制度の理論との密接な関わりによってなされうる。この恐慌論を適用することで、近年の資本主義のインフレ恐慌を、より適切に分析しうるだろう。

しかし、このような原理論の研究次元における恐慌の基礎理論は、近年の資本主義の具体的な分析にそのまま適用されるべきではない。また、後者をあたかも前者が最終目的であるかのように扱ってはならない。宇野がマルクス経済学の研究次元を、原理論、段階論、現状分析へと体系的に分けたことは、この点においてまさしく至当であった。(3) 現状分析のレベルでの近年の資本主義の研究においては、より基本的な次元での理論的概念の研究とともに、世界市場の具体的・歴史的な状況とそのダイナミックな変化が考慮されるべきである。

3　世界資本主義の過剰蓄積

ここまで述べてきたような視点から、近年のインフレ恐慌を分析するにあたっては、つぎの歴史的事実に注目すべきである。

管理通貨制によるインフレ政策は、一九三〇年代の大恐慌の影響を、対外経済関係と対内経済関係を分離することによって緩和しようとした、きわめて国家主義的な試みに端を発している。したがってもともと、ケインズ主義的なインフレ政策は、最も自立していたアメリカ経済に最も適合していた。ナチスドイツに最も極端な形でみられたように、他の資本主義諸国はすべて、国内経済の直接支配を強化しつつ、政治的に海外領土をブロック化した。しかし、第二次大戦後、政治的・軍事的ブロックが解消されると、アメリカのインフレ政策は、もはや国内経済をもっぱら優先する政治的装置としては機能しえなくなった。

アメリカ政府はその後、主として社会主義からのさまざまな攻撃に抗しつつ、資本主義世界全体を「自由な」世界ブロックとして維持・構築するために、インフレ財政支出を動員しなければならなかった。第二次大戦そのものがすでに複雑で、国際関係においても国内関係においても、社会主義的要素と反社会主義的要素をふくんでいた。それゆえ、アメリカ政府は、ヨーロッパおよび日本の資本主義的復興のための援助計画、低開発国への開発援助、そして軍事同盟と基地を維持し、さらに反社会主義戦争を遂行するための軍事費という形で、戦後の資本主義世界に莫大な額のドル資金をつぎつぎと散布した。たとえば、マーシャルプランなどの一九四六年から五二年にかけてのアメリカの援助総額は三五九億ドルに達している。一九五二年から六〇年にかけてのアメリカ政府の対外支出は、軍事援助をのぞいても、四一五億ドルとなっており、また一九七五年までのアメリカのベトナム戦争支出は、一三九〇億ドルにもおよんだ。

戦債と賠償金が厳しい重荷となった一九二〇年代の世界資本主義とは対照的に、第二次大戦後の西ヨーロッパ諸国と日本の経済復興と成長は、こうした継続的なドル資金散布によって容易とされたのはあきらかである。アメリカ以外の資本主義諸国は、ＩＭＦ体制のもとで基軸通貨としてのドルと固定為替レートを維持しつつ、ケインズ主義的インフレ経済政策を運用しながら、比較的容易に外貨準備を補充できた。

ドル資金の政治的・軍事的支出は、戦時中に生産能力を飛躍的に高めたアメリカ金融資本にとって、国際関係において過剰資本に対処するうえでも有効であった。アメリカ金融資本が輸出競争優位を維持するかぎり、国際的なドル支出は、アメリカの輸出にとっての有効需要となってはね返ってきた。軍事支出がアメリカ国内の雇用におよぼす影響について、スウィージーは、一九七〇年末の軍隊(四一〇万人)と軍需産業関係者(三〇〇万人)に、それらの雇用による間接効果を加えると、その雇用者数は一四二〇万人に達するだろうと計算している。これに公式統計の失業者数(七九〇万人)を加えると、軍事支出がなければ失業していた可能性のある人の総数は、労働人口全体の二五・六%に達し、一九三〇年代の大恐慌のさいの最高の失業率(二四・九%)を上回るとしている。[4] ケインズ政策の一見した成功は、このような反社会主義的な軍事支出と密接な関係があったことに、ここでは注意すべきである。

しかし、このような政治的・軍事的スペンディングによる莫大な有効需要の補給も、戦時拡大期以降にアメリカ金融資本が蓄積した過剰な固定資本が産業設備への新規投資に課した制約を、根本からとりのぞくことはできなかった。そのため、アメリカの設備投資は、一九五〇年代末以降停滞する傾向におちいった。このような産業的実物投資の停滞傾向を反映して、一九六〇年代にはアメリカ史上第三次の大規模な企業合同運動が起こった。この運動は、アメリカ金融資本の独占的性格を強め、設備投資の停滞をさらに強めた。

これとは対照的に、西ヨーロッパ(特に西ドイツ)および日本の資本主義は、急速な回復と成長をみせ、一九六〇年代まで活発な設備投資を続けた。これらの地域では、戦中に破壊され老朽化した産業設備は容易に廃棄され、更新された。石油化学や電子工学といった新しい産業とともに、戦中および戦後に(一部は戦前にも)アメリカで開発された、新たな産業技術がつぎつぎと輸入され、生産力を高めた。さらに、西ドイツと日本では、軍事費の負担が小さかった。比較的安い労働力が、日本の場合は農村部から、西ドイツの場合は共同市場の周辺諸国から利用可能であった。こうした条件が有効だったかぎりにおいて、西ドイツと日本は、急速な経済成長を維持した。

このような非対称的な過程をつうじて、アメリカの産業の国際的覇権は、一九六〇年代をつうじはっきりと失われていった。工業製品輸出に占めるアメリカのシェアは、一九五七年の二八・七％から一九七〇年の一八・九％に低下し、その年に西ドイツに追い抜かれている。同期間に、日本のシェアも五・五％から二倍となった。くわえて、一九六〇年代後半には、ベトナム戦争によってアメリカ経済はインフレの加速にみまわれた。こうして、アメリカの国際貿易収支の黒字幅は一九六四年の六六・八億ドルから一九六八年の六・三億ドルへと激減し、一九七一年には赤字に転落した。

同時にアメリカは、政府支出とアメリカ民間資本の輸出によって、国際収支を大きく悪化させていった。こうして、金一オンスと三五ドルとの兌換を約束したＩＭＦ体制のもとでのドル供給は、アメリカの国際貿易収支における大幅な黒字に支えられた、かつての実体的基礎を失っていった。一九六〇年代末には、国際的なゴールドラッシュとドル危機が深刻となり、一九七一年に、固定為替レートをもったＩＭＦ体制はついに崩壊した。

したがって、一方では、一九六〇年代までの先進資本主義諸国におけるケインズ主義政策の表面上の成功を可能たらしめた国際的機構は、たんに雇用を保障する全般的な福祉体制だったわけではなく、社会主義に対抗すべくアメリカがおこなった、政治的・軍事的なドル散布に大きく依存していた。他方では、ＩＭＦ体制下でのそのようなドル散布をつうじた、先進資本主義諸国間での不均等発展によって、世界資本主義の過剰資本の処理を担ってきた国際体制それ自体の維持をますます困難なものとしていった。この意味で、一九六〇年代までの戦後の国際的な経済体制・通貨体制は、一見したところ安定的にみえて、自壊に向かう矛盾した動向をはらんでいた。[5] 一九七〇年代初頭のＩＭＦ体制の崩壊は、世界資本主義の表面的には安定した国際的機構のゆきづまりを象徴している。

それ以降、変動相場制のもとで、ドルの減価から逃避するためにアメリカから大量の投機的な資金流出が起こり、輸出にできるだけ有利な為替レートの調整をねらった他の資本主義諸国の緩和的なインフレ政策とあいまって、インフレが非常に加速し、一九七三年まで激しい投機的ブームが発生した。これは、一九六〇年代の世界資本主義の比較的好調な蓄積がほぼ限界に達したのちの、いわば投機的好況末期をなしていたように思われる。しかし、このプロセスの根底には、先述の先進資本主義諸国間の不均衡とともに、さらに二つの基本的な困難があった。

そのひとつは、先進資本主義諸国における労働人口にたいする資本の過剰蓄積である。一九六〇年代の継続的な経済成長をつうじて、その末期には相対的な労働力不足が顕在化した。先進資本主義諸国の利潤率は、賃金率の上昇によって圧迫されはじめた。たとえば、アメリカ経済の賃金圧力は、生産性の低迷とともに、ベトナム戦争への直接的・間接的な労働力の吸収によって深刻化し、一九六六年以降、単位あたり労働コストを著しく上昇させ、(企業利潤としての)資本家のシェアを減少させた(6)。日本においても、一九六〇年代末には労働力不足が全般化しはじめ、実質賃金率を押し上げ続けた。こうして、継続的な経済成長のための、より重要な資本主義的基礎が、すでに失われつつあった。

こうした状況のもとで、インフレ政策は実質賃金率を抑えるのに役立ちえなかった。それは、実質的な経済成長ではなく、悪性インフレをもたらすものとなっていた。

もうひとつの基礎的な困難は、発展途上国からの一次産品供給にたいする、先進諸国での全般的な資本の過剰蓄積である。発展途上国は、戦中および戦争直後における原料と食料の不足におうじて、それらの生産と輸出を大きく拡大させていた。その供給は、一方で西ヨーロッパの農業生産が保護主義的政策のもと回復し、他方で石油化学産業によって代替的な材料がひろく開発されたために、一九五〇年代には相対的に過剰化した。

先進国にたいする発展途上国の交易条件は、一九六〇年代末まで悪化する一方であった。資本主義的企業によって生産される工業製品とは異なり、ほとんどの一次産品は、不利な市況にあっても弾力的に供給を削減できない、小農をはじめとするさまざまなタイプの非資本主義的生産者によって生産される。小農は、生産物の価格が下落すると、それ必要な貨幣収入を確保するために、自らの消費を削ってでも農産物の生産と供給を増やすことがしばしばあり、それによって商品関係をつうじて全体的な立場を悪化させることを余儀なくされる。さらに、発展途上国の生産性は停滞しがちであった。それゆえ、途上国にとっての交易条件の不利な動向は、途上国の経済的困難をただちに引き起こした。深刻な外貨不足のために、途上国の政府は、これらの困難を解消するのに効果的な政策行動をとることができなかった。一九五〇年代後半以降、発展途上国で経済的・政治的危機が頻発したのは、必然的なことであった。

農産物の全般的な供給過剰として現れた農業問題は、すでに大戦間期には、世界経済の重要な焦点となっていた。それは一九五〇年代に、東西問題を背景にしつつ、南北問題として再出現した。旧植民地が政治的独立を獲得しても、商品関係をつうじて搾取されているかぎり、その経済状況は容易に改善しえなかった。一九六〇年代の先進資本主義諸国の安定した経済成長は、一方では発展途上国にこのような経済的困難を引き起こしつつ、他方ではそれを不可欠の前提として利用したのである(本書第五章参照)。

しかし、一九六〇年代の先進諸国の継続的な経済成長は、一次産品の過剰供給を吸収していくことで、やはりこの前提にたいし破壊的に作用するという弁証法を呈した。一九七〇年代はじめには、これらの生産物の価格は急激に上昇しはじめた。資本主義的生産物と比べて、これらの供給は非弾力的であるために、その市場価格の上昇は激化した。先進諸国の金融資本の産業的蓄積が、国内の労働力にたいしてのみならず、発展途上国の一次産品供給の弾力性にたいしても過剰蓄積となったのである。

結成以来一〇年にわたり無力といわれてきたＯＰＥＣは、そのような状況下で、一九七一年以降毎年原油価格の引き上げに成功し、第四次中東戦争が勃発した一九七三年秋からの数カ月では、原油価格を四倍に上昇させるほどにまで強力な組織となった。すべての資本主義諸国は、第二次大戦中および戦後、主たるエネルギー資源を石炭から石油に転換させていただけでなく、工業原料も石油化学産業に大きく依存するようになっていた。それゆえ、石油価格の急上昇は、その他のさまざまな一次産品と労働力の価格上昇と合わせて、先進諸国の資本主義的生産全般に大打撃を与え、利潤率を大きく圧縮させた。世界資本主義の過剰蓄積が、ここに発生しつつあった。

4　戦後世界資本主義の相対的安定性の崩壊

資本主義的恐慌の原理の抽象的基礎となるべき、一九世紀半ばの典型的な経済恐慌は、イギリスの産業資本が国内の労働人口と海外からの農産物供給の両方にたいして過剰蓄積となったときに発生した。綿工業が決定的な基軸部門であったため、綿花の相対的不足とその価格上昇が、賃金率の上昇とともに、好況末期においてイギリス産業資本の利潤率を圧迫した。またそれによって、信用制度の拡張に下支えされた大規模な投機的取引が引き起こされたが、それは銀行の準備金の減少をつうじて、やがて必然的に引き締められることとなった。こうして、資本の過剰蓄積の困難は、労働力と原材料の価格上昇を基礎として、それを受けての利潤率の低下、そして利子率の上昇へと展開していった。その後、通例は卸売における大規模な投機の崩壊にはじまる、激発的な恐慌が発生した。

このような古典的なタイプの恐慌の基本的な過程と実質的によく似た、この時期の現代資本主義における資本の過剰蓄積は、先進国における一九六〇年代の経済成長の必然的な結果として、一九七〇年代初頭に現れた。その進展は、一九六〇年代の先進諸国におけるケインズ主義的インフレ政策の見かけ上の成功を支えてきた、ＩＭＦ体制という形での国際的な米ドル支出メカニズムの崩壊と重なっていた。このような状況下で、資本の過剰蓄積にもとづく原材料やそれに関連した生産物の投機的取引が激増した。資本主義諸国のマネーサプライと信用膨張の弾力性は、もはやＩＭＦ体制の固定為替相場によって制限されることはなくなり、大幅に拡張された。それどころか、その拡張は、各国の輸出にできるだけ有利なように為替相場を変動させようとする相互の競争によって促進されることとなった。

特に、原油価格が押し上げられた一九七三年末以降は、投機と結びついたインフレが全般的に悪性化した。恐慌の古典的類型においては、産業資本の過剰蓄積は、その内的困難を貸付貨幣資本の不足へと転化し、そして貨幣の絶対的不足と商品の過剰の両方の形態で、再生産の急性的な破壊をもたらした。それにたいして、この場合の再生産の攪乱は、インフレ的な信用拡張が続いていたために、通貨の過剰と物不足という、完全に転倒した形態で現れた。製造業企業が名目的には高い利潤率をあげていても、それらの企業は、通貨の急速な減価によって生じた換物運動のために、生産手段の入手困難におちいり、実質的に生産活動を縮小せざるをえなかった。同時に、消費者物価の激しい上昇に加え、労働時間と雇用の縮小のために、労働者の実質所得の減少がはじまり、それにともなって有効需要が減退しはじめた。

悪性インフレを抑制するために一九七三年末以降採用・強化された金融引締め政策もまた、生産と消費の両面にわたって有効需要の縮小を加速させた。有効需要拡大を期した投機的取引は、その実質的基礎を失い、金融面でも困難におちいった。一九七四年には、商社、産業企業、ことに中小企業に、倒産あるいは倒産すれすれのものの数が増大した。すでにみたように、一九七四年夏には西ヨーロッパとアメリカで銀行倒産すら広がりはじめ、すべての株式市場で崩落が起きた。世界資本主義の金融機構で、景気の全般的な危機が現れた。その結果として、一九七五年には資本主義諸国の経済活動がさらに悪化し、労働時間と雇用の縮小が進んだ。

一九七三年以来、世界資本主義の過剰蓄積が、自らの内的困難をインフレ恐慌へと転換させたことはあきらかである。しかし、このインフレ恐慌の過程には、古典的なタイプの恐慌や一九二九年の大恐慌のような完全な暴力性と決定的性格はない。資本の過剰蓄積の過程とその困難の展開が、インフレ政策によって加速されたのと同様に、経済恐慌における過剰資本の破壊もまた、インフレ的な通貨供給によって弱められた。金融引締め政策のもとでも、決済に必要な資金は、市中銀行や中央銀行から直接間接に緊急的融資として各企業にしばしば供給された。税収不足はさまざまな形で借金をすることで補われ、政府支出も高水準に維持される傾向にあった。このようなインフレ的な金融政策が、金融資本に蓄積された多額の準備資金とあいまって、経済危機が倒産や投げ売りの連鎖反応という、より激しい形になるのを防いだことは間違いない。

しかし、恐慌が決定的性格を欠くことは、決して経済活動の円滑な回復を保証するものではない。それは逆に、過剰な生産設備にもとづく過剰資本の処理を遅らせ、恐慌に続く不況を慢性化させる可能性がある。そのような歴史的事例は、一〇〇年前のイギリス経済を中心とした、一八七三年から一八九六年にかけての大不況にある。その大不況からの脱出の道は、金融資本と帝国主義的対外政策を形成する資本主義の新たな展開にみいだされた。しかし、先進資本主義諸国の現在の状況からは、同じような脱出の道や新たなスタイルの資本主義体制は、しばらくのあいだは根本的には得られがたいように思われる。

もちろん、資本主義諸国の企業活動は、実質所得の減少という形で自国の労働者に、また一次産品に支払われる価格の切り下げという形で発展途上国に、経済的困難を転嫁することによって、ある程度は改善されうる。じっさい、前者の転換を最も過激に実現し、先進資本主義国のなかで原油の輸入への依存度が最も低いという利点をもつアメリカ経済は、一九七五年夏にその下方スパイラルに最初に歯止めをかけ、輸出に有利な方向への為替レートの変動も手伝って、ごくゆっくりとしたペースではあったものの、企業活動を回復し始めた。日本と西ヨーロッパ諸国がそれに続いた。

しかし、この回復は、一九六〇年代の世界資本主義の安定的な経済成長メカニズムを再構築するものではありえない。アメリカにおいてさえ、工場や設備への民間投資はほとんど活発化しなかった。遊休生産能力の形態をとった固定資本の過剰は、一九七〇年代初頭までの継続的な経済成長をつうじて蓄積されてきたものであったが、いまやそうした基礎的な投資を妨げるものへと転じた。その他の資本主義諸国でも、同様の事態が生じた。このような状況下では、ケインズ主義的な手法は、一方では国家の財政危機により、他方では経済活動に実質的な改善をもたらさずに再びインフレを加熱させるリスクによって、限定的にしか運用できない。国際貿易の回復も円滑にはいかない。こうした現状では、産油国以外の南の発展途上国における、経済恐慌の新たな深まりは、先進国の経済状況を直接的に改善するというより、むしろ悪化させている。資本主義諸国における労働者の実質所得の回復・改善は、あきらかに困難となっている。

資本家と労働者のあいだの対立は、全般的に増大せざるをえない。ケインズ政策はもはや一般的に有効とはなりえない。労働争議は、資本主義諸国の経済回復にたいし抑制的な反作用をおよぼしうるものとなっている。このように、近年のインフレ恐慌とそれに続く慢性的不況は、一九六〇年代までの戦後世界資本主義の相対的安定が崩壊したことをはっきりと示している。これは確かに、資本家階級に重い負担を強いている。しかし、労働運動とそれにもとづく政党もまた、厳しい経済状況をいかに政治的に克服するかという、ますます重大な問題に直面している。

スウィージーは、『独占資本』での以前の結論を実質的に修正し、一九七二年につぎのように書いている。過去一〇〇年間にわたる非革命的な修正主義的時代を経て、「いまや先進資本主義諸国における労働者階級がもう一度革命的になる時期にさしかかっている」。「これまで、先進資本主義諸国の労働者階級は、どうやら対決を免れてきたが、今後は、体制解体の負担がはるかに重く肩にのしかかるであろうことは、ほぼ確実であると言ってよい」(7)。私は、世界資本主義の過程は、このスウィージーの修正された観測を支持していると考えている。同時に、原理論を基礎として、資本主義経済の歴史的限界を体系的に研究する、マルクス経済学の妥当性と課題は、いずれも大きく増大していることは疑いない。

第九章　資本主義発展の螺旋的逆流
――二一世紀にそれが何を意味しているか――

発展の局面という観点から歴史を再解釈する試みは、現代を理解し、未来への展望を得ようとするわれわれの努力を密接に反映している。資本主義的発展の局面の観点から、一九七三年以降の恐慌と再編成の現局面を特徴づけることは、われわれの共通の関心事でなければならない。そのためには、その前に四半世紀ほど続いた高度経済成長の局面を、特に再検討する必要がある。資本主義的発展の諸局面をめぐる問題は、マルクス経済学の観点から接近するのが最も適切であるため、まず、資本主義の時代区分に関する文献における古典的な問題関心を、マルクスその人を起点として、簡単にふりかえることから始めよう。

1　マルクス、レーニンと宇野

マルクス

マルクスの『資本論』やその他の著作において、資本主義的発展にさまざまな局面があることは、いまだ大きな関心事にはなっていなかった。マルクスの関心は、資本主義経済全般の基礎理論に集中していた。古典派経済学や新古典派経済学と異なり、マルクスの理論は資本主義に特殊歴史的で過渡的な性格をみるものであった。古典派経済学（そして後には新古典派経済学）は、資本主義市場経済を自然的で、調和的な社会秩序とみなすというせまい限界にとらわれていた。『資本論』におけるマルクスの理論体系は、市場経済と資本主義経済の両方について、歴史的性格を示すことで、資本主義経済についてのそのような自然主義的観点を徹底的に批判するものであった。

マルクスによると、商品経済の諸形態は、古代より、主として社会間の経済的諸関係として存在してきた。しかし、資本主義にいたってはじめて、労働力が社会的に商品へと転化し、資本が商品による商品の社会的生産を組織するようになって、広範囲に商品経済が形成される。こうして労働過程は、「どんな特定の社会的形態にもかかわりなく」(『資本論』邦訳①三一一頁)存在し、人間と自然との間の物質代謝を媒介し規制する社会生活の基本過程であるが、資本の価値増殖の基礎として、市場経済の形態に完全にふくみこまれるようになる。

レーニン

レーニンの『帝国主義』(一九一七年)は、実質的に新たな研究領域を切りひらいた。その主要な問題関心は、資本主義経済一般ではなく、副題に示されているように、「資本主義の最高の段階」におかれていた。そこでは、「世界資本主義経済の総括的様相」(レーニン 一九五六、一五頁)が、一九世紀末以来の具体的なデータと事実とともに示されていた。レーニンは、株式会社を基礎とするヒルファディングの金融資本の概念を用いつつ、それを独占の分析によって補完した。しかし、ヒルファディングが『資本論』とほぼ同じ抽象的な研究次元において、マルクスの貨幣・信用理論から金融資本の概念を導き出したのにたいして、レーニンの『帝国主義』は、主要資本主義諸国の基軸的な重工業や金融機関における、より具体的な歴史プロセスから始めた。

マルクスの資本主義経済一般についての理論にもとづき、レーニンは、基軸産業、資本の支配的形態、世界市場における経済的列強諸国のあいだでの競争の形態における変化とあわせ、資本主義的発展の異なる局面を歴史的・具体的に分析してみせた。しかし、レーニンの『帝国主義』の方法論的な重要性は、しばしば誤解されている。たとえば、それは『資本論』での競争的資本主義の古いモデルを、同じ基礎理論のレベルで置き換える新たな独占的資本主義のモデルだとみなされることがある。この種の解釈は、現代の経済学者にひろくみられる、自らの近年の資本主義についてのモデルが、『資本論』の基礎理論をふくめ、古いモデルを置き換えるものとして役立つという見解を、裏付けているように思われる。

宇野

そうした潮流に対抗するうえで、マルクス経済学を三つの異なる研究次元に体系的に分割すべきだという宇野弘蔵の方法論的主張は有効である。第一の次元は、『資本論』に示されたような、資本主義経済全般についての基礎理論である。宇野は、その著作のひとつ(一九六四年〔宇野 二〇一六〕)において、『資本論』にもとづくそのような理論体系を純化し、完成させようと試みた。その著作を読むと、『資本論』で言及されている歴史的事実のほとんどは、例示的な性格のもので、資本主義経済一般の理論分析の本体部分では省略できると分かる。

第二の次元は、第一の次元の原理論を基礎として、世界資本主義の発展についての段階論をなす。この次元は、資本の支配的形態、その主な産業的基礎、そして各段階の主要国における特徴的な経済政策の歴史的展開についての具体的な考察をふくむ。宇野は、重商主義、自由主義、帝国主義の三つを、資本主義的発展の段階として提示した。第一の重商主義段階においては、支配的資本は、毛織物業の成長を基礎とした、イギリスの商人資本であった。第二の自由主義段階は、綿工業を中心とするイギリスの産業資本を支配的資本とした。第三の帝国主義段階においては、重工業の発展とともにドイツ、イギリス、アメリカで現れた、さまざまなタイプの金融資本が、支配的資本となった(1)。レーニンの『帝国主義』は、具体的な歴史的事実と国民経済の分析を欠くことのできない、この研究次元に位置づけられるべきである。このような資本主義発展の段階論の課題と内容は、資本主義の基礎的な原理論のそれと混同されてはならない。

第三の研究次元では、個々の資本主義経済の歴史的発展および現代の文脈がとり扱われる。第一次大戦以後の世界経済も、より具体的な実証研究としてのこの次元で分析されなければならない。この理由は、宇野によれば、第一次大戦以後、資本主義は社会主義への過渡期に入り、政府は社会主義の外的・内的脅威に対抗する必要を感じたために、経済への政府介入が深まり、それゆえその時期はもはや、資本主義自身の発展の論理にしたがった、資本主義の段階ではありえなくなったからである。研究の第一および第二の次元は、この第三の次元の具体的現状分析を導く、参照枠として利用されるべきである。各国および各時期の社会主義政党と社会主義運動は、たんに第一および第二の次元の研究をもとにするのではなく、この第三の次元の政治的・経済的研究に根ざしてはじめて、具体的な戦術を考えることが可能となる。

資本主義経済の基本的な原理論を基礎的な参照枠として用いつつ、第二および第三の研究次元での制度的および政治的要因の具体的な研究に関しては、資本蓄積過程に焦点が当てられる。この点において、資本主義的発展の諸局面に関する宇野の接近やその他のマルクス派の接近は、歴史学派、制度派、近年の進化経済学による研究と方法論的に異なっている。しかし、特に経済発展における社会間の文化的・歴史的・制度的相違の役割など、これらの後者の接近と重なる関心事はあるので、相互の協力や相互の成果の利用は十分可能である。

2　高度成長期まで

宇野による独自のマルクス経済学再構築の試みから私は多くのことを学び、研究次元の区分も宇野のそれにしたがっている。したがって私も、第一次大戦以後の資本主義的発展は、第三の具体的現状分析の次元に属するものと考えている。しかし、この時期は均質なわけではなく、少なくとも三つの局面に分けられる必要がある。第一の局面は嵐のような大戦間期(危機の三〇年)であり、これはさらに一九二〇年代の世界資本主義の再構築期と一九三〇年代の大恐慌期とに分けられる。第二の局面は第二次大戦後、一九七三年までの高度経済成長期で、第三の局面は二〇世紀最後の四半世紀にはじまる、危機と再構築のくりかえしの時期である。

これらの三つの局面のなかでは、第二の局面が最も安定的な資本主義的発展のパターンを形成した。独占資本主義、国家独占資本主義、国家資本主義、福祉国家資本主義、フォーディズム、パックス・アメリカーナ、コンシュマリズムといった、多くの名称がこの安定的なパターンを言い表すものとして提唱された。名称の統一が難しいこと自体が、この局面の複雑さを反映している。この局面の分析を、資本主義の具体的現状分析という第三の次元に位置づけることのひとつの利点は、多かれ少なかれ一面的な単純化を避けられないひとつの名称を選ぶことの問題点を避けられるところにある。これらのさまざまな特徴づけの内容を利用して、適切な総合的見地を提示するように試みたい。

資本主義的発展の段階を中間理論的な領域で扱うにあたっては、各期の資本主義的発展の特定の一面を過度に一般化しないよう気を付けるべきである。しかし他方で、複数の局面にまたがっている資本主義的発展の傾向を見逃してもいけない。したがって、各局面に特殊な性格は、歴史分析の次元で研究される、こうしたより長期の傾向と合わせてあきらかにされなければならない。

競争的自由市場資本主義から乖離する傾向

この観点からすると、一九世紀末以来の一〇〇年のあいだに、資本主義的世界システムは自由主義段階のときにとっていた方向性を螺旋的に逆転させ、つぎの四つの点で自由市場競争を制限する向きを示してきた。

(a) 重工業の発展とともに、巨大株式会社が成長した。これらの企業は、生産物の価格をコントロールすることで、容赦のない競争を避け、独占利潤を得るべく、独占組織を形成するようになった。

(b) 重工業では、熟練し筋力のある男性労働者が多数必要で、彼らは大規模な工場でともに雇われていた。その結果、労働者の間で、そして増大しつつあった公的部門でも、労働組合が成長した。組合は、労働者の階級利害を守るべく、労働市場での自由競争を制限しようとした。このような労働運動の成長を基礎として、社会主義運動と社会主義的意識も発展しえた。

（c）以上の傾向と合わせて、国民国家の経済的役割も強化された。帝国主義的植民地政策や関税政策は、独占企業の経済的必要を満たすべく強化された。こうした螺旋的進化の特徴をもつことから、帝国主義段階は新重商主義とも呼ばれた。労働問題および農業問題に対処する社会政策が、帝国主義への国民的支持を獲得し、社会主義から資本主義的秩序を防衛するためにも採用された。のちには、冷戦の文脈で、軍産複合体が大規模に維持されることとなった。大戦間期の大恐慌は、ニューディール政策とケインズ主義的雇用政策を生み出した。社会民主主義的な福祉国家政策が、社会主義への対抗力として、ヨーロッパ諸国で積極的に進められた。その結果として増大した公的部門（そこでの雇用は安定していた）もまた、労働組合運動を支持した。

（d）ソ連型の社会主義が形成され、特に第二次大戦後それが激増し、地球上のおよそ三〇％の地域と三五％の人口を覆うようになるにつれ、資本主義的世界市場システムは、その領域的拡張をソ連型社会主義の成長によって制約され、深刻な挑戦を受けることとなったように思われる。さまざまな種類の社会主義運動も、資本主義諸国の中心部と周辺部の両方で、力をつけはじめた。これらの社会主義的進展に対抗する必要性は、あきらかに、冷戦期をつうじた国家の役割の増大につながる要因となっていた。

それゆえ、資本主義的世界システムが世界中に競争的市場秩序を押し広げる基本的な歴史的傾向は、実際には制約され、ほぼ一世紀にわたって逆転されていた。自由で競争的な市場をともなう資本主義的世界システムの基本的な活力は減退しているように思われた。資本主義世界システムが重商主義段階において政治的・軍事的国家介入という助産師の手を借りて生まれたように、その活力は、政治的・軍事的国家介入の再強化にますます頼るようになるにつれ、衰えていっているように思われた。

巨大企業や肥大化した国家の経済的役割が増大するかぎり、共同体的な人間関係の社会経済的意義は人びとの意識のなかで弱まり、実践においてもしばしば損なわれていった。先進工業国における社会民主主義をふくむ社会主義運動は、こうした展開に影響され、大企業の労働組合に根ざした社会的基盤をもつ国家権力と国家政策の問題に焦点を当てるようになっていった。労働運動の経済的要求に加え、平和主義的な反戦運動が、国家政策への反対活動を活発化させた。こうして国家が多くの問題の焦点となる一方で、協同組合運動、フェミニズム、そしてエコロジーは、資本主義や社会主義の進化の主要な推進力にまだ組み込まれていなかった。

しかし、競争的な自由市場を制限する傾向とともに、第二次大戦後の時期の先進工業国は、それ以前の局面とは異なり、深刻な経済恐慌や不況に陥ることなく、例外的に高い実質経済成長率を達成した。そのため、この時期は資本主義の黄金時代と呼ばれた(マーグリン&ショアー編 一九九三)。

ケインズ主義またはフォーディズム

この時期の資本主義世界における国家主義は、ケインズ主義という特殊な形態をとった。通貨・金融システムの不安定性と独占的産業資本の過剰蓄積が、一九二九年に始まる壊滅的な大恐慌を引き起こす主要な要因となったのちに、管理通貨制度が導入された。これにより、国家は柔軟なケインズ主義的マクロ需要政策を実施できるようになった。ブレトンウッズ体制は、通貨管理を固定為替レートと合わせて国際的に統合し、ケインズ主義下の資本主義世界システムにとって安定的な枠組みとして機能した。ケインズ経済学が、経済成長の維持に一見して顕著な成功を収めた経済政策の理論的基礎を提供することをつうじて、その名声を高めるにつれて、少なからぬマルクス主義者が、同様に国家の金融政策と財政政策の有効性を認める現代資本主義のモデルを打ち出してきた。この傾向は、国家独占資本主義や国家資本主義のモデルに特によくみられた。

有効需要の拡大は、この時期の継続的な経済成長の重要な基盤であったが、第二次大戦からの復興の初期をのぞけば、それが「上から」もたらされる国家の金融・財政政策だけで達成されたかどうかは疑わしい。急速な経済成長のなかで、税収が年々増加し、それによって国家は必要なインフラを整備することができた。一貫して実質利子率を低く抑える金融政策は、資本蓄積に有効であり続けたが、財政赤字をともなうケインズ主義的な財政政策は多くの資本主義国で不要となり、追求されなくなった。軍事資本主義の理論が強調したように、冷戦の枠組みのもとでは、軍事支出は特にアメリカでは高水準に保たれ、一種の軍事ケインズ主義として機能した。しかし、この政策の経済効果は着実に低下し、ベトナム戦争の頃にはアメリカ経済にとってマイナスとなった。それでも、ケインズ主義が完全雇用を維持するための金融政策と財政政策の有効性を主張する抽象的な一般理論として提示されているかぎり、なぜそれが一九七〇年代に突然効き目を失ったのかを理解するのは、多くの人びとにとってきわめて困難だった。

したがって、高度経済成長期におけるケインズ主義の見かけ上の成功は、別のタイプの説明、すなわち資本蓄積のダイナミズムのなかでの「下からの」説明を必要とした。そのために、フランスのレギュラシオン学派は、フォーディズム的蓄積体制のモデルを提示した。このモデルでは、明示的または暗黙的な労資協定によって、生産性の上昇に合わせて実質賃金が上昇することが強調された(2)。これはケインズ主義にたいする批判として効果的であり、この時代の資本主義的発展の基本的な論理をあきらかにする、重要な貢献であった。このフォーディズムのモデルは、経済成長にとっての労働組合の効果的な役割と、福祉国家政策の補足的な役割を強調するという点で、社会民主主義と一致している。

しかし、フォーディズムのモデルは、ケインズ理論にとって代わる現代資本主義の抽象的な理論モデルであるかのように提示された。それは、以前の帝国主義のモデルや、さらに前の『資本論』における競争的資本主義のモデルにとって代わる、資本主義の新しいモデルとみなされた。そのような抽象的なレベルでは、資本蓄積にとって有利で、フォーディズムの発展に適合する条件を、より具体的かつ歴史的に分析する作業と結びつかなかった。その結果、継続的な経済成長が成功したプロセスがなぜ終焉を迎えなければならなかったのかを、自らの理論的枠組みのなかで説明することが困難となり、ケインズ理論の弱点と同じ弱点を抱えることとなった。

高度経済成長の具体的諸条件

この時期の高度経済成長にとって不可欠な枠組みを形成した、歴史的な具体的条件を四つあげることができる。

第一に、アメリカ経済の高い国際競争力である。この条件は、アメリカの大規模な対外公的支出と民間投資とあわせて、ブレトンウッズ国際通貨体制の安定した基盤として、ドルの金兌換性を維持するために必要であった。

第二に、固定資本への大規模な産業的投資によって、ますます洗練された耐久消費財を生産するための一連の技術的フロンティアが利用可能になったことである。フォーディズムのモデルにおける、労働者の有効需要の拡大は、大量生産の規模をますます増大させつつ生産された、さまざまな家電や自動車などの高度な耐久消費財を販売するために不可欠であった。フォーディズムのモデルの妥当性は、この歴史的文脈のなかで理解されなければならない。

第三の条件は、世界市場で比較的安価な一次産品が、主に第三世界諸国から継続的に供給されたことである。とりわけ、中東諸国から一バレル二ドル以下の価格で安価かつ豊富に供給される石油は、高エネルギー消費型の大量消費型社会構造の構築に不可欠な前提条件であった。

第四の条件は、資本蓄積が継続的に雇用を拡大するのに合わせて、先進国での技術変化に対応できるだけの適切な水準の教育を受けた、従順な労働者が十分に確保できたことであった。資本がその蓄積の拡大に必要な賃金労働者を吸収するうえで頼ることができる、主要な供給源としては、戦争動員から解放された労働者、農業における潜在的な産業予備軍、労働市場への女性参画の増加、移民外国人労働者、そして人口増加などがあった。

私が別稿で詳しく論じたように(Itoh 1990)、高度経済成長期はこれらの具体的・歴史的諸条件によって可能となっていた。ケインズ主義の一見したところの成功や、フォーディズム型モデルの好循環は、それらなしには存在しえなかった。これらの諸条件が掘り崩されると、ケインズ政策は黄金時代の終焉を止めることはできず、むしろ一九七三年以後にはインフレ恐慌とスタグフレーションを促進することとなり、そのために放棄されなければならなくなるのである。

3 歴史的発展の螺旋的逆流

競争的市場秩序の再活性化

ブレトンウッズ国際通貨体制は、アメリカが国際貿易における経済覇権をうしない、ドルの金への兌換性をもはや維持しえなくなったとき、ついに崩壊した。変動為替相場制への移行は、通貨・金融に関するきわめて不安定な展開の始まりであった。これは先進資本主義諸国においては、高度経済成長の継続の結果、労働力と一次産品の非弾力的供給にたいして資本が過剰に蓄積される事態と組み合わさって、投機的で悪質なインフレ、すなわち一九七〇年代の破壊的なインフレ恐慌とスタグフレーションを引き起こした。それから一九八〇年代には、反インフレ的なマネタリストの政策が、レーガン政権下での巨額の財政赤字によるクラウディング・アウト効果とあいまって、アメリカの利子率を引き上げた。利子率の国際格差は大きく拡大し、これが通貨、証券、デリバティブの大規模な国際的投機的取引の引き金となった。一九八〇年代末以降、低利子率のもとで、特に日本や周辺のアジア諸国などで巨大なバブルがつぎつぎと膨れ上がり、その崩壊によって甚大な経済的困難がもたらされた。アメリカ経済は、一九九〇年代に、株式市場の繁栄とともに力強い回復を遂げたが、アメリカの(ITと住宅市場の)バブル的好況も、二〇〇一年、そして二〇〇七―〇八年に崩壊した。バブル経済の金融的脆弱性に加え、特に大多数の労働者の実質所得が低下したことは、アメリカ市場の継続的で安定的な拡大を困難なものとしたのだった。

経済恐慌と不安定性がくりかえされたこの時期において、資本主義的企業の生き残りのための努力は、ますます洗練された情報技術(IT)の導入につながった。情報革命の広範なインパクトとあわせ、資本主義的発展の現局面は、つぎの五つの点をつうじて、競争的な自由市場を抑制する過去一〇〇年間の傾向を螺旋的に逆転させ、世界中で競争的市場秩序を再活性化させた。

(a) 資本主義的企業は、そのリストラクチャリングの過程で、工場とオフィスの両方に、マイクロエレクトロニクス(ME)を利用した自動化システムを導入した。そうすることで、投資の最小単位を引き下げ、弾力的に労働生産性を上げることができるようになった。同じ自動化生産ラインで、自動車、電子部品、衣類の多品種生産が柔軟に可能となり、それらが個々の消費市場で販売された。生産物のモデルが多様化し、急速に変化するにつれて、産業企業間の独占的な価格統制の形成や維持は困難となり、競争上の対立は国内外において非常に激しくなった。

ME情報技術によって、資本主義的企業の製造拠点や事業拠点は移転の柔軟性をも高め、それによって国境をこえたグローバル競争が強化された。金融、貿易、その他のサービスなど、急速に成長する第三次産業のほとんどが、大きなビジネスセンターに活動を集中させる傾向があるため、地域的な経済発展はさらに不均等になった。金融市場も格段にグローバル化し、金融の地域や部門の違いをこえて競争が激化した。

(b) 工場、オフィス、店舗でMEオートメーションが普及するにつれて、資本主義的企業は経験豊富な熟練労働者の大部分を切り捨てることができるようになり、その一方で、主婦のパートタイム労働者、季節労働者、しばしば他社から派遣されてくる臨時労働者など、柔軟な形態の非正規雇用を増やした。安価な外国人労働者の雇用も増加し、その多くは労働許可証をもっていなかった。このように、労働人口の国際的な流動性は、資本主義市場経済のグローバリゼーションの一側面として、継続的に高まっている。

こうした傾向の結果、伝統的な労働組合は組織率の低下と社会的地位の弱体化にみまわれた。労働者はさまざまな雇用形態に細分化され、労働市場でさまざまな種類の安価な労働者と競争しなければならない。こうして労働市場も、より競争的な市場へと再編成された。資本主義的企業は、経営コストを節約すべく、さまざまなタイプの労働者を組み合わせて柔軟に選択できるようになっている。一九六〇年代のフォーディズム的蓄積体制のもとでの高度経済成長期とは異なり、労働組合は、労働生産性の向上にもかかわらず、一貫して実質賃金の引き上げに失敗している。多くの労働者にとっては、実質賃金は下落しさえしている。それゆえ、先進資本主義諸国においては、賃金率と所得分配の不均等性が顕著に拡大した(3)。

（c）その間、ケインズ主義が長引くスタグフレーションと国家の財政危機の累積を解決できなかった結果、国家の経済的役割は大幅に縮小した。一九八〇年代に入ってからは、競争的な自由市場をイデオロギー的に信奉する新自由主義が、ケインズ主義に代わって資本主義世界の支配的な政策スタンスとなった。公営企業は民営化され、規制緩和によってあらゆる場所で市場競争の自由化が促進された。福祉、教育、医療サービスにおける国家支出は削減され、公務員の数も削減された。こうした新自由主義的政策は、たんにケインズ主義の失敗にたいする反動というだけでなく、より深くは、世界中で競争的な資本主義的市場を再活性化させようとする現実の流れに根ざしている。同時に、新自由主義ははっきりと労働組合主義、社会民主主義、そして何よりも社会主義に反対している。

（d）こうした変化にともない、資本主義経済のグローバリゼーションは再び勢いを取り戻している。資本主義は、世界市場という本来の母なる海に回帰することで、歴史的危機をのりこえ、活力を取り戻しつつあるようである。しかし、経済のグローバリゼーションの現代的特徴には、マイクロエレクトロニクス情報技術の広範な利用、製造業をふくむ多くの事業分野における資本主義的企業の多国籍化、そして世界中で大幅に増加した通貨と金融の投機的な流れがふくまれる。資本が多国籍的な活動を活発化させるにつれ、国民国家は、その国の資本の規制者あるいは管理者としての効力を失ってきた。国家の経済的介入は、資本主義的多国籍企業のグローバリゼーションの激化とともに弱体化している。

グローバリゼーションへの強い流れは、規制緩和、富裕層や資本主義的企業への減税、より開かれた市場経済といった新自由主義的政策を支持するイデオロギーとしても利用されている。ワシントンとＩＭＦのつながりは、このイデオロギーをしばしば代表しており、グローバリゼーションの時代におけるすべての経済の事実上の世界標準として、アメリカのビジネスと市場秩序のモデルにしたがうように仕向けている。

（ｅ）資本主義経済は、主としてＭＥ技術および新たな政策の導入によって、継続的な経済恐慌と不況をつうじた自生的な再構築をとげようとしてきた一方で、肥大化した非弾力的な国家と政党官僚をともなったソ連型社会主義は、経済的停滞に直面して、産業技術も社会主義のタイプも変更することができなかった。リストラクチャリングによる経済秩序の転換の困難は、市場経済と民主主義への要求の高まりと、民族的・国家主義的緊張とナショナリズムの高まりを経て、最終的には東欧とソ連における体制そのものの解体につながった(4)。その結果として、資本主義市場経済への移行が、ロシアや東欧諸国の多くで断固として追求されることとなった。

中国は共産党の指導力を維持し、一九七八年以来の経済成長という面からみて、かなり成功裡に社会主義市場経済の実験をおこなっている。ベトナムとキューバもこの実験に続いている。しかし、これらの国々における社会主義市場経済は、多国籍資本にとってもはや対立的な経済秩序というより、より開かれたビジネス市場となっている。旧中央計画経済におけるこうした制度的変化はすべて、資本主義的多国籍企業にとって、投資と販売の場をグローバルに再拡大した。グローバリゼーションと新自由主義の現実的およびイデオロギー的根拠も、これらの制度的変化によって拡充された(5)。

メガ・コンペティションと新自由主義によって資本主義的市場秩序がグローバリゼーションへと向かう強い潮流は、

資本主義の起源と発展以来の、単純な直線的歴史的進化の産物ではない。それは、一世紀にわたって、資本・労働者・国家が自由な競争的市場を規制しようと試み、また社会主義が自由市場なしの計画経済を構築しようと試みてきた後、そうした試みが螺旋的に歴史的逆流をとげたことを意味する。現在進行中の変革のなかで、これまでみてきたように、資本主義は歴史的危機のどん底にあった市場経済の競争的活力を回復しつつある。それに対応して、実質的な経済的平等や友愛への関心ではなく、市場秩序における個人主義と競争的な自由が世界の支配的なイデオロギーとなった。

第二の歴史的な螺旋的転回と、きたる世紀におけるその意味

資本主義は、その基本的なしくみにおいても、歴史的発展においても、逆説に満ちている。したがって、資本主義を諸局面へと区分することは、必ずしも単一の軌道に沿って社会主義に向かう直線的な進歩を意味するものではない。シュンペーターの創造的破壊は、周期的な恐慌と不況の局面をつうずる通常の景気循環のなかでだけでなく、一九世紀後半、一九三〇年代、そして現在のような大恐慌をつうじて生じる、予期せぬ転回のなかでも、より大規模に起こる。

思いがけずして、現代における資本主義的発展は、グローバリゼーションの傾向を強くもった競争的な自由市場資本主義へと戻っていく、螺旋的な歴史的逆流の過程に入った。これは、資本主義的発展の歴史において、二度目の大規模な螺旋的逆流である。最初の逆流は、資本主義の発展を、グローバリゼーションの傾向をもつ競争的な自由貿易から、国家権力・ナショナリズム・市場規制の再強化へと転じさせた。ソ連型社会主義の発展と広がりは、資本主義諸国間における反動として、規制的国家主義への傾向を強めた。

その後、規制緩和された競争的市場資本主義に向かう、資本主義的発展の第二の歴史的逆流は、ソ連型社会主義の予期せぬ解体によっても強化された。社会主義への過渡期として、第一次大戦後の世界史を描く宇野の理解は、問題

を抱えることとなった。世界史における社会主義への歩みは、資本主義の世界史と同様に、大規模な螺旋状のねじれをふくんでいるのかもしれない。

こうした考察は、グローバル規模での自由市場資本主義の勝利と、二〇世紀末におけるいわゆる社会主義の失敗を信ずる新自由主義が、歴史の最終結論ではないことを示唆している。二一世紀には、さまざまなタイプの資本主義や社会主義のなかで、大衆のためのより広範な選択肢が再び開かれるにちがいない。

新自由主義の矛盾と資本主義の根本問題

新自由主義は、競争的な自由市場秩序の経済的効率性と合理性を信奉しているにもかかわらず、その約束どおりの結果をもたらしえないことをすでに露呈している。新自由主義の経済規制緩和政策のもとで、通貨・金融システムの投機的不安定性は世界中で大幅に増大し、特に日本や他のアジア諸国、アメリカなどにおいて、投機的なバブルの壊滅的な膨張と崩壊を引き起こした。新自由主義は傲慢にも、こうした破壊的な展開は、日本や他のアジア諸国の場合、透明で競争的な市場が実現していないからだと主張した。この種の見方は、資本主義市場経済が主流派の教科書にみられるような純粋な個人主義的社会秩序ではありえず、むしろ常に国民国家・政党・家族・地域共同体・労働組合・協同組合など、さまざまな非市場の政治的・共同体的人間関係に基礎づけられているという、歴史的事実を軽視している。新自由主義とグローバリゼーションのイデオロギーは、多国籍企業と富裕層の利益のために、経済危機と財政危機の重荷を労働者大衆に押し付けている。緊急経済対策は、実際には大企業や銀行を救済するための公的支出を優先し、大多数の人びとのニーズをないがしろにしている。新自由主義はまぎれもなく、現代社会の階級分断的性格を再強化しており、その結果は特に、所得と資産の分配における格差の拡大に明確にあらわれている。

新自由主義は、資本主義的発展の螺旋的な歴史的逆流にもとづき、競争的市場におけるその基本的な活力を復活させるものであるため、その限界は資本主義経済そのものの基本的な歴史的矛盾に深く根ざしている。実際、資本主義経済は、恐慌がくりかえされるこの時期に、その本質的な限界をますます露呈することとなっている。資本蓄積は、労働市場において、商品としての人間労働力の需要と供給のバランスを維持することの困難を露呈している。変動相場制による管理通貨制度は、金融の不安定性を高めている。そして資本主義社会は、少数の裕福な資産所有者と、経済格差の悪化で苦しむ抑圧された労働者大衆とに、ますます両極化している。資本主義経済はあきらかに、世界中で社会的およびエコロジー的危機を深化させ、新たな勢いでもって人間と自然の双方を搾取し、破壊している。

したがって、高度経済成長期以後の、現在の経済不況における資本主義的発展の局面は、たんに現代資本主義の新しい様式だというだけでなく、その基本的な働きと矛盾の復活をも意味している。この点で、『資本論』で理論化された資本主義経済の基本原理は、実際、資本主義の現在の局面を理解する上で、以前の局面よりもいっそう直接的に妥当するようになっている。このことは、資本主義経済秩序にたいする根本的な批判と代替路線としての社会主義が、ソ連型社会主義の失敗を理論的かつ実践的に克服することができさえすれば、新しい世紀において再びその妥当性を取り戻す可能性があることをも示唆している。実際、ケインズ主義への回帰など、資本主義の枠内に閉じこもった代替路線が、現代資本主義の深刻な問題をすべて解決できるかどうかは疑わしい。

グローバリゼーションのうちの多様化

二一世紀における政治的・経済的秩序の再構築にとって、可能な選択肢を十分ひろくとるにあたっては、グローバリゼーションのプロセスが必ずしも世界の経済システムを同質化させているわけではないことに注意すべきである。経済のグローバリゼーションと「資本の偉大な文明化作用」(『要綱』邦訳②一八頁)が、世界中どこでも生産と消費のスタイルを同質化させるはずにもかかわらず、政治経済体制の多様化を生み出す逆説的な対抗的傾向が実際にはみられる。

先行する高度経済成長の局面においては、アメリカの経済体制が資本主義世界の他の国々にとって指導的なモデルとなっていた。フランスのレギュラシオン学派の分析では、この時期において、フォーディズム的蓄積体制が、アメリカからその他の先進資本主義諸国に同様に広がったと想定された。それにたいして、今日のレギュラシオン学派は、フォーディズム以後の時期において、先進資本主義諸国のあいだで展開に多様性があることが強調されている。最も重要なものとしては、三つの異なる再構築のモデルがあげられている。アメリカのネオ・フォーディズムのモデルは、労働の生産性と強度を高めつつ、労働者にその成果を再分配することはしない。スウェーデンのボルボイズムのモデルは、特に意思決定への労働者の参加を拡大することで、社会民主主義の基礎を強化している。一方、日本のトヨティズムのモデルは、労働者の忠誠と協力を維持することによって、企業内で多能工を柔軟にローテーションさせている。日本の周辺のアジア諸国では、政治経済秩序はさらに多様である。

なぜ、近年の再構築とグローバリゼーションの過程において、経済体制の多様化はここまで顕著になったのだろうか。これに答える上で考慮すべき重要な要因は、情報技術の柔軟な応用性である(パガノ 一九九九)。耐久消費財のおおむね画一的なモデルを大量生産するための巨大工場を建設することで、フォーディズムの蓄積体制を形成した支配的な産業技術とは対照的に、情報技術は、さまざまな規模の工場、企業、業態の可能性を再び開いた。同時に、情報技術は、資本がさまざまなタイプやレベルの労働者を、国内外を問わず、柔軟に組み合わせて使うことを可能にした。

さらに、株式会社形態をとる多国籍企業は、さまざまな方法で社内業務を組織化することができる。たとえば、社内の部門、支店、工場をどのように分割するか、また、これらの業務にどの程度の独立性を与えるかについて、企業はいまや、より大きな柔軟性を手にしている。企業内や店舗のフロアで、垂直的・水平的関係を組織する方法は多様になった。資本主義市場経済は、社会を完全に原子的な個人に分解することはできない。企業内、家族内、政治的・宗教的組織内など、共同体的・権威主義的な非市場の人間関係を、そのまま残さざるをえない。このような非市場の人間関係においては、歴史的・文化的・習慣的伝統は、絶え間ない変化を受けながらも、耐久力を保持し、異なる社会間で多様化する性質をもつ。

多国籍企業は、情報技術をつうじて、社会の多様性を質的にも量的にも最大限利用している。もしすべての社会が本当に同質的となってしまったら、企業が海外に投資する必要はもはやないだろう。多国籍企業にとっては、海外投資をする最も重要な動機のひとつは、社会条件のちがいを利用し、それらを組み合わせることである。このようにして、多国籍企業は、経済のグローバリゼーションを促進すると同時に、その活動の配分と合理化において、社会秩序の多様性を利用している。

多様化の傾向は、地域経済統合のプロセスとも相互作用する。欧州連合（ＥＵ）の形成による欧州の地域統合は、国境をこえた資本と労働力の流動性を高め、それにより現代の多国籍企業に適した環境を提供する、としばしば論じられている。ＥＵ統合は、経済の回復と成長のために、大規模に均質な市場圏を形成するうえで、望ましい道筋であるとされている。実際のプロセスはどうなっているのだろうか。少なくとも、ユーロ圏内の多くの周辺国からみれば、共通通貨と国家予算の共通ルールをもつＥＵ統合は、高い失業率と経済停滞を解決するという問題にたいして、拘束服のように感じられているにちがいない。

対照的に、異質性を特徴とするアジアでは、中国やインドといった多くの周辺途上国が、目覚ましいダイナミズムと高い経済成長を実現した。先進資本主義諸国が、そのうちでの多様な展開にもかかわらず、全体として衰退傾向に苦しんでいるのにたいして、中国やインドなどは、多国籍資本にとって世界経済の新たな成長センターをなしている。このような多様なダイナミズムのコントラストは、アジアでは、高成長を続ける発展途上国と日本とのあいだに典型的に示されている。

多様化の傾向は、資本主義的発展の道筋に限定されるものではない。高い経済成長を遂げている中国は、社会主義市場経済を、多国籍資本による投資や国内資本の成長のための余地の拡大と組み合わせて公式に構築し、ハイブリッド経済としての実行可能性を示している。ベトナムとキューバは、この市場社会主義のハイブリッドモデルにしたがっている。民主主義的社会主義計画経済だけでなく、市場社会主義のさまざまなモデルの実現可能性もまた、理論的な次元で、資本主義にたいする代替路線として世界的に再検討が進められている(たとえばBardhan and Roemer eds. 1993やKotz 2015を参照)。

資本主義のグローバリゼーションに向かう強力な潮流がありながらも、世界史における資本主義的発展の諸局面のちがいと同じように、現在の世界では、政治経済秩序の共時的な多様性が、その理論的可能性とともに観察される。こうしたことからは、異なる国や地域の人びとが、新自由主義やアメリカモデルといった狭量な限界をこえて、新たな世紀において自らの進歩の社会的道筋を切りひらいていくうえで利用しうる代替路線は、広範に存在することが示唆されている。

第一〇章　サブプライム恐慌の歴史的意義と社会的費用

二〇〇七年の夏にアメリカで始まった金融の大混乱は、グローバル金融恐慌となって先進国の実体経済を直撃し、急速に世界経済恐慌へといたった。「サブプライム恐慌」という言葉は、ここではこのプロセス全体をとらえるものとして用いる。以下、その歴史的意義を三つに分けて、関連させつつ検討する。第一節では、サブプライム恐慌の具体的な特徴を、特に一九八〇年代の日本のバブルと、それに続く一九九〇年代の危機との比較から考察する。第二節では、一九二九年以降の大恐慌を簡単に論じることで、さらに比較を進め、今回の恐慌がそのときほど急激でない理由をいくつか示唆する。最後に、第三節では、恐慌の社会的費用を四つの側面から探る。

1　サブプライム金融恐慌の特徴的様相
――日本のバブル崩壊との比較――

経済恐慌の歴史的意義と具体的特徴は、常にそれに先行する好況の特徴によって決まる。サブプライム金融恐慌は、アメリカの住宅バブルとそれにともなう好況に端を発している。この金融恐慌がなぜアメリカ経済と世界経済にとってこれほど破壊的なものになったのかを理解するためには、まず先行するアメリカの住宅ブームの規模と特徴を検討する必要がある。

アメリカの住宅ブームは、ニューエコノミー・ブームとともに一九九六年に始まり、約一〇年間続いた。二〇〇一年のニューエコノミー（または情報技術（ＩＴ））バブル崩壊後、特に二〇〇二年以降、住宅ブームはアメリカ経済の回復と成長の主要な源泉となった。この時期のアメリカの経済成長の約四〇％は住宅部門に依存していたと推定されている(1)。

住宅ブームは、住宅金融の拡大なくしてはありえなかった。アメリカでは、住宅ローンはプライムローンとサブプライムローンに大別され、後者は一般に、低所得者や信用力の低い人への融資である。より具体的にいうと、サブプライムローンは、過去の貸付への返済が遅れた履歴をもっていたり、ＦＩＣＯのクレジットスコア（これはフェア・アイザック社が始めた、九〇〇点満点のクレジットスコアリングシステムである）が推定六六〇点未満だったり、さらには借金返済が収入の五〇％をこえていたりする人びとにたいしてなされていた。

かつては、サブプライムに分類される人びとは、住宅ローンの対象から外されるのがふつうだった。しかし、二〇〇一年以降、アメリカでは住宅ローンが、特にサブプライムローンが急増した。そのように貸付が増大した結果、住宅価格は右肩上がりに上昇し、二〇〇六年には一九九六年の二倍の水準に達した。アメリカの住宅ローン残高は、二〇〇六年末には一三兆ドル（国内総生産（ＧＤＰ）にほぼ匹敵）に達した。そのうちにおけるサブプライムローンの比率は、特に二〇〇一年以降急速に高まった。二〇〇六年までに、サブプライムローンは新規住宅ローンの二〇％を占めるようになった。その年の末には、サブプライムローンの残高は一・七兆ドル、住宅ローンの総残高の一三％に達した(2)。

サブプライムローンの拡大の相対的な規模は、いくつかの簡単な計算でさらにあきらかとなる。サブプライムローンの典型的な規模は二〇万ドル前後(3)であるため、アメリカではおよそ八五〇万世帯（二五〇〇万人以上）がサブプライムローンを利用していたことになる。さらに、住宅ローンの平均的な規模を約三〇万ドルと仮定すると、二〇〇六年末時点のアメリカの住宅ローン総残高（一三兆ドル）は、おおよそ四三三〇万世帯、つまりアメリカの人口の約四三％によって抱えられていたことになる。それにたいして、日本のバブル崩壊直後の一九九三年の住宅ローン残高は、一四一兆円（対ＧＤＰ比約二九％）と推定されている。一九九二年の住宅ローンの平均が二七四〇万円であったことを考えると、日本の住宅ローン総残高は約五一〇万世帯、人口の一二・三％分に相当する。(4) あきらかに、アメリカの住宅ローン全般、特にサブプライムローンは、一九八〇年代末のバブルの過程における日本の住宅ローンをはるかに上回っていた。

それでも、日本のバブルは一九九〇年代に（株式と不動産の価格下落を含めて）一四〇〇兆円をこえる大きなキャピタル・ロスを引き起こすほどの規模のものであった。しかし、住宅市場はバブルの一部でしかなかったことを念頭に置いておかねばならない。不動産全体だけでなく、株式市場にも投機的なブームがあった。それにたいして、今回のサブプライム問題に先立つアメリカの好況は、比較的明確な二つの波のうちに発生した。ひとつは、一九九六年から二〇〇一年にかけてのニューヨーク証券取引所を中心とした情報技術バブルの膨張と崩壊である。もうひとつは、それに続く二〇〇〇年代の住宅ブームとその崩壊である。

日本との比較をさらに進めてみると、日本のバブルとアメリカのバブルの両方に明確に共通する要因があり、それが最終的にはバブルの崩壊を導いた。すなわち、投機的取引に容易に動員されうる資金が豊富に利用可能であったことである。一九七〇年代末からの長期不況の過程で、大企業は自己資金への依存度を高めた。その結果、先進国の銀行やその他の金融機関は、産業的な活動以外の分野に柔軟に使える資金を保有するようになった。銀行やその他の金融機関にとっては、これは消費者金融や住宅ローン、そして不動産や各種証券の投機的取引に資金を振り向ける必要性を意味した。こうした背景から、一九八五年のプラザ合意後の日本や二〇〇一年以降のアメリカでみられたように、利子率を引き下げる金融政策も、不動産や証券の投機的取引をあおる傾向をもつようになった。

二つのバブルにさらに共通する要因は、住宅ローンをふくむ投機的な金融取引に、ＩＴが利用されたことである。ＩＴの発達によって、変動金利をともなう返済スケジュールの迅速な見積もりや、高速の金融取引、そして銀行信用の柔軟な拡大がうながされた。特にアメリカの金融では、ＩＴが個人のクレジットスコアの導出に応用されたほか、最初の数年間は「ティーザー」レートを適用し、所得の低い労働者を引きつけるハイブリッド型住宅ローンの設計・

運用にも応用された。ITはまた、アメリカの住宅ローンの場合、重層的証券化を可能にし、続いて世界中への証券の拡散をも可能にした。

しかし、アメリカの住宅ブームの膨張を促進した政治的(かつ制度的)要因が二つあった。第一に、金融取引にたいする規制を撤廃した新自由主義的政策が、柔軟なティーザーレートの住宅ローンの導入をも可能にした。第二に、地域再投資法(一九七七年)(銀行が家計貯蓄の一定部分を地域コミュニティで再利用することを奨励)と選択的抵当権取引均等法(一九八二年)(住宅金融における低所得者居住地域にたいする差別を防止)が、サブプライムローンの進展をうながした。こうしたローンは、民間資金を動員して都市再生を促進する革新的な政策の様相を呈していた。このように金融業は、一九六〇年代以来の公民権運動の成果とみなされていた、金融の民主化に乗じていた。こうした不運で矛盾した展開の先に、低所得者への住宅ローンが急拡大し、悲劇を引き起こすこととなった。

この展開をより広い文脈でとらえるなら、資本主義的発展の長い歴史的過程において、金融システムは主として、資本主義的企業による蓄積の目的のために遊休資金を動員する一連の社会的機構として機能してきたことに留意すべきである。しかし、二〇世紀には、年金基金や保険金支払といった労働者の貯蓄が、金融システムの社会的機構にますます組み込まれるようになった。消費者信用にも同様の考察が当てはまる。

消費のための信用は、伝統的に質屋や高利貸し(資本主義以前の時代からの残存物)、消費者金融会社によって供与されてきた。このような消費者信用のしくみは、近代的な銀行・金融システムからみれば、比較的小規模で周辺的なものであった。しかし、大企業の自己資金への依存度が高まるにつれ、正規の金融機関が非金融企業に融資する機会は減っていった。こうして、大手銀行やその他の金融機関は、消費者金融、特に労働者向けの住宅ローンを拡大し始め、しだいに低所得層へと進出していった。この意味で、労働力商品はますます金融化した(5)。この傾向は労働力の金融化と呼ぶことができ、日本のバブル期からすでに顕在化していたが、最近のアメリカの住宅ブームのあいだに非常に悪化した。銀行と関連不動産会社は、アメリカの住宅ブームの過程で、キャピタル・ゲインの見込みをちらつかせて、労働者に借金をするよう強烈に勧誘した。

ただし、日本のバブルは、国民総生産(GNP)の一五%前後の水準にあった、国内の高い家計貯蓄からなる資金によって主に調達されていた。それにたいして、アメリカの家計貯蓄はきわめて少なかったので、アメリカの住宅ブームは、国内に同様の資金源をもたなかった。それゆえ、抵当権の証券化によるグローバルな資金調達がなされた。その結果として、アメリカの住宅市場の金融業務は、それ以前の日本の銀行の業態とも、一九八〇年代までのアメリカの貯蓄貸付組合(S&L)のそれとも大きく異なるものとなった。

一九八〇年代には、住宅ローン事業を手がけるアメリカの金融会社(典型的にはS&L)の貸付モデルは「組成保有型(originate-to-hold)」であった。しかし、最近のブームでは、住宅ローンの主な組成者は、預金を受け入れず、ローンの売却を進めるモーゲージ・カンパニーであった。典型的な買い手は、大手商業銀行や投資銀行が所有する特別目的会社(SPV)であった。SPVは住宅ローンを取得した後、大量の住宅ローンを抵当担保証券(MBS)にまとめ、他の金融機関に売却した。銀行もまた住宅ローンを組成し、そのために設立されたSPVに売却することでバランスシートから外していた。これが「組成分配型(originate-to-distribute)」モデルの内容である。

このような手法によって、アメリカの住宅ローン市場は構造的に二重化された。一階部分は本来の貸し手(典型的にはモーゲージ・カンパニー)と家計の借り手で構成され、二階部分は抵当担保証券を世界中に流通させる金融機関であった。こうした新しい業態は、モーゲージ・カンパニーのような本来の貸し手を、貸付の資源としての預金という制限から解放した。さらに、銀行に預金以外の資金を求めることをうながし、その結果、銀行を貨幣市場でのホールセール借入へと誘導することとなった。また、信用リスク(個人の債務不履行)や金利リスク(住宅ローンの利子率は固定されているが、預金利子率は変動する)から銀行を解放したようにみえていた。

このような業態は、一九九〇年代半ばからのアメリカの住宅ローン市場の特徴であった。一九八〇年代末に投機的な住宅バブルが発生したときの日本には、このようなしくみはなかった。このために、日本の巨大なバブル崩壊は実質的に地域的影響しかもたなかったのにたいし、アメリカのサブプライムその他の住宅市場の崩壊は、グローバル金融恐慌の源泉となった。同様に、日本の銀行は、住宅ローンの保有者として、バブル崩壊後の貸付債権の質の低下によって損害を受けた。しかし、アメリカのバブル崩壊後は、抵当担保証券と資産担保証券の価格下落が広範囲の金融機関のバランスシートを傷つけたために、その影響ははるかに広がった。これらの金融機関には、投資銀行と商業銀行だけでなく、ヘッジファンド、保険会社、年金基金、証券会社がふくまれる。

このちがいが、アメリカ当局が当初、さまざまな金融機関の抵当担保証券やその他の証券の購入や保証に公的資金を投入した重要な理由である。対照的に、日本の当局は公的資金を主に大手銀行の自己資本に注入した。アメリカ政府が銀行救済策の方向を転換し、公的資金を銀行株に直接注入するようになったのは、危機が深刻化してからのことである。

日本(およびドイツ)の金融システムは、しばしばアメリカ(およびイギリス)の金融システムと対比される。前者は間接金融(あるいは組成保有型の銀行信用)により依存しているが、後者は直接金融(あるいは証券市場をつうじた組成分配型の信用)に依存している。近年では、日独の方式よりも、米英のシステムの方が優れているという見方が優勢であった。その明白な理由のひとつは、競争的な証券市場の方が、個人的な人間関係(結果的に縁故資本主義になることさえある)や個人情報に依存する間接的な銀行信用に比べて、資金配分の透明性、合理性、効率性が高いからである。このような見方は、住宅ブームのあいだ、ローンを証券化するアメリカのシステムが、グローバルな資金をうまく動員して信用需要をまかない、住宅価格も上昇を続けたために、信憑性を増した。

残念ながら、サブプライムローンなどの住宅ローンにふくまれるリスクが、抵当担保証券をつうじて分散され、客観的にみて減少されうるという理論(というより信念)には、実質的な根拠がなかった。現実には、抵当担保証券にふくまれるリスクは、まったく透明ではなく、それどころか、スタンダード・アンド・プアーズやムーディーズといった信用格付け会社による込み入った格付けのために、さらに不明確にされた。こうして、二〇〇七年六月、巨大投資銀行ベアスターンズ傘下の二つのヘッジファンドが、サブプライムローン担保証券の損失により破綻した。これをきっかけに、スタンダード・アンド・プアーズとムーディーズによる一〇〇〇以上の抵当担保証券の格下げが急速に進んだ。住宅ブームの終焉から約半年後、アメリカで発行され、世界中で保有されていた抵当担保証券にふくまれる真のリスクが、突如としてあきらかになった。

二〇〇七年には、約七〇〇〇億ドルのサブプライムローン担保証券、六〇〇〇億ドルの(少し質のよい)「Alt-A」債券、三九〇〇億ドルの債務担保証券(CDO)がグローバル金融市場に流通していた。(6) 二〇〇八年夏、ファニーメイ(連邦住宅抵当金庫、FNMA)とフレディマック(連邦住宅貸付抵当公社、FHLMC)が深刻な危機に陥り、九月には事実上国有化された。これらの企業は、アメリカのプライム住宅ローンのほぼ半分を保証している。その後、アメリカの住宅市場全体のローンの質が、著しく悪化していることがあきらかになった。こうして、その市場から生成された証券は、まったく予測できない形でグローバル金融機関に破壊的な損害を与え始めた。世界の金融市場は地雷原に入り込み、巨額損失の報告と倒産の危機が常態化した。

サブプライム金融恐慌は、市場の効率性という新自由主義的信念には、特に金融市場に関しては、根拠がないことを示した。同時に、日本(やドイツ)の金融システムにたいして、アメリカ(やイギリス)は優位性をもつという想定についても、再考を迫ることとなった。住宅市場の投機的バブルが崩壊するやいなや、アメリカの金融システムは世界中に災厄を広げ、国内的にも世界的にも大きな不安定を引き起こした。これとは対照的に、日本の恐慌は、ほぼ局地的なものにとどまり、主に銀行部門に最も深刻な影響を及ぼした。同様にして、アメリカおよびヨーロッパの金融機関にたいする公的資金の注入も、一九九〇年代や二〇〇〇年代における日本の政策とは異なる結果をもたらすと考えられる。現在の金融恐慌に立ち向かうのは、より困難であることが予想される。日本経済は(一九九一年より後ほとんどゼロ成長であったように)一〇年以上の不況を経験したが、現下の恐慌は、主要国に深刻な落ち込みとさらに長い不況をもたらしうる。

2　一〇〇年に一度の大津波か

二〇〇七年五月、サブプライム問題が差し迫りつつあるのが明確になってきたころ、ＯＥＣＤ（OECD 2007）は、アメリカ経済の後退を予測していた。ＯＥＣＤによれば、これは世界的な経済の低迷期を告げるものではなく、ヨーロッパがアメリカから成長のバトンを引き継ぐことで、グローバル経済の再調整がスムーズに進むと考えられていた。これは、「デカップリングシナリオ」と呼ばれていた。この予想は、一九九〇年以降の日本のバブル崩壊、一九九七―九八年のアジア危機、そして二〇〇一年のアメリカのニューエコノミー・バブル崩壊など、過去の投機的バブルの経験にもとづいていたことはあきらかである。これらは比較的限定的で局地的な影響にとどまり、やがて世界の他の地域でバブルが発生した。

残念ながら、地域的なものにとどまることを許さない、サブプライム金融恐慌の特殊性のために、このシナリオは外れた。サブプライム恐慌は、「リカップリングシナリオ」のうちに、悪質な世界経済恐慌へと変化していった。世界各地でのバブル‐危機‐バブルのメリーゴーラウンドは壊れてしまった。サブプライム金融恐慌の破壊力があきらかになるにつれ、アラン・グリーンスパン前連邦準備制度理事会議長は、これを一〇〇年に一度の「津波」と呼んだ。日本の麻生太郎首相も、グリーンスパンに倣い、世界は一〇〇年に一度の金融危機のなかにある、と発言した。これらの発言は、現在の世界経済恐慌がもたらす真の脅威を反映しているように思われる。

つぎの疑問を禁じえない。今般の恐慌の破壊力は、一九二九年のそれを上回るのだろうか。要約すれば、一九二九年の恐慌は、アメリカの経済的好況の末に勃発し、アメリカで三年半にわたって累進的に深まり、ほぼ九〇％もの株価の下落、三次にわたる九〇〇〇行の銀行破綻の波、失業率の二五％への上昇、そしておよそ四六％のＧＤＰの下落を発生させた(7)。その結果、深刻なデフレスパイラル、世界農業恐慌、一九二〇年代に再建された金本位制の崩壊、ブロック経済化による国際貿易の縮小、そして世界中の経済生活の全般的瓦解が起こった。現在の金融恐慌をつうじて、同じような、あるいはそれ以上の経済崩壊が近づいているのではないか。二〇〇八年九月の巨大投資銀行リーマン・ブラザーズの破綻に端を発したリーマン・ショックで株価が急落したことで、国際金融界や実業界のあいだに、こうした懸念が広がり始めた。

このような崩壊が再び起こる可能性は、もはや無視できない。それ自体としては、これは資本主義経済の内的矛盾の現代的な現れである。しかし、この問題には慎重にとり組まなければならない。過去二〇年間に金融危機は何度か起きており、そのうち最も顕著なものは、一九八〇年代の日本の巨大バブルの崩壊、一九九七―九八年のアジア危機、そして「ニューエコノミー」バブルの崩壊であった。これらの危機は、金融資産のメルトダウンをともなっており、その対GDP比の価値は一九二九年の大恐慌に匹敵するか、あるいはそれ以上であった。しかし、それと同等の、金融と実体経済の相互破壊をつうずる激発的な経済崩壊をもたらしたものはなく、本稿執筆時点(二〇〇一年)のサブプライム金融恐慌もやはりそうした崩壊にはいたっていない。一九二九年とは状況が異なり、現在の金融恐慌は適切な観点から分析される必要がある。一九二九年と比較して、現在の恐慌のインパクトを軽減しうる以下の四つの要因を考えてみよう。

第一に、一九二九年の最初の衝撃の後、金本位制だったために、為替相場が固定され、各国が金準備を退蔵せざるをえなくなり、そうして弾力的な財政・金融政策が制約された。それに続いて、ブロック経済化が世界貿易の縮小を加速させた。対照的に、現在の変動為替相場のシステムは、国際的な決済手段の準備を保持する必要性から、主要国を解放している。これにより、財政・金融政策の柔軟な運用の余地ができている。こうして、一九九〇年代の日本の方法にしたがい、銀行やその他の金融機関を救済すべく、莫大な量の公的資金を注入することが可能となった。

公的資金を金融機関に注入することで、世界経済が激発的に崩壊する危険性が緩和されることは疑いなく、アメリカの緊急財政・金融政策と組み合わされれば、いっそう効果がある。その一方で、こうした政策は財政赤字を拡大させ、公的債務の負担を数年にわたり増加させる傾向をもち、それによって、日本で経験されたように、経済的停滞が続く影響も生じさせる。さらに、アメリカの大幅な財政赤字は、国際的債務の巨額の拡大によってしか支えられないため、ドルの価値が下落するおそれがある。このため、アメリカ政府はドルの暴落を避けるために国際政治協力を求める必要に迫られているとともに、新たな国際通貨秩序が構築されてきている。

第二に、一九二九年の大恐慌の過程では、主要国の独占資本は、独占価格と独占利潤を維持するために、生産と雇用を急速に削減した。この行動は独占の特徴であり、概して当時の主要国のマクロ経済パフォーマンスを悪化させた。しかし、現在の状況では、独占の弊害はさほどみられない。最大手企業でさえ、グローバルな競争圧力のもとで事業展開しており、国内市場で独占価格と独占利潤を維持することが難しくなっている。これが、アメリカ自動車産業のビッグスリーが直面した困難の根底にある。したがって、大企業の産出と雇用の崩壊は、おそらく一九二九年よりも深刻ではなく、それは消費需要の減少の原因というよりも、むしろその結果であろう。さらに、先述したように、多国籍大企業は自己金融化の傾向を強めていた。その結果として、彼らの事業活動は、金融恐慌による信用収縮の直接的な影響を受けにくいように思われる。他方、銀行信用に大きく依存する中小企業は、金融恐慌の過程で大きな打撃を受けた。

第三に、最初の二つに関連して、金融恐慌が産業部門の雇用と実質賃金に与えた破壊的な影響は、深刻さを増しているものの、一九二九年よりは軽いものにとどまっている。労働者の貯蓄、保険、年金、失業給付をふくむ社会保障は、将来への不安を高めながらも、労働者の消費をある程度支えた。同時に、労働者の失業率の上昇、労働時間の短縮、賃金の引き下げは、恐慌に直面した資本主義的企業が柔軟にコストを削減することをおそらくは可能とする。

第四に、グローバリゼーションの時代において、たとえば中国やその他のアジア諸国のような、発展途上国の経済的な活力は大幅に拡大した。それらの国々の成功は、海外からの多国籍企業による直接投資に支えられた、安価な労働力の継続的な動員に依拠してきた。貿易、投資、金融をつうじた発展途上国からの経済的余剰の移転は、主要先進国の経済恐慌を緩和するクッションとして、直接間接に役立てられている。たとえば、安価な消費財の輸入は、賃金を下方に押し下げながらも、経済恐慌がもたらす労働者にとっての困難を軽減する作用を果たしてもいる[(8)]。この論理はまた、中国や他のアジアの発展途上国にとって、ビジネスチャンスの拡大をも意味する。最後に、原油価格の高騰期に蓄積されたオイルマネーは、その後、国際金融市場をつうじて還流し、その前の時期には投機的バブルを促進しながらも、これもまた金融恐慌を緩和する働きをなした。

これらの要因を考え合わせると、当面はサブプライム金融恐慌は緩和され、一九二九年の恐慌よりも深刻ではなくなった。しかし、これらの効果は絶対的かつ永続的なものとはいえない。これらの要因が、現代の金融に固有の自己破壊的な傾向にどこまで対抗できるかは定かではない。実体経済と金融の相互作用や、その相互に加えられるダメージによるだろう。危険なのは、企業や国家にたいする深刻な圧力が、労働者に転嫁されうることである。少なくとも、ワーキング・プアの数の増大といった形で、世界中で貧富の格差が拡大するおそれがある。

3　その社会的費用

新自由主義は、一九八〇年代から最近まで、先進資本主義諸国において支配的な政策枠組みであった。それは新古典派ミクロ経済学にもとづき、競争的で規制のない市場の効率性を信奉している。その結果、公企業の民営化や、金融部門などのさまざまな分野での規制緩和を推進してきた。特に、証券市場にもとづくアメリカ型金融の効率性が前提され、グローバルに重要視されてきた。そこで、今回のサブプライム金融恐慌は、地震や戦争などの外的ショックではなく、主としてアメリカ金融システムそのものの内的運動によるものだということを強調し指摘しておきたい。

結果として生じた経済的損失は、市場の効率性やアメリカ型金融の見かけ上の利点に関する新自由主義的信念が誤りであったことの明白な証拠である。経済的損失にはいくつかの側面があり、それらはサブプライム金融恐慌の社会的費用と定義できよう。一般に社会的費用の概念は、第三者や社会全体に課される外部性、最適配分を達成できなかったことによるマクロ経済的損失、公共的政策による費用など、さまざまな現象からなる。今回の金融恐慌の社会的費用の総額はまったく確定的ではないが、特に日本のバブルの経験を念頭に置くと、つぎの四つの側面がすでに特定できる。

第一に、住宅ローン債務者側の経済的費用の存在である。二〇〇八年までですでに、アメリカでは二〇〇万件以上の差し押さえが発生した。こうして住宅から放り出された債務者にとっては、過去のローンの支払いや家具への支出は完全にムダになってしまった。こうした損失は、主にサブプライム層の低所得債務者に打撃を与えた。しかし、プライム層の住宅ローン債務者であっても、資産価値と所得の両方が減少し、損失を被った。住宅価格の下落とともに、住宅の市場価値はローン残高を大きく下回るようになるが、それでもキャピタル・ロス部分についても返済は必要となる。

日本のバブル崩壊後、一九九〇年代の住宅価格は、一部の大都市圏において半分以下にまで下落した。債務者からすれば、それに相当する住宅ローンを返済し続けても、無価値であり、ムダに終わった。アメリカでは、住宅価格の下落ペースはすでに一九二九年の恐慌を上回っており、下落幅は最終的には当時の下落率二六％をこえる可能性がある。(9) アメリカの住宅ローン総残高がＧＤＰにほぼ等しいことを考えると、債務者が何年にもわたってムダに支払った金額は、現在のＧＤＰの三分の一にまで達する可能性がある。これは、差し押さえの費用を考慮するまでもなく、莫大な社会的損失となる。

第二に、抵当担保証券、資産担保証券、株式など、世界中の広範な証券の価格下落による莫大なキャピタル・ロスの存在である。日本のバブル崩壊後、株価によるキャピタル・ロスの総額は約五〇〇兆円と推定されており、これは一九九〇年代半ばの日本のＧＤＰにほぼ匹敵する。なおこれには、同規模であった不動産のキャピタル・ロスはふくまれていない。(10) アメリカやその他の国における証券のキャピタル・ロスの総額が、ＧＤＰ比で同様の割合にまで達するかどうかはまだわからない。しかし、その規模が絶対額で一九九〇年代の日本の損失の数倍になることは疑いない。

特に労働価値説の見地から、証券、株式、不動産のキャピタル・ロスのもつ意味合いについて、どのようなことがいえるだろうか。ある程度は、この損失は、それに先立つブームのあいだに得られた利得と相殺されるかもしれないが、両者が正確に一致する保証はない。他方では、バブル崩壊時に発生する価格下落は、個々の労働者、企業、そして社会全体にとっては、純粋な損失として作用する。確かに、資産が売却されないかぎり、キャピタル・ロスの一部は潜在的なものにとどまるのであって、これは架空的な資産価値の計上ともいえる。また、有価証券の売却によってキャピタル・ロスが実際に実現するとき、その取引によって他人が利得を得る可能性もある。それでも、正味の結果はマイナスになることがほとんどであり、これはゼロサム・ゲームにはならない。このようなキャピタル・ロスの(負の)価値の社会的次元を理解することは、依然として茨の道である。

マルクス派の価値論では、年間の社会的総生産物に対象化される活きた労働が、新たに生み出される価値の実体を形成する。これが、資本家階級(地主や不労所得者をふくむ)と賃労働者とのあいだで分配される。生み出された価値の一部は、市場で実現することが困難なために失われる可能性がある(商品を売ることができないか、通常の価格よりも安く販売される)。しかし、社会にとってのキャピタル・ロスは、必ずしも年間の活きた労働によって生み出された価値の未実現部分と関連したり、対応したりするわけではないだろう。むしろ、キャピタル・ロスの大きさの方が、はるかに大きいのがふつうである。

こうしたキャピタル・ロスは、第一に、過去の労働の蓄積にたいする債権のストックの一部が破壊されたことを示しており、第二に、年間の活きた労働から生じる所得のフローが再分配されたことを示している。これは、機械の「道徳的」磨損、すなわち、ある産業においてより効率的な技術が社会的な標準となったときに、機械に蓄積された労働時間が社会的に破壊される事態とは、理論上は異なるものの、それを連想させる。経済恐慌においては、こうした破壊的なショックが、証券、株式、不動産の価格でのキャピタル・ロスの形態(マルクスの用語を使えば、架空資本の価値破壊)をとりうる。これは、フローの総量の減少だけでなく、年間所得のフローの分配の変化をも(直接間接に)もたらしうる。

所得の大きさと分配にたいする影響をおいたとしても、証券価格の下落は銀行やその他の金融機関に損失を課すことになる。(国際決済銀行(BIS)によって二〇〇四年に導入された)バーゼルⅡの自己資本比率規制のもとで、時価会計主義が銀行のグローバル・スタンダードとなった。これは、金融業やその他の会社の株式価値の時価評価をうながすものであるため、証券化された金融市場の業態に適合的である。これはまた、証券市場や株式市場におけるリスク管理をおこなううえで、より透明性の高い環境をつくりだそうとして、アメリカ型の金融業務を世界中に押し付けている一例でもある。この規制のために、(潜在的なものではあるが)キャピタル・ロスの増大によって自己資本比率の維持が困難となるという形で、銀行に損害が与えられた。この規制は、サブプライム金融恐慌の影響を悪化させている。

日本の銀行は、一九八八年にBISによって課せられた、前のバーゼルⅠの自己資本比率規制によって、一九九〇年代に大きく損害を被った。この規制は、銀行の自己資本比率を八%以上に維持することを義務づけていた。それによって、銀行が中小企業へ与信しにくくなり、日本の危機を長引かせた。要するに、BIS規制はバーゼルⅠもⅡも、バブル崩壊の防止には効果がなく、むしろその後の銀行危機を悪化させたのである。

同時に、銀行や機関投資家などの金融機関は、現在、資本主義的企業や富裕層の資金だけでなく、多くの労働者たちの貯蓄や年金、保険料も運用していることに留意しなければならない。これらの資金の大部分は株式やその他の有価証券に投資されているため、金融機関のキャピタル・ロスやそれにともなう破綻は、労働者にも大きな影響を与える可能性が高い。金融システムを救済するために公的資金を投入しても、労働者の反対がさほど強まらないのは、この潜在的な費用が重要な理由である。

第三に、銀行やその他の金融機関を救済するために使われる公的資金は、社会的費用の一種である。たとえば、アメリカにおいては、ブッシュ政権が、二〇〇八年一〇月はじめに、金融安定化法を成立させることについに成功し、金融システムに最大七〇〇〇億ドルを投入することが可能となった。これは、一九九〇年代に銀行に注入された日本の公的資金の総額(七〇兆円)に匹敵する。これは主に、銀行がバーゼルIの規制をクリアできるように、株式の形でおこなわれた。なかには、事実上国有化することで破綻した銀行を再建し、その後に再び民営化することを目的とした、一種の補助金として公的資金が機能したケースもあった。たとえば、新生銀行となった日本長期信用銀行や、あおぞら銀行となった日本債券信用銀行がそうであった。しかし、注入された公的資金の大部分が、二〇〇二年以降の景気回復や、一九九〇年代以降の日本の銀行の合理化や合併によって、国に返還されたケースもある。とはいえ、約一〇兆円が未収のままであり、これは純粋な社会的費用である。アメリカでは、公的資金の多くが銀行から問題のある証券を買い取るために使われているので、これらの証券が累進的に無価値になっていってしまうと、それに比例して社会的費用が大きくなっていくおそれがある。

しかし、金融安定化法のもとで約束された資金は、現下の恐慌の過程でアメリカ政府と連邦準備制度理事会によって支出された公的資金のすべてではない。あるレポートによると、アメリカは凍りついた信用市場を動かすために、七・七兆ドルを使うことを約束しているとされる(11)。これには、金融機関がすでに利用した三・二兆ドルと、連邦準備制度理事会がコマーシャルペーパー市場への介入を約束した二・四兆ドルがふくまれる。約束された資金の総額は、アメリカのGDPの約半分に相当し、アメリカがこれまでにイラクとアフガニスタンでの戦争に費やした金額の九倍に達する。これらの資金のかなりの部分は、返済不履行や証券価格の下落によって失われ、納税者の負担に転嫁される可能性が高い(オバマ政権が、アメリカで事業をなす銀行やその他の金融機関に新たな課徴金を要求している理由はここにある)。

さらに視野を広げると、イギリスやいくつかのEU諸国が、金融機関を救済するための公的資金供与に乗り出している。これは、現在のグローバル金融の難局がさらに悪化するのを防止するための国際協力の名の下におこなわれている。公的資金の注入により、銀行やその他の金融機関のなかには、事実上国有化されたり、経営を公的コントロールのもとに置かれたりするものも出てきている。こうした展開は新自由主義の理論的教義にまったく反しており、伝統的なケインズ主義に比してさえ、資本主義経済を社会主義的に運営するような議論に実質的に近づいている。

第四に、サブプライム金融恐慌が及ぼした、実体経済にたいする破壊的な影響も、社会的費用である。これは推計することは困難だが、あきらかに広範である。たとえば、資本主義的企業の利潤や収入の減少、生産の縮小、そしてよりひろくは、遊休設備や遊休資源の増加といったものがある。実際、主要国の成長率は二〇〇九年に低下を余儀なくされ、多くはマイナスとなった。ＯＥＣＤ全体としては、成長率は二〇〇八年の一・四％から、二〇〇九年にはマイナス三・五％に落ち込んだ。アメリカは一・四％からマイナス二・五％へ、日本は〇・五％からマイナス五・三％へ、ユーロ圏は一・一％からマイナス四・〇％へと下落している。(12) こうした展開によって生じた、個人および社会全体にとっての費用の大部分は、それに続く失業率の上昇をともなっている。実体経済のダメージが累増するにつれ、失業率はさらに上昇するおそれがある。たとえば国際労働機関（ＩＬＯ）は、二〇一〇年一月に、世界の失業者が二〇〇七年の一億九七〇〇万人から、二〇〇九年には最高で二億一二〇〇万人にまで増大し、二〇一〇年にも高水準が続くだろうと報じた。(13)

結論としては、サブプライム金融恐慌は、新自由主義の歴史的限界をはっきりと示し、新自由主義の三〇年間を終わらせる必要性をあきらかにした。同時に、恐慌は資本主義経済の根本的な不安定性と矛盾をも暴露したのであって、たんなる経営の不始末や経済政策の過誤に帰することはできない。日本型の間接金融も、アメリカ型の直接金融も、巨大なバブルのひどい膨張と崩壊を防止することはできなかった。新自由主義が支配的である状況下で、資本主義経済は、特に金融部門において、社会的なコントロールと規制からほぼ解放されていた。労働力の金融化が、考えなしに進められた。サブプライム金融恐慌は、新自由主義がそうした狂奔する金融化資本主義を推し進めた、破滅的な結末以外の何物でもない。

現在の恐慌は、新自由主義的理論と政策が非常に問題ぶくみであることをあきらかにしている。しかし、どのような理論的接近が、適切に基礎づけられた代替路線を提供できるのかは、いまだ明瞭ではない。ケインズ主義だけが、議論の俎上にのぼるべき唯一の接近法というわけではないだろう。マルクス派の貨幣、信用、金融論にもとづく、ラディカル派の政治経済学は、現下の恐慌において、そのアイデアと対策案を試し、発展させる余地をもっている。[14] それは、主流派に端を発する新自由主義への代替的アイデアよりも、労働者の利害によりよく資する代替路線を提案しうるはずである。

注

第一章

（1）これと同様の見積もりがそれぞれ別の資料により都留重人（Tsuru 1964, p. 79）と関根友彦（Sekine 1975, pp. 847-848）とにみられる。新古典派という用語は本書では概してケインズ学派をふくむ広い意味でもちいられている（「第二版へのまえがき」でも述べたように、本書の初版以降四〇年間に日本の大学での状況は当時とは大きく変わってきてはいる）。

（2）たとえばスウィージー（一九六七）の「補論A」にみられる都留の貢献を参照されたい。

（3）たとえば、関根友彦（前注1）による宇野理論の紹介論文や本書初版（Itoh 1980）に収録された諸論稿など。

（4）E・F・フェノロサは後に日本の伝統美術を西欧に紹介し、日本の近代美術教育の創始者ともなったことでも広く知られている。

（5）J・S・ミルの『経済学原理』（一八四八年）はすでに一八七五—七六年に林董・鈴木重孝訳で刊行されていた。A・スミスの『国富論』（一七七六年（スミス　二〇〇〇—〇一））は一八八四—八八年に石川暎作・嵯峨正作訳ではじめて刊行される。D・リカード『経済学および課税の原理』（一八一七年（リカード　一九八七））の導入はそれらにくらべやや遅れていた。こうした状況については玉野井（一九七一）が詳しい。

（6）ここであげたのは大内力（一九六二）に用いられている名古屋高商鉱工業生産指数である。

（7）ドイツの新歴史学派については、ロール（一九五二）七六—八〇頁をも参照されたい。

（8）その典型例はこの日本社会政策学会の創設者のひとりであった高野岩三郎であった。東京大学でのその指導のもとに多くのすぐれたマルクス経済学者を育てるとともに、やがて大原社会問題研究所も創設して、一九三〇年代のファシズムによる弾圧にさいし、彼らの多くにこの研究所をシェルターとして役立てた。ドイツの社会政策学会と異なり、日本社会政策学会がマルクス学派も許容していたのは、おそらく日本の社会主義が強力だったためではなく、むしろなお脆弱だったためではないかと思われる。

（9）当時はまだ独立の経済学部は国立大学にはなく、経済学分野での教員ポストもごく限られていた。

（10）名古屋高商鉱工業生産指数は、一九一四年を一〇〇として一九一九年までに四八七に急増しているが、一九二四年には四五三に反落し、一九二九年までに五四〇に増加したにとどまる。世界大恐慌が始まると、日本の鉱工業生産は一九二九—三一年のあいだに三一・四％下落する。しかし一九三五年までに一九二九年水準を七四％こえる水準まで急速に上昇している。この急回復と成長は、一九三一年の満州事変に続く軍事支出の拡大に大きく依存していた。大内力（一九六二）一六八、二三三、二五九—二六〇頁参照。

(11) 金融資本は、ヒルファディングの『金融資本論』(一九一〇年〈ヒルファディング 一九八二〉)とレーニンの『帝国主義』(一九一七年〈レーニン 一九五六〉)で指摘されているように、自由主義段階の産業資本に代わり、帝国主義段階の支配的資本となった。しかし、ヒルファディングの「銀行によって支配され産業資本家によって充用される資本」としての金融資本の定義は、当時のことにドイツでの銀行の支配的役割を過度に一般化する内容となっていた。スウィージー(一九六七)は、第一四章でそれを適切に批判している。しかし、金融資本の概念を「独占資本」におき替えようとするスウィージーの提案には同意できない。その規定では、巨大産業諸企業が資本市場をつうじ金融的な形態と機能を有する重要な側面が軽視されるおそれがあるためである。金融資本の概念は、国ごとに類型が異なるとしても、資本の原理的に最高の発展形態としての株式資本論の整備にもとづき、一九世紀末以降の巨大産業株式資本の現実的成長、発展にそくして再定義して用いうるところと思われる。戦前の日本の場合、財閥家族が、巨大商社、大銀行、鉱工業の大企業などさまざまな事業分野の諸企業を、持ち株会社をつうじ支配し管理しうるコンツェルンの一類型として、金融資本を支配していたと考えてよいであろう。

(12) 高畠訳にさきだち、一九一九—二〇年には松浦要、生田長江、山本義人のそれぞれ独立の『資本論』の邦訳が出版され始めたが、いずれも第一巻の三編をこえるにはいたらなかった。さらに一九二七年には河上肇・宮川実訳の邦訳が出版されているが、それも第一巻第三編までにとどまった。この新訳は、高畠訳とあわせて、一九三〇年代末までに三〇万部をこえる売り上げをみたと推計されている。その後、長谷部文雄による全三巻訳が一九三七—五〇年に刊行され、さらに向坂逸郎と岡崎次郎との全巻訳がそれぞれ戦後に加えられ、一九五〇年代末までには一五〇万部を売り上げたとみつもられている。その経緯については鈴木(一九五九)が詳しい。なお本書初版以後にも資本論翻訳委員会訳の全巻新訳が刊行されている〔この一文は原書にない。なお資本論翻訳委員会訳の新訳『資本論』には、一九八二年刊行開始の新書版、一九九七年刊行の上製版、二〇一九年刊行開始の新版の三種類がある〕。なおレーニンの『帝国主義』は、一九二四年には青野季吉訳で、一九二九年には長谷部文雄訳で刊行され、ヒルファディングの『金融資本論』は一九二七年に林要訳で発刊されている。

(13) 小泉(一九二二)。ベーム＝バヴェルクのマルクス価値論批判とヒルファディングによるその反批判は、スウィージー編(一九六九)に収められている。

(14) 川口(一九六四)はこの時期の論争に関わった主要な論文四五本をあげている。

(15) 河上(一九二二—二三)、櫛田(一九二五)。

(16) 山田盛太郎(一九二五)。

(17) 本書をつうじ『資本論』からの引用箇所は、原書では一九七六年、七八年、八一年刊行のペンギンブックス版によっているが、この訳書では、岡崎次郎訳の国民文庫①—⑧により、ここでのように略記する。マルクス自身も『資本論』第三巻で生産価格の規定を示した直後の第一〇章でふりかえって「諸商品がそれらの現実の価値どおりに交換されるということは、いったいどのようにして成り立ったのであろうか」(邦訳⑥二九〇頁)と述べて、方法論的問題を提起していた。これに続きエンゲルスが『資本論』第三巻への補遺で引用している、資本主義に先行する商品経済での価値法則の作用へのマルクスの論及がみられるので、マルクスにエンゲルスやヒルファディングの歴史的・論理的展開説につらなる発想がなかったとはいえない。

(18) たとえばソ同盟科学院経済学研究所(一九五五)、ミーク(一九六九)など。

(19) 土方(一九二八)、高田(一九三〇)。

(20) 向坂(一九三三)はこの論争にふくまれた四十余の論文をあげている。

(21) 日本共産党の指導者たちもある程度の役割は果たしていたが、これらのテーゼの定式化にいつも決定的だったのはコミンテルンからの指示であった。その動揺の経緯は、Beckmann and Okubo (1969)にも分析されている。

(22) 野呂栄太郎は一九三三年六月に日本共産党の委員長になったが、同年一一月に逮捕され、翌三四年二月に獄中でなくなっている。

(23) モーリ編(一九七四)の「序論」で、編者モーリも、遠山茂樹、井上清をはじめ、日本の歴史家の多くがその著作においてあきらかに講座派の影響を示していると述べている。

(24) たとえば一九二八年末に結成された日本大衆党と一九三〇年七月に設立された全国大衆党が例としてあげられる。注21で論及したBeckmann and Okubo (1969)は、労農派の政治的影響について、「労農派はいかなる組織も綱領も展開しなかったので、政治勢力とはならなかった。労農派はむしろその影響が大部分知識人たちにかぎられていた、一見解を提示するにとどまる傾向があった」(p. 137)と述べていた。それは、日本の社会主義運動の左派における労農派の役割を過小評価している。ことに労農派は、日本社会党の左派にかなりの影響を与えていたからである。

(25) 講座派と労農派とのさらに詳しい文献は、Yasuba (1975)で読むことができる。

(26) 第二次世界大戦末までのこの時期に部分的にマルクス学派の観点が大学に生き延びた例外的な二例があった。そのひとつは大塚久雄とその後継者による近代ヨーロッパの経済史研究であり、もうひとつは大河内一男による社会政策と労働問題研究であった。その双方とも講座派的見地が、ドイツ歴史学派的接近と結合される形で消化されていた。たとえば、大塚は、イギリス資本主義の自立的成長は、独立自営のヨーマン内から系譜的に生じたことを強調し、日本の真の近代化に前提条件となる自由な中間層としての農民を創出するブルジョア革命が必要となるという講座派の立場を、経済史の分野から支援していた。高橋幸八郎は、これを継承しつつ、M・ドッブとP・スウィージーのあいだの封建制から資本主義への移行論争に、ドッブに賛同しつつ参加し、松田智雄はドイツ経済史に専門化しつつ、大塚史学を若い戦後の世代に広げるうえで、ともに大きな役割を果たした。

(27) 以下の統計数値は、大内力(一九六二)二八二頁、および経済企画庁調査局編(一九七七)五頁による。

(28) 製造業における実質賃金の年平均上昇率は、一九六一—六六年には三・八%であったが、一九六六—七三年には九・四%に急騰した。その結果、一九六八—七二年のあいだに、生産性の上昇は三七%であったのに、実質賃金は四三・八%の上昇をみている。

(29) 国民所得中の営業所得のシェアは、一九七〇年の一五・四%から一九七三年の八・一%へ年々減少しているが、同じ期間に賃金・給与のシェアは四四・六%から五〇・〇%へ増大していた。

(30) Bronfenbrenner (1970)が、日本人は一般的に「資本主義は戦争を意味する」と感じており、それが日本でマルクス学派が広く支持されている主要な理由だと指摘しているのは、おそらく正しい。この論文で著者が見逃しているのは、悲惨な太平洋戦争が、日本人に社会体制に歴史的変化がありうるという深い印象を与え、そこから資本主義の歴史性を解明するマルクス学派の妥当性に広く学問的支持が与えられてきた側面であろう。

(31) たとえば、置塩(一九五四)は、各生産物一単位に対象化されている(生産手段から移転される)過去の労働とそれに追加される活きた労働の総量が、全生産部門の投入 - 産出の技術的生産関数を示す連立方程式の解をもとめる手法により、確定できることを労働価値説の基礎としていちはやく示していた。しかし、この貢献は、それによって確定される生産物一単位に対象化される労働量を直接に価値と規定しているかぎり、新リカード学派に近いと解釈されかねない。その規定では、労働量が価値の実体となる歴史的に特殊な条件があきらかにされえないからである。

置塩(一九七七)などにみられる、マルクスの利潤率の傾向的低下の法則にたいする批判が、もうひとつの例となる。そこでの置塩による数理的なマルクス批判は、資本蓄積にさいしての新生産方法の選択が狭く既存の技術にもとづく均衡価格のもとでおこなわれるとみなし、資本主義的技術革新がむしろ均衡破壊的な恐慌や不況を介して実現されてゆく側面を軽視しているのではないか。

Okishio (1993)などにして示されているマルクスの剰余価値搾取論の数理的論証もこれらとあわせて世界的にも関心を集めている重要な貢献であるが、右に述べたような補完的注意もようするところはないか〔以上二段落は原書より拡充されている〕。

(32) 戦後の農地改革については、英文で書かれた文献として、Tsuru (1958)も参照に値する。

(33) 宇高・南(一九五九)。

(34) 向坂逸郎の『資本論』全三巻の邦訳が一九四八—五六年に刊行される直前に長谷部文雄の全訳も完成していた。その後一九六五—六七年に岡崎次郎訳の完訳も刊行され、戦前の高畠素之版に加え、三種の異なる完訳が新たに選べるようになっている(本書初版後さらに、日本共産党に関係の深い資本論邦訳委員会訳の完訳が加えられている)〔『資本論』邦訳の刊行状況については前注12も参照〕。

(35) グロースマン(一九二二)。この著作は、欧米マルクス経済学のルネッサンス運動のなかで、たとえばヤッフェ(一九七八)が資本構成高度化説的資本過剰論としての恐慌論を再生させようと試みている、古典的原典にあたる。

(36) マルクスは『資本論』において、さまざまな具体的史実や資料をあげているが、それらは概して『資本論』における資本主義市場経済の基礎理論への現実的例証や補足として扱われている。それは、レーニンの『帝国主義』論が、主要諸国における重化学工業の発展にともなう金融資本の独占組織の形成や国家の関税・植民地政策の変化や世界市場の分割による再編などの史実にそくし、資本主義の新たな帝国主義段階への推移の基本として、理論的に解明しようとした研究と次元があきらかに異なっている。『資本論』の理論は、より抽象的で一般的な資本主義の原理を述べたもので、国家の役割や世界市場編成の段階的変化に論及しないでも、体系的に完結する〔以上二文は原書より拡充されている〕。『資本論』から金融・独占資本や帝国主義の理論を直接演繹しようとするさまざまな試みは、その両者のこうした研究次元の区分の必要を無視してきた。その結果、(ローザ・ルクセンブルグの再生産表式の解釈にみられるように)『資本論』の基礎理論をゆがめるか、(バラン&スウィージー『独占資本』一九六六年(バラン&スウィージー 一九六七)にも少なくとも部分的にはあてはまるように)『資本論』の理論を新たな時代の法則や理論でおき替えようとする傾向を生ずることになっていないであろうか。

(37) 同じ段階(steps or stages)という用語が、宇野によって(資本主義発展の)段階論と(マルクス経済学の研究次元における)三段階論との双方を表現するのに使用されている。方法論的には後者がより基本的であり、前者はその必要構成部分をなしている。Gordon(1978)は、関根による紹介(前注1)にもとづき、欧米ではじめて宇野の発展段階論を利用する試みをしめしている。もっともゴードンの解釈にはいくぶん制度学派的香りが感じられる。宇野の発展段階論は、制度的背景を主役(としての資本)とは別の舞台(stage)装置のようなものとして扱うものではない。宇野は、むしろ主導的資本の性質の歴史的変化にもとづき、資本主義の世界史的発展段階を有機的に構成しているのである。

(38) この一九六四年版の宇野の『経済原論』が、関根友彦訳(Kōzō Uno, *Principles of Political Economy*, Sussex: Harvester, 1980)でいまや英語で読めるようになった。

(39) たとえば、森嶋&カテフォレス(二〇〇四)には、そのような方向が示唆されている。そこでは、価値から生産価格への歴史的・論理的展開説を批判したのちに、著者たちは「マルクスにとって、価値と抽象的労働はまったくの論理的抽象だった」とし、マルクスの単純商品生産モデルは「資本主義経済における搾取現象説明のための仮説的な抽象モデル」であったと結論している(二五五―二五七頁)。しかし、こうした主張は説得的でない。というのは、第一に、資本主義経済における搾取関係は、そのような単純商品生産の仮説的モデルによらなくても十分に理解可能だからであり、第二に、マルクスの価値概念は、まさに資本主義的生産過程の分析に不可欠だからである。労働価値説は、現実的な生産価格の存在に対立する、非現実的で仮説的な理論モデルとみなされてはならない。いくつかの解釈上の論点を別とすれば、ミークの立論に賛成しているわけではないが、Meek(1976)におけるミークによる反批判をも参照されたい。ここでの本来の問題は、マルクスの理論についてのたんなる解釈上の論争で解決されうるとも思われない(本書第三章をも参照されたい)。

(40) 魅力的に思われる、そこでの世界資本主義論の方法は、中枢部を包摂している資本主義的生産の局部性と対比される世界市場に広がる商品経済の意義を、原理論、段階論、現状分析をつうじて体系的に強調しているところに特徴がある。

(41) 大内力(一九五八)および日高(一九六二)は、ともに絶対地代の限度を農業生産物の価値水準におくマルクスの規定に、生産価格論の進歩にてらし疑問を投じている。そのことは、Murray(1977)が懸念を示しているように、絶対地代論を放棄することを意味していない。それは、絶対地代の場合、土地所有者による土地への投資制限がひきおこす農産物価格上昇の限界が、その価値によってではなく、マルクスの差額地代の第二形態論における既耕地でのさらなる追加投資の可能性とそれにともなう農産物価格上昇の規制によって与えられることを理論的に示そうとしているのである。その理論的意義は認められるとしても、土地所有者の奢侈的用途などでの土地への投資を許さない資産としての遊休地保有が、結果として農産物価格を高め、絶対地代を増加させる理論的可能性は補足的に論及されてよいところではなかろうか〔この一文は原書にない〕。

第三章

(1) マルクスは、古典派経済学を批判して、つぎのように述べていた。すなわち、「労働生産物の価値形態は、ブルジョア的生産様式の最も抽象的な、しかしまた最も一般的な形態であって、これによってこの生産様式は、社会的生産の特殊な一種類として、したがってまた同時に歴史的に、特徴づけられているのである。それゆえ、この生産様式を社会的生産の永遠の自然形態と見誤るならば、必然的にまた、価値形態の、したがって商品形態の、さらに発展しては貨幣形態や資本形態などの独自性をも見そこなうことになるのである」(『資本論』邦訳①一四九―一五〇頁)。

(2) そのようにみれば、「二〇ヤールのリネン＝一着の上衣または、二〇ヤールのリネンは一着の上衣に値するという表現は、むろん一着の上衣＝二〇ヤールのリネンまたは一着の上衣は二〇ヤールのリネンに値するという逆関係を含んでいる」(同①九五―九六頁)とは思えない。前者の表現が必然的に後者の表現をもふくむなら、マルクスがこの前後で強調している相対的価値形態と等価形態との両極性はあいまいになると思われるからである。

(3) マルクスは、『資本論』第一巻第二章「交換過程」で、商品所有者の役割を強調している。しかし、第一章での価値形態論でも、リネンの価値がなぜ上衣一着の使用価値で表現され、上衣をリネンになぜ直接交換可能なものとするのかを理解するためには、相対的価値形態のリネンの背後にその所有者の役割を想定する必要があるのではないか。そのような問題提起ととり扱いは、宇野弘蔵の『価値論』(一九四七年)や『経済原論』(一九六四年(宇野 二〇一六))などにみられる。

(4) もちろん、マルクスとリカードの理論体系の発端にもあきらかな、つぎのような両者の差異も見逃してはならない。

(a) マルクスは最初から資本主義経済が研究課題であり、その研究が商品形態からはじめられなければならないことを明確にしているが、リカードの関心は価値量の決定原理にかぎられていた。

(b) それに関連して、マルクスは、リカードと異なり、使用価値と交換価値との歴史性の差異に注目している。

(c) リカードは、マルクスと異なり、価値の形態と実体の区分をあきらかにしていない。それゆえ、リカードは、交換価値と価値とを区別せず、使用価値にたいし、交換価値と価値の用語をほとんど同義語のように用いている。

(5) 全一一巻の『宇野弘蔵著作集』(一九七三―七四年)のうちの最初の四巻は、前注3に掲げた著書をふくめ、多かれ少なかれこの論点に関連した宇野の著作を収めている。

(6) G・ピリング「リカードとマルクスの価値法則」(一九七二年(ピリング 一九七八))は、マルクスの価値形態論の独創性の重要さを強調した英語文献では稀な論稿のひとつである。しかしその考察は中途までにとどまっているように思える。ピリングが、交換価値もしくは価値の形態を、労働量の社会的関係としての価値の「現象形態」もしくは「発現」として扱っているかぎり、『資本論』に関し、すでにみてきた困難な諸問題にはふれられないままとなっている。たとえば、冒頭での社会的労働量の関係における「本質的」な価値関係の歴史的性格をどのように理解すべきか。この点についての不明確さが、Brunhoff(1973)におけるピリング批判の第一点に関連している。

(7) そこで、金本位制のもとでは、「流通手段として機能しうる貨幣量は、その平均速度が与えられていれば与えられているのだから、たとえば一定量の一ポンド銀行券を流通に投げこみさえすれば、同じ量のソヴリン貨をそこから投げだすことができる。これは、すべての銀行がよく心得ている芸当である」(同①二一三頁)。と同時に、不換銀行券の過剰発行は、それに比例した商品の生産と流通の拡大をもたらさず、しばしばむしろインフレーションを生じうる。

(8) そこからマルクスのつぎのような分析も導かれる。すなわち、「売るために買うこと、またはもっと完全にいえば、より高く売るために買うこと、*G*―*W*―*G′*は、たしかにただ資本の一つの種類だけに、商人資本だけに、特有な形態のようにみえる。しかし、産業資本もまた、商品に転化し商品の販売によってより多くの貨幣に再転化する貨幣である。買いと売りとの中間で、すなわち流通過程の外で、行われるかもしれない行為は、この運動形態を少しも変えるものではない」(同①二七三頁)。

(9) 「一〇〇ポンド・スターリングで買われた綿花が、一〇〇プラス一〇ポンドすなわち一一〇ポンドで再び売られる。それゆえ、この過程の完全な形態は、$G-W-G'$であって、ここでは$G'=G+\Delta G$である。すなわちG'は、最初に前貸しされた貨幣額プラスある増加分に等しい。この増加分、または最初の価値を超える超過分を私は剰余価値と呼ぶ」(同①二六三―二六四頁)。

(10) ここで、マルクスが強調した歴史的制約に、空間的制約を付け加えておきたい。流通を通した価値の増大に端を発する資本の運動は、資本主義のもとでも、貨幣タームでみて価値を増大させる手段としてのみ、生産過程を支配する。したがって、資本は、その運動手段として、最も容易な産業部門のみを組織し、農業のような困難な部門は、他の生産様式に委ねる傾向がある。国際貿易が商品形態でおこなわれるものであるかぎり、資本は、外国の農産物を、あたかも自分の生産過程のうちで生産されたかのように利用することができる。資本は、すべての生産部門や全世界の生産過程を自らの生産過程として組織することを目指さないし、目指す必要もない。

(11) Progress Publisher 版の英訳『資本論』第一巻第三編の最初の節は(Penguin 版と異なり)「労働過程と使用価値の生産」と題されており、「労働過程」とだけ題されていたオリジナルの節タイトルよりも、この点を強調するものとなっている。

(12) 一八六八年七月一一日付のマルクスからクーゲルマン宛の手紙(マルクス 一九七三)も参照。

(13) 労働の抽象的性格が商品経済に特有であるという主張は、マルクスのこのとり扱い方によるものである。たとえば、ルービン(一九九三(ロシア語原書は一九二八年刊))の第一一章と第一四章を参照のこと。しかし、このような主張をすることによって、ルービンは、すべての具体的労働の共通の基礎として機能する、労働の別の性質を認識せざるをえなくなる。ルービンは、「生理的に等しい労働」、とりわけ「社会的に等しい労働」を、抽象的労働の概念とは別の共通の基礎とみなすべきだと示そうとしている。しかし、このような区別は混乱を招く。ルービンの「社会的に等しい労働」は、具体的な労働とは異なり、抽象的な性格をもち、量的にしかカウントされないからである。

価値関係が社会的労働過程の本質的部分を包摂してはじめて、労働の抽象的性格が認識できるようになるとはいえ、抽象的労働はあらゆる形態の社会に存在したはずである。抽象的労働と具体的労働の双方を、社会のあらゆる形態に共通する基礎として見定めた後はじめて、価値関係をつうじて社会的な労働の大きさを扱う特殊歴史的な方法をあきらかにすることができる。

(14) マルクスは、まずつぎのように労働力の価値について述べている。「労働力の価値は、他のどの商品の価値とも同じに、この独自な商品の生産に、したがってまた再生産に必要な労働時間によって規定されている。それが価値であるかぎりでは、労働力そのものは、ただそれに対象化されている一定量の社会的平均労働を表わしているだけである」(『資本論』邦訳①二九九頁)。この説明はややわかりにくく、商品としての労働力の特殊性が明確になっていない。商品として、労働力にもその他の財にも共通するのは、労働時間が対象化されていることではなく、それらが価値の形態をとることである。古典派的に価値を労働の対象化と直接同一視すると、それを労働力に適用したとき、このような不適切な説明になってしまうのであろう。

しかし、それに続く文章では、マルクスは、労働力の価値は「労働力の所持者の維持のために必要な生活手段の価値」(同①三〇〇頁)によって間接的に決定される、と正しい説明を与えている。不変資本と区別された、可変資本のとり扱いも、マルクスが労働力の価値の特別な性格を意識していることを明確に示している。

(15) 「労働力の生産に必要な生活手段の総額は、補充人員すなわち労働者の子供の生活手段を含んでいるのであり、こうしてこの独特な商品所持者の種族が商品市場で永久化されるのである」(『資本論』邦訳①三〇一頁)。この子供の養育のための生活手段は、資本主義の発展とともに、平均的不熟練労働者に必要とされる通常の教育期間が伸びるにつれ、増大する傾向がある。

(16) すでに指摘したように、社会的生産の主要部分が共同体または他の先資本主義的方式によって組織されている場合、このように生産要素をくりかえし購買しえなくても、商品交換はくりかえされうる。しかし、商品経済が再生産過程をますます包摂するようになると、たとえば資本主義経済の周縁にいる小生産者でさえ、このようにくりかえしの購買を実行することができなければならず、少なくとも $c+v$ に相当する労働時間をとりもどさなければならない。もちろん、この一般原則は、独占資本が価格関係を圧迫して小生産者を搾取し、m 部分はいうにおよばず、v 部分相当の価値実体の獲得さえ困難にする実際の可能性を排除するものではない。

(17) マルクスはこの問題をたとえばつぎのように提示している。「生産価格は商品の価値と一致しないこともありうるのだから、ある商品の費用価格のうちに他の商品のこのような生産価格が含まれている場合にはこの費用価格も、その商品の総価値のうちにその商品にはいる生産手段の価値によって形成される部分よりも大きいかまたは小さいことがありうる。そこで、……ある特殊な生産部面で商品の費用価格がその商品の生産に消費される生産手段の価値に等しいとされる場合には、いつでも誤りが起こりうるということを注意しておくことが必要である」(『資本論』邦訳⑥二七五—二七六頁。二六八頁以下や三三九頁以下も参照のこと)。

(18) スウィージー(一九六七)第七章、L・v・ボルトキエヴィッチ「『資本論』第三巻におけるマルクスの基本的理論構造の修正について」(一九〇七年(スウィージー編 一九六九所収))参照。

(19) スウィージー(一九六七)一四三頁。

(20) 櫻井(一九六八)第四章にて、これらの論争がとり扱われている。

(21) ウィンターニッツ(一九七八)。ウィンターニッツが用いている記号とは異なるが、便宜のためスウィージーの使っている記号でウィンターニッツの議論を再現することとする。他の論者についても同様である。

(22) ミーク(一九七八)。ミーク(一九六九)も参照。

(23) シートン(一九七八)。

(24) ミディオ(一九七八)、ライブマン(一九七八)、Desai(1974)、デサイ(一九七八)、シャイク(一九七八)、Yaffe(1975)。

(25) 『商品による商品の生産』(スラッファ 一九七八)にみられるスラッファの標準商品の理論を用いてマルクスの生産価格論における平均商品を再構成する試みについては、Ｒ・Ｌ・ミーク「スラッファ氏による古典派経済学の復興」(一九六一年(ミーク 一九六九所収))参照。

(26) 価値と価格の形式的な区別はディキンソン(一九五六年(ディキンソン 一九七八))ですでに指摘されていたものの、デサイの立論は、先述の第一点を基礎にマルクスの価値論を考察するものとして、あきらかにより深化しており、体系的である。

(27) 単位の概念以外は、表Ⅰはスウィージーの『資本主義発展の理論』(一九六七、一四七頁)の第4表と同じである。表Ⅱは、$z=1/2$としたことにともない、スウィージーの第4a表の各項目の大きさを半分にしたものである。表Ⅲはここで新たに作成・追加されている。

(28) 第二版で補足された注。ここでの私の転形問題の解決は、『資本論』第一巻第七章においてマルクスが用いた資本主義のモデル、すなわち剰余労働をともなわない(すなわち$m_i=0$)単純な価値形成過程の場合に、商品間において等労働量交換が価値法則として論理的に必然となることを宇野が示したことにもとづいている。私見では、価値法則の内容として、剰余労働部分(m_i)の不等価交換の範囲内でなら、価値の価格形態が、対象化された労働時間($c_i+v_i+m_i$)としての価値の実体に正比例する価格から乖離することは、理論的に許容すべきである。そうすれば、生産価格論は、価値法則の修正ではなく、より具体的なあらわれとしてみなされうる。

価格という価値の形態の背後に、労働時間の社会的関係をみようとする同種の試みは、一九八〇年代以降、転形問題のいわゆる新解釈(ＮＩ)、および同時的単一体系解釈(ＴＳＳＩ)において追究されてきた。ＮＩは、フォーリー(Foley 1982)とデュメニル(Duménil 1983-84)によって創始され、そこではまず、労働時間の貨幣表現(ＭＥＬＴ)mが、年間の社会的生産的総労働時間(L)を年間の名目総付加価値(N)で割った値、すなわち$m=L/N$と定義される。さらに、労働力の価値(v)をある賃金率(w)で得られる平均的な社会的労働時間として再定義すると、$v=mw$となり、その場合の転形手続きは、マルクスが試みていたように、総付加価値＝純生産物の生産価格総額、および貨幣タームでの総剰余労働価値＝総利潤という二つの命題を満たす。

ＴＳＳＩは(Kliman(2007)やMoseley(2016)のように)ＭＥＬＴの概念を継承し、マルクスの価値論を、物量体系にもとづく労働時間の社会的関係を生産価格に転化する二重体系としてではなく、『資本論』第一巻の段階からすでに、貨幣タームで不変資本と可変資本を定義する単一体系として解釈すべきと主張している。

ＭＥＬＴを用いることで、ＮＩやＴＳＳＩは、資本主義が不換の中央銀行券に依存し、金貨幣という基盤を失った現代の資本主義に適用しやすくなっている。しかし、商品貨幣にもとづくマルクスの資本主義の古典的モデルとは異なり、NIとTSSIは、無政府的な資本主義的市場が、貨幣の相対価値や一般物価水準をどのように規制しているかを、価値法則の機能として示すことはできない。また、貨幣タームでの賃金と利潤によって、(MELTが示唆しているように)それらと正確に比例的な大きさの労働時間を労働者と資本家が得られるとはかぎらないことは、先述の三つの表を用いた私の分析に示されているとおりである。われわれは、NIやTSSIをこえ、転形問題のより満足のいく解決に到達すべく、よりいっそう協力すべきである。

第四章

(1) スウィージー編(一九六九)参照。

(2) 同右。

(3) I・ルービン『マルクス価値論概説』より、一九二〇年代のドイツとソ連において、社会的必要労働の概念をめぐり、マルクス経済学者のあいだでこの文脈で論争がなされていたことが分かる。ルービンは、社会的必要労働の二つのバージョンをつぎのように要約している。「必要労働の「経済的」理解とは、商品の価値は、ある平均的技術的条件の下で商品一単位の生産に必要とされる労働量として表現される労働の生産性に依存するだけでなく、社会的欲望ないし需要にも依存するのである、というものである。この見解の反対者たち[「技術的」理解]は次のように反論する。すなわち、需要だけが変化して、労働の生産性と生産技術の変化がともなわなければ、市場価格が市場価値から一時的に乖離するだけで、平均価格の長期的・恒常的変化すなわち価値そのものの変化は生じない、と」(ルービン 一九九三、一七二頁)。

(4) 横山(一九五五)第三編、ローゼンベルグ(一九六二—六四)。

(5) 横山(一九五五)一四七—一四九頁。

(6) 山本(一九六二)第四章。

(7) 大島(一九六五)第七章。

(8) たとえばロスドルスキー(一九七三—七四)①一四六頁では、正統的な技術的平均説とは食い違う立場がとられ、マルクスの市場価値の需給説がそのまま採用されている。ロスドルスキーは、同一産業における最優等条件と最劣等条件のあいだの個別価値の範囲内では、市場価値は市場価格と同一であるとしている。

(9) 宇野(一九七七)三三一頁。

(10) 宇野(二〇一六)一七四頁。

(11) このような市場価値の再定義は、マーシャル的な限界理論に近づくようにみえるが、本質的にはそうではない。限界理論とは異なり、ここでは需要は、均衡価格を決定する主観的、個人主義的、かつ独立の要因とは考えられていない。われわれの見解においては、需要の変動は、一方では商品生産の無政府的運動の反映として、他方では、社会的価値の水準をあきらかにする媒介機構としてとらえられており、そのとき社会的価値の水準は、標準的な生産条件によって基本的に裏打ちされる。これにたいして、新リカード学派は、市場競争の役割を無視し、価格の決定要因として技術的な生産条件を一方的に強調している。最近のネオ・スラッフィアンによるマルクス批判においては、ある商品が同じコストを要する異なる技術的方法で生産される場合に関して、いわゆる社会的価値の不決定性が取り上げられているが、これは、規制的な生産条件をあきらかにする上での市場競争の動的役割を無視していることに少なくとも部分的には由来するように思われる。

さらに、われわれの市場価値論は、限界理論や新リカード学派のような単なる形式的な価格論ではなく、価値の実体としての労働量の関係もあきらかにするものである。したがってこれは、生産条件の相違に起因する、同種の財を生産するのに必要な労働時間の相違に対処するための(資本主義的)商品経済の特殊歴史的形態および機構の解明を目的としている。

最近、I・スティードマンが *Marx After Sraffa* (Steedman 1977) で強調した結合生産の問題も、この見方でより適切に分析することができる。というのも、負の価値と負の剰余価値というスティードマンが示した異常値は、あきらかに、たんに技術的な生産条件にもとづいて価値を定義する新リカード学派的試みに由来している。結合生産される商品の数だけ異なる生産過程を想定して結合生産物の価値を計算するのではなく、市場の動態は一般に、各期における結合生産を代表する技術的条件を実際に選び出すと仮定することができる。確かに、他の商品と結合的に生産される各商品に対象化される労働時間の大きさは、結合生産物に対象化される労働時間の合計の分割比率を定義できる場合を除き、単一の代表的生産条件によって直接決定されることはない。私は、この比率は、市場における結合生産物間の均衡価格の比率のなかにみいだされると考えている。なぜなら、結合生産物間にどのように労働量を分割するか、技術的には不決定でも、市場の動態が資本主義のメカニズムとして機能し、それを特殊歴史的な方法で処理するからである。市場機構をもたない社会主義のもとでさえ、このような分割の比率は技術的に定義することはできないが、協同的な計画的操業のうちに、弾力的に決定されるべきものである。いうまでもなく、われわれの定義では、市場を介して結合生産される商品の労働実体について、負の価値のような異常値は許容されない。しかし、需要と供給条件の組み合わせが結合生産物の均衡価格を決定する上で不可欠の役割を果たすというかぎり、各商品の実体だけでなく、結合生産される商品の実体の総量も、この組み合わせによって部分的には決定されることになる。マルクスの価値の形態と実体に関する理論、およびそれを発展させた市場価値論は、右に示唆される方向で結合生産問題に適用しうる可能性を大いに有していると考えられる(詳しくは Itoh 1988, §6-2 参照)。

(12) 櫻井(一九六八)、鈴木編(一九六〇—六二)。

(13) R・マレー(Murray 1977)が示唆しているように、農業における資本の有機的構成が社会的平均より十分に低いかぎり、資本家から地主に移転する剰余労働は、農業部門で引き出される総剰余労働のうちに収まりうる。しかし、差額地代のマルクス派的な原理にとって、このような制約的な条件は必須ではない。

(14) 第二版で補足された注。マルクスはおそらく、社会全体の規模で適用される社会主義的土地公有制のもとで、社会主義は地代を消滅させると想定していたように思われる。しかし、社会主義な協同的企業が、異なる自然条件をもつ農地を利用し、その農産物にたいしてあらかじめ取り決められた価格を受け取るならば、社会主義計画経済においても、社会のために徴収されるべき社会主義的形態の差額地代(S地代)が残るはずである。市場社会主義経済においても、そのようなS地代はひろく残されているはずである。そうだとすると、差額地代の実体に関してマルクスが「虚偽の社会的価値」と呼んだものは、簡単に消滅するものではなく、ここで私が考えたもの以外のさまざまな社会主義経済のモデルにおいては、社会化される必要があるように思われる。Itoh(1995)も参照〔対応する邦語文献として、伊藤(一九九五)も参照〕。

第六章

(1) スウィージーは『資本主義発展の理論』(スウィージー 一九六七)で、この類型の恐慌論を「利潤率低下傾向と関連する恐慌」と呼んでいる。以下で論じるように、この理論は「利潤率の傾向的低下の法則」とはむしろ独立して展開されるべきである。この点において、スウィージーの呼称は誤解を招くように思われる。しかし、スウィージーによるこの理論のとり扱い方は、マルクス恐慌論の歴史上は(宇野弘蔵とその流れをくむ日本の研究と合わせて)稀有な事例のうちのひとつである。また私は、この理論との対比を明確にするために、スウィージーがもうひとつの理論タイプに与えている名称——「実現恐慌」——も、変更すべきだと主張したいと思う。

(2) マルクス(一九八一—九三)。以下『要綱』を参照する際はここでのように略記する。

(3) マルサス(一九三七)上一二二頁。

(4) マルサス(一九三七)下三四九—三七八頁。

(5) シスモンディ(一九四九—五〇)上二六八—二六九、二七九頁。

(6) シスモンディ(一九四九—五〇)上二八二頁。マルサスとシスモンディの恐慌論の詳細については、ベルクマン(一九四一)も参照のこと。

(7) この箇所の英語版では Verwertung が value increasing や valorization ではなく realization と誤訳されており、原義を正しく理解することが不可能になっている(マルクス(一九八一—九三)では、ここの Verwerthung は「価値実現」と訳されている。しかし、この注にあるように、著者はこれを誤訳としているため、「価値実現」という訳語では、本書の文脈が通らなくなる。そこで本文中の引用では、マルクス(一九八一—九三)から訳語を変更し、「価値増殖」とした。なお著者の『信用と恐慌』(伊藤 一九七三、六八頁)では、高木幸二郎訳『経済学批判要綱』(大月書店、一九五八—六五年)が用いられており、そこでは「価値増殖」と訳されている)。

(8) リカード(一九八七)上一三五頁。

(9) リカード(一九八七)上一七一頁。

(10) 私の考えでは、マルクスは、資本構成の上昇にともなう利潤率の傾向的低下の法則が、相対的剰余価値の生産と並行して進むことを、最初から認識していた。マルクスは、剰余価値率が一定であるというやや不自然な前提に立っていたため、相対的剰余価値の生産が利潤率に及ぼす影響を無視したとの批判を多くの人から受けてきた(ロビンソン 一九五二など)。しかし、マルクスが「低下する利潤率に同じ剰余価値率が表わされ、または上昇する剰余価値率さえが表わされるという法則」(『資本論』邦訳⑥三五四頁)に注意深くも論及していることに気をつけるべきである。さらに、『資本論』第三巻第一四章では、「相対的剰余価値の生産」は「反対に作用する諸原因」のうちに数えられていないことにも注意すべきである(絶対的剰余価値の生産だけが「搾取度の増強」として扱われている)。これは、その要因はすでに第一三章「この法則そのもの」の説明で考慮済みだからである。

　マルクスが述べるように、ある一定数の活きた労働者は、資本の有機的構成の高度化にともない、ますます多くの生産手段、すなわち不変資本(c)の形でストックされている死んだ労働を使うようになる。労働日の長さと強度とを所与とすると、ある一定数の活きた労働者は、剰余価値(m)と再創造される可変資本(v)の両方を含む価値生産物(Wertprodukt)を毎年同量ずつ生み出す。したがって、剰余価値率、すなわち $m'=m/v$ の変化や上昇とは無関係に、$(m+v)/c$ という率は、資本構成の上昇にともなって絶対的に低下することを理論的に認めうる。$(m+v)/c$ という率の低下は、長期の蓄積過程において、資本の有機的構成が無限に上昇し続けるならば、無限に続く。

　マルクスが定式化した一般的利潤率 $p'=m/(c+v)$ は、あきらかに $(m+v)/c$ という率より常に小さい。したがって、剰余価値率が上昇しても、長期的には比率 $(m+v)/c$ が無限に低下するため、p' は低下する傾向をもたざるをえない。ミーク(一九六九、一九七—二〇四頁)に示されている、この点に関するR・L・ミークの議論と、この法則に関するマルクスの説明にたいするその解釈に、私は賛成である。したがって私は、マルクスの利潤率の傾向的低下の法則は十分証明可能であるが、この法則は、上述のように、経済恐慌の論理的不可避性と周期的性質を証明するために直接利用することはできない、と考えるものである。

(11) マルクス(一九七〇―七一)。以下この文献への言及は、このように略記する。

(12) 市場価格の変動に応じて各部門の投資のペースが調整されるのは、価値法則の具体的な規制を示すだけでなく、それを実現するものである。価値法則とは、基本的には、商品の価値が、それを生産するために社会的に必要な労働時間によって規制されることを意味する。しかし、この労働時間による価値の規制は、さまざまな生産部門にわたる社会的再生産を維持するために必要な労働配分の調整なしには維持されない。市場価格と利潤率の変動に応じた投資ペースの競争的運動は、労働配分の絶えざる不均衡を引き起こしながら、同時に、価値法則にもとづく労働配分の再調整の具体的機構をなしている。

さらに、この資本主義経済のもとでの価値法則による商品生産物の価格の具体的な規制は、労働力商品の価値法則にもとづく資本と賃労働との社会的生産関係の規制を前提とするものである。したがって、われわれは、資本主義的生産の運動全体の基本法則として価値法則を理論的に認識し、展開させなければならない。

(13) 『要綱』が書かれた一八五〇年代末に準備された、マルクスの元々の著述プランは、資本・土地所有・賃労働・国家・外国貿易・世界市場の六つの部分から構成されていた。資本の部は、さらに資本一般・競争・信用・株式資本の四つの章に分かれていた。『要綱』の理論体系は、あきらかにいまだこのプランの「資本一般」の枠内にとどめられていた。

(14) D・ヤッフェ(一九七八)は、この資本過剰論を適切に用いたものではない。商品過剰論の恐慌論にたいするヤッフェの批判には同意するが、彼の積極説は、『要綱』から『資本論』にいたるマルクスの資本過剰論の理論的進歩を曖昧にしかねない。ヤッフェやコゴイによる、利潤率の傾向的低下の法則から周期的恐慌の概念を直接演繹しようとする試みは、資本蓄積にとっての周期的恐慌の論理的必然性ではなく、抽象的な必要を示すだけのように思える(Cogoy (1973)も参照)。ヤッフェ(一九七八)は、二八五頁において、資本の「絶対的過剰蓄積」を、ここでのマルクスの見解の中心である、労働者人口の雇用水準と関連づけることに失敗している。

(15) 宇野弘蔵は、『経済原論』(一九五〇―五二年(宇野 一九七七))および『恐慌論』(一九五三年(宇野 二〇一〇))にて、マルクスの恐慌論をこの方向性で純化することを試みた。この試みは、宇野の支持者たちの仕事によって推し進められてきており、私自身の『信用と恐慌』(伊藤 一九七三)もそこに含まれる。『信用と恐慌』の一部は本書に要約されている。

(16) 株式資本の形態が、利潤と遊休資金を集めて新たな大規模投資をおこなうことを可能にしたとしても、主要な産業資本がこの形態をとるのは、一九世紀末以後のことである。その時期には、すでに周期的恐慌の典型的な局面は変化を遂げており、産業部面に継続的な過剰資本の死重が残されるようになっていた。独占的な株式会社が形成された一因は、この全般的な過剰資本の問題から逃れるためであった。しかし、株式資本の機能とその限界については、ここでは考慮することができない。

(17) 特に、資本が既存の生産手段によってその価値を高め続けることができる好況の過程では、生産方法の根本的な改良は、つぎに詳しく示すような制約のために実現されにくい。(a)これらの生産手段がまだ完全に償却されていない場合、更新しようとすると、残存する資本価値の放棄コストが負担となる、(b)償却後であっても、「機械装置の価値がイコール・ゼロであれば、その機械装置は資本にとって最も価値が高い」(『要綱』②五八五頁)ので、物理的に使用可能であるかぎり、すぐに廃棄されることはない、(c)利潤は、新しい設備システムや新しい工場を立ち上げるのに十分なほど長期にわたり蓄えられるより、できるだけ早く資本に追加されがちである。これにたいして、既存の設備が剰余価値をあげるために資本として十分に機能できない不況の過程では、こうしたパターンが逆転し、資本は資本蓄積の困難を克服するために、固定資本の廃棄と再建をつうじて生産方法の全面更新に努めることを強いられるのである。

(18) 一九世紀半ばの周期的恐慌の実際の過程では、好況末期の賃金上昇とともに、綿花、羊毛などの農産物の価格上昇が、イギリス産業資本の蓄積の障害となった。イギリス産業資本は、労働力人口だけでなく、自らの生産過程で生産されない農産物原料の非弾力的な供給との関係でも、過剰に蓄積されていたのである。労働力をのぞくすべての生産要素が資本によって生産されると想定される、原理論の領域では、イギリス産業資本にとってのこのような具体的な困難は、抽象化されて、労働力人口との関係においてのみ資本の過剰蓄積として理解されなければならない。

(19) 「貨幣資本家」から出発する利子論は、A・スミスとD・リカードによって展開された、古典派の利子論に由来するように思われる。スミスとリカードは、利子を主として「貨幣的階級」の経済的基盤とみなし、信用システムについての理論をほぼ欠落させていた。

(20) ここでは、ちょうどその時期の典型的な周期的恐慌を恐慌論の原理的抽象の基礎とするのと同じように、一九世紀半ばのイギリスの貨幣市場の構造を理論的抽象の基礎としなければならない。株式資本の機能をふくむ資本市場の働きは、ここではまだ考慮に入れることができない(注16も参照)。とすると、信用システムの機能は、流通資本の短期的な動員にかぎられ、固定資本の長期投資とは直接的には関係をもたない。
　マルクスの恐慌論を解明するためには、こうした信用制度の概念が不可欠だと私は考えるが、それは信用制度が資本主義的恐慌の根因だということを意味するわけでは決してない。資本過剰論的恐慌論は、恐慌の必然性が、資本が人間の労働力を商品として扱うことの根本的な困難に由来することを明確に示すものである。また、既投下の固定資本による生産性の発展にたいする制約も、重要な媒介的要因をなす。しかし、資本の過剰蓄積は、資本主義が帝国主義段階に達し、金融システムも資本蓄積の基本的変化に対応して変化する段階になると、規則的かつ周期的なものというより、持続的な困難としてますます発生するようになることに注目しなければならない。それゆえ、マルクスの時代の現実的条件にもとづく信用システムの概念を構築することが不可欠なのである。というのも、それは信用と恐慌に関するマルクス固有の理論を明確化するのに役立つだけでなく、周期的恐慌に関連する信用システムの働きは、他のいかなる現実的基礎によっても原理的にあきらかにしえないからである。

(21) 私は宇野弘蔵の恐慌論に基本的に依って立つものであるが、恐慌の基礎理論において、商業資本と投機の役割を捨象するという宇野の方針には賛成できない。

第七章

(1) ツガン＝バラノウスキー(一九三一)二二一頁。
(2) ヒルファディング(一九八二)下一七〇頁。
(3) カウツキー(一九三一a)四一―四二頁。
(4) カウツキー(一九三一b)二一三頁。
(5) ルクセンブルグ(一九三四)上一七五頁。
(6) Itoh(1975).
(7) ブハーリン(一九三〇)一一六頁。
(8) ブハーリン(一九三〇)一二八頁。
(9) ブハーリン(一九三〇)一六二頁。
(10) ブハーリン(一九三〇)一四四頁。レーニンは、自身の恐慌論解釈を示さなかったが、その帝国主義的資本輸出の必然性のとり扱いや、ナロードニキとルクセンブルグにたいする批判からして、過少消費説的恐慌論に依って立つものだとひろくみなされている。Bleaney(1976)および Jacoby(1975)参照。いずれも、レーニンの見解だけでなく、他のさまざまな論者の見解もとり扱っている。
(11) スウィージー(一九六七)第一〇章、バラン＆スウィージー(一九六七)。
(12) Desai(1974).
(13) バウエル(一九二八)二八頁。
(14) バウエル(一九二八)三八頁。
(15) Beckenbach and Krätke(1978)は、バウアーのこの視点をみすごしており、たんに過少消費説論者とみなしているように思われる。
(16) スウィージー(一九六七)一八三頁。

(17) 宇野(一九七七)、およびその圧縮版として宇野(二〇一六)参照。また宇野(二〇一〇)も参照。
(18) グリン&サトクリフ(一九七五)、ローソン(一九八三)、Boddy and Crotty(1975)、Harrison(1978)参照。
(19) Preiser(1924)S. 252.
(20) 同右。
(21) グロースマン(一九三二)一五四頁。
(22) グロースマン(一九三二)一七五頁。
(23) ドッブ(一九六四)一〇三頁。
(24) マンデル(一九七二―七四)、マンデル(一九八〇―八一)第三分冊、四一―四二頁。Itoh(1979)も参照。
(25) マティック(一九八二)、ヤッフェ(一九七八)、Cogoy(1973)、Bullock and Yaffe(1975)、Shaikh(1978)参照。
(26) 「景気の波動にとっては繁栄と沈滞との交替が決定的なものであって、この交代の突然性は第二列に立つにすぎない」(ヒルファディング、一九八二、下一七八―一七九頁)。
(27) 私の批判ののち、デイヴィッド・ヤッフェは、マルクスのこの規定の誤用をやめている。この規定は、利潤率の傾向的低下の法則から直接導出できない。ヤッフェ(一九七八)(二八六頁)参照。同様にR・ジャコビーもグロースマンを誤解しており、グロースマンはその法則から利潤の「絶対的減少」を導出したと主張しているが、ジャコビーが引用しているのは「利潤量が相対的に減少する」といっているグロースマンの言明である(Jacoby 1975, p. 35)。すでに述べたように、一定の前提下においてグロースマンが絶対的に減少するといっているのは、総利潤ではなく、資本家消費部分だけである。アンワール・シャイクは、グロースマンとその種の恐慌論を好意的に評価しているが、それは残念ながらジャコビーの誤解にもとづいている(Shaikh 1978, p. 236 参照)。資本の有機的構成の高度化とともに剰余価値率が上昇するかぎり、雇用の絶対的減少なしには剰余価値または利潤の絶対量は減少しえない。しかし、資本の有機的構成の高度化による利潤率の傾向的低下の法則それ自体は、必ずしも雇用や剰余価値量の絶対的減少を意味しない。
(28) レーニン(一九五四)一五〇頁。
(29) ツィーシャンク(一九五八)。
(30) マンデル(一九八〇―八一)第一分冊、二八頁。
(31) 宇野(一九七三)一二四頁。
(32) ヒルファディング(一九八二)、Bullock and Yaffe(1975)。
(33) 本項は、この時期の実証研究として、主に川上(一九七一)と鈴木編(一九七三)に依拠している。

(34) 本項の実証的基礎としては、伊藤(一九六四)参照。
(35) 世界の工業製品輸出に占めるイギリスのシェアは、一八八三年には三七・一%、一八九〇年には三五・八%であった。これは、ドイツ、フランス、アメリカの合計シェアより少し大きいか、あるいはほぼ同じであった。Lewis (1957) p. 579を参照。
(36) 不均衡と過少消費という現象をともなう過剰固定資本への対処の困難が、不況期のあいだの資本蓄積を抑制する基礎的要因になるという可能性は、基礎理論的な原理にもすでに含まれていた。しかし、この困難は、典型的な産業循環のなかで、主要産業の固定資本が完全に更新されることをつうじて、くりかえし克服されていた。しかし、この時期には、不況期の困難が拡大し、持続的となった。
(37) 本項は、主に玉野井編(一九六四)と吉冨(一九六五)に依拠している。前者には私も寄稿している。

第八章

(1) 先進六カ国(アメリカ、イギリス、フランス、イタリア、西ドイツ、日本)が保有する金と外貨の準備高は、一九七一年七月からの二年間に、四八三億八一〇〇万ドルから八七五億一四〇〇万ドルへと増加した。このような増加のかなりの部分は、ドルの切り下げを逃れるため、あるいはむしろそれを利用するために、アメリカから投機的にドル資金が流出したことによる。
(2) ヤッフェ(一九七八)、Bullock and Yaffe (1975)。
(3) Sekine (1975)も参照のこと。
(4) スウィージー(一九七四)三三―三四頁。
(5) MacEwan (1975)参照。
(6) U. S. Government (1975) pp. 262, 286 参照。
(7) スウィージー(一九七四)viii―ix頁。

第九章

(1) 宇野による資本主義的発展の段階論の内容は、宇野(一九七一)に、宇野のマルクス経済学方法論全体は、宇野(一九六二)に示されている。宇野の経済学への独自の貢献に関するより立ち入った説明については、本書の第一章参照。宇野の資本主義的発展の段階論を応用し、拡張しようとする重要な試みに、アルブリトン(一九九五)がある。アルブリトンは、一九五〇年代から七〇年代に典型的に形成された四段階目として、コンシュマリズム段階を追加した。第二章で論じたように、私には、資本主義的発展の段階論を古典的な帝国主義の段階で終わらせ、それ以後の時代を具体的な現状分析の次元で扱うという、宇野の方法論を崩すことにためらいがある。アルブリトンは、この段階の典型的なイデオロギーとして、ケインズ主義とあわせ、新自由主義もふくめようとしているが、これも同意しがたく、むしろ混乱のもとであるように思われる。それは、本章で着目する、現代の資本主義的発展の重要な歴史的転回を不明瞭にする。

(2) フランスのレギュラシオン学派は、M・アグリエッタ(二〇〇〇)によって新たな展開の基礎を与えられたのち、特にR・ボワイエ(一九九〇)と山田鋭夫(一九九四)によって継承され、より最近の資本主義的発展の局面にまで拡張されている。

(3) たとえば日本経済でも、所得分配の不平等が顕著に拡大している。日本経済は高度経済成長期をつうじて、比較的平等主義的な社会を形成してきたが、その後はその特徴を大きく失っている。橘木(一九九八)五―六頁は、日本の所得分配の不平等さの程度が、一九八〇年代以降の数十年で急速に拡大したことをあきらかにした。注目すべきことに、日本の税引前の所得分配のジニ係数は、一九八〇―九二年のあいだに、ほぼ〇・一も上昇した。その結果、日本の税引前所得分配の不平等は、いまやアメリカのそれを上回っているという驚くべき事実があきらかになった。

(4) より詳細についてはItoh (1995) 参照。

(5) それゆえ、ソ連の崩壊直後、フクヤマ(一九九二)は、マルクスの社会主義にたいして、資本主義的自由市場経済と自由主義的民主主義が最終的に勝利し、世界史は終わりを迎えたという見解を発表した。

●第一〇章

(1) 金子&デウィット(二〇〇八)九頁。

(2) みずほ総合研究所編(二〇〇七)六九、七七頁。

(3) 内閣府政策統括官室編(二〇〇七)七頁。

(4) 伊藤(二〇〇六)第六章。Dymski and Isenberg eds. (2002) にも収録。

(5) この考えは、賃労働者の金融的収奪が現代資本主義の金融化の中心だとする、Lapavitsas (2009) の見解と本質的に類似している。

(6) CDOは、抵当担保証券や、自動車ローンなどのその他の消費者信用に裏づけられた証券である。

(7) 侘美(一九九四)は、一九二九年からの大恐慌の詳細な分析を提供している。

(8) 第五章でみたように、Emmanuel (1972) などの従属学派による不等価交換の理論は、この観点から再読に値する。

(9) 金子&デウィット(二〇〇八)二二頁。

(10) 伊藤(二〇〇六)第六章。Dymski and Isenberg eds. (2002) にも収録。
(11) Pittman and Ivry (2008).
(12) OECD (2009), No. 86.
(13) ILO (2010).
(14) こうしたアイデアのうちいくつかは、伊藤&ラパヴィツァス(二〇〇二)にて示した。

文献一覧

相原茂（一九四九）『蓄積と恐慌』角川書店
アグリエッタ、M（二〇〇〇）『資本主義のレギュラシオン理論』増補新版、若森章孝・大田一広・山田鋭夫・海老塚明訳、大村書店
アミン、S（一九七九）『不等価交換と価値法則』花崎皋平訳、亜紀書房
アルブリトン、R（一九九五）『資本主義発展の段階論——欧米における宇野理論の一展開』永谷清監訳、山本哲三・星野富一・吉井利真・石橋貞男・松崎昇訳、社会評論社
伊藤誠（一九六四）「「大不況」——イギリスを中心とする」鈴木鴻一郎編『帝国主義研究』日本評論社
伊藤誠（一九七三）『信用と恐慌』東京大学出版会
伊藤誠（一九八九）『資本主義経済の理論』岩波書店
伊藤誠（一九九二）『現代の社会主義』講談社学術文庫
伊藤誠（一九九五）『市場経済と社会主義』平凡社
伊藤誠（二〇〇六）『幻滅の資本主義』大月書店
伊藤誠（二〇二四）『資本主義の多重危機』岩波書店
伊藤誠・櫻井毅・山口重克編・監訳（一九七八）『論争・転形問題——価値と生産価格』東京大学出版会
伊藤誠&ラパヴィツァス、C（二〇〇二）『貨幣・金融の政治経済学』岩波書店
猪俣津南雄（一九三〇）「誰がマルクスを矛盾させたか——一つの反批判、並に地代論への一寄与として」『中央公論』一九三〇年二月号
井村喜代子（二〇〇八）「サブプライムローン問題が示すもの——実体経済から独立した金融活動」『経済』二〇〇八年六月号
岩田弘（一九六四）『世界資本主義』未來社
ウィンターニッツ、J（一九七八）「価値と価格——いわゆる転形問題の一解法」櫻井毅訳、伊藤誠・櫻井毅・山口重克編・監訳『論争・転形問題——価値と生産価格』東京大学出版会
ウォーラーステイン、I（二〇二二）『史的システムとしての資本主義』川北稔訳、岩波文庫
宇高基輔・南克巳（一九五九）「『資本論』における恐慌理論の基本構成」『土地制度史学』一巻四号
宇野弘蔵（一九四七）『価値論』河出書房

宇野弘蔵(一九六二)『経済学方法論』東京大学出版会
宇野弘蔵(一九七一)『経済政策論』改訂版、弘文堂
宇野弘蔵(一九七三)『資本論の研究』『宇野弘蔵著作集』第三巻、岩波書店
宇野弘蔵(一九七七)『経済原論』合本版、岩波書店
宇野弘蔵(二〇一〇)『恐慌論』岩波文庫
宇野弘蔵(二〇一六)『経済原論』岩波文庫
大内力(一九五八)『地代と土地所有』東京大学出版会
大内力(一九六二)『日本経済論』上巻、東京大学出版会
大内力(一九七〇)『国家独占資本主義』東京大学出版会
大内秀明(一九六四)『価値論の形成』東京大学出版会
大島雄一(一九六五)『価格と資本の理論』未來社
置塩信雄(一九五四)「価値と価格」『神戸大学経済学研究年報』1
置塩信雄(一九七七)『マルクス経済学』筑摩書房
カウツキー、K(一九三一a)「恐慌諸理論」松井隆一訳、『マルクス恐慌理論』叢文閣
カウツキー、K(一九三一b)「恐慌」松井隆一訳、『マルクス恐慌理論』叢文閣
金子勝&デウィット、A(二〇〇八)『世界金融危機』岩波ブックレット
川上忠雄(一九七一)『世界市場と恐慌』法政大学出版局
河上肇(一九二二―二三)「マルクスの労働価値説――小泉教授の之に対する批評について」『社会問題研究』三九、四一号
川口武彦(一九六四)『価値論争史論』法律文化社
木下悦二編(一九六〇)『論争・国際価値論』弘文堂
櫛田民蔵(一九二五)「マルクス価値概念に関する一考察――河上博士の『価値人類犠牲説』に対する若干の疑問」『大原社会問題研究所雑誌』三巻一号
櫛田民蔵(一九三一)「差額地代と価値法則」『批判』一九三一年一月号
グリン、A&サトクリフ、B(一九七五)『賃上げと資本主義の危機』平井規之訳、ダイヤモンド社
グロースマン、H(一九三二)『資本の蓄積並に崩壊の理論』有澤広巳・森谷克己訳、改造社

経済企画庁調査局編（一九七七）『経済要覧』大蔵省印刷局
ケインズ、J・M（二〇〇八）『雇用、利子および貨幣の一般理論』全二分冊、間宮陽介訳、岩波文庫
小泉信三（一九二二）「労働価値説と平均利潤率の問題――マルクスの価値学説に対する一批評」『改造』一九二二年二月号
向坂逸郎（一九三三）『地代論研究』改造社
向坂逸郎（一九四九―五〇）『経済学方法論』全三分冊、河出書房
櫻井毅（一九六八）『生産価格の理論』東京大学出版会
シートン、F（一九七八）「転形問題」小幡道昭訳、伊藤誠・櫻井毅・山口重克編・監訳『論争・転形問題――価値と生産価格』東京大学出版会
シスモンディ、J・C・L（一九四九―五〇）『経済学新原理』全二分冊、菅間正朔訳、世界古典文庫、日本評論社
柴垣和夫（一九九七）『現代資本主義の論理――過渡期社会の経済学』日本経済評論社
シャイク、A（一九七八）「マルクス価値論と「転形問題」」小倉利丸訳、伊藤誠・櫻井毅・山口重克編・監訳『欧米マルクス経済学の新展開』東洋経済新報社
スウィージー、P・M（一九六七）『資本主義発展の理論』都留重人訳、新評論
スウィージー、P・M（一九七四）『現代資本主義』畠山次郎訳、岩波書店
スウィージー、P・M（一九九〇）『革命後の社会』伊藤誠訳、社会評論社
スウィージー、P・M編（一九六九）『論争・マルクス経済学』玉野井芳郎・石垣博美訳、法政大学出版局
鈴木鴻一郎（一九五九）『「資本論」と日本』弘文堂
鈴木鴻一郎編（一九六〇―六二）『経済学原理論』全二分冊、東京大学出版会
鈴木鴻一郎編（一九六四）『帝国主義研究』日本評論社
鈴木鴻一郎編（一九七三）『恐慌史研究』日本評論社
スミス、A（二〇〇〇―〇一）『国富論』全四分冊、水田洋監訳、杉山忠平訳、岩波文庫
スラッファ、P（一九七八）『商品による商品の生産――経済理論批判序説』菱山泉・山下博訳、有斐閣
ソ同盟科学院経済学研究所（一九五五）『経済学教科書』全四分冊、マルクス・レーニン主義普及協会訳、合同出版社
高田保馬（一九三〇）「マルクス価値論の価値論」『経済論叢』三〇巻一号
侘美光彦（一九九四）『世界大恐慌――一九二九年恐慌の過程と原因』御茶の水書房

侘美光彦（一九九八）『「大恐慌型」不況』講談社
橘木俊詔（一九九八）『日本の経済格差』岩波新書
玉野井芳郎（一九七一）『日本の経済学』中公新書
玉野井芳郎編（一九六四）『大恐慌の研究』東京大学出版会
ツィーシャンク、K（一九五八）「国家独占資本主義の若干の理論問題」玉垣良典訳、井汲卓一編『国家独占資本主義』大月書店
ツガン＝バラノウスキー、M・I（一九三一）『英国恐慌史論』鍵本博訳、日本評論社
ディキンソン、H・D（一九七八）「ミークの「転形問題についての覚書」へのコメント」櫻井毅訳、伊藤誠・櫻井毅・山口重克編・監訳『論争・転形問題——価値と生産価格』東京大学出版会
デサイ、M（一九七八）「価格と価値——転形問題」伊藤誠訳、伊藤誠・櫻井毅・山口重克編・監訳『論争・転形問題——価値と生産価格』東京大学出版会
ドッブ、M（一九六四）『政治経済学と資本主義』岡稔訳、岩波現代叢書
内閣府政策統括官室編（二〇〇七）「サブプライム住宅ローン問題の背景と影響」『世界経済の潮流』二〇〇七年秋、第一部第一章、日本統計協会
ハーヴェイ、D（二〇一一）『〈資本論〉入門』森田成也・中村好孝訳、作品社
ハーヴェイ、D（二〇一二）『資本の〈謎〉——世界金融恐慌と二一世紀資本主義』森田成也・大屋定晴・中村好孝・新井田智幸訳、作品社
バウエル、O（一九二八）『資本の蓄積と帝国主義』向坂逸郎訳、叢文閣
パガノ、U（一九九九）「情報技術と組織的均衡の多様性」西部忠訳、横川信治・野口真・伊藤誠編『進化する資本主義』日本評論社
馬場宏二（一九九一）「現代世界と日本会社主義」東京大学社会科学研究所編『現代日本社会1』東京大学出版会
バラン、P・A＆スウィージー、P・M（一九六七）『独占資本』小原敬士訳、岩波書店
ピケティ、T（二〇一四）『二一世紀の資本』山形浩生・守岡桜・森本正史訳、みすず書房
土方成美（一九二八）「地代論より見たるマルクス価値論の崩壊」『経済学論集』六巻四号
日高普（一九六二）『地代論研究』時潮社
ピリング、G（一九七八）「リカードとマルクスの価値法則」小島寛訳、伊藤誠・櫻井毅・山口重克編・監訳『欧米マルクス経済学の新展開』東洋経済新報社
ヒルファディング、R（一九八二）『金融資本論』全二分冊、岡崎次郎訳、岩波文庫

フクヤマ、F（一九九二）『歴史の終わり』全二分冊、渡部昇一訳、三笠書房
ブハーリン、N（一九三〇）『帝国主義と資本の蓄積』佐山清訳、希望閣
ベルクマン、E・v（一九四一）『国民経済学的恐慌学説史論』豊崎稔・三谷友吉訳、高陽書院
ボワイエ、R（一九九〇）『レギュラシオン理論――危機に挑む経済学』山田鋭夫訳、藤原書店
マーグリン、S&ショアー、J編（一九九三）『資本主義の黄金時代――マルクスとケインズを超えて』磯谷明徳・植村博恭・海老塚明監訳、東洋経済新報社
マティック、P（一九八二）『マルクスとケインズ』新版、佐藤武男訳、学文社
マルクス、K（一九五六）『経済学批判』武田隆夫・遠藤湘吉・大内力・加藤俊彦訳、岩波文庫
マルクス、K（一九七〇―七一）『剰余価値学説史』全九分冊、岡崎次郎・時永淑訳、国民文庫、大月書店
マルクス、K（一九七二―七五）『資本論』全九分冊、岡崎次郎訳、国民文庫、大月書店
マルクス、K（一九七三）「マルクスからルートヴィヒ・クーゲルマン（在ハノーファー）へ　一八六八年七月一一日」『マルクス＝エンゲルス全集』第三二巻、大月書店
マルクス、K（一九八一―九三）『資本論草稿集（一八五七―五八年の経済学草稿）』全二分冊、資本論草稿集翻訳委員会訳、大月書店
マルサス、T・R（一九三七）『経済学原理』全二分冊、吉田秀夫訳、岩波文庫
マンデル、E（一九七二―七四）『現代マルクス経済学』全四分冊、岡田純一・坂本慶一・西川潤訳、東洋経済新報社
マンデル、E（一九八〇―八一）『後期資本主義』全三分冊、飯田裕康・的場昭弘・山本啓訳、柘植書房
ミーク、R・L（一九六九）『経済学とイデオロギー――経済思想の発展にかんする研究』時永淑訳、法政大学出版局
ミーク、R・L（一九七八）「転形問題についての若干の覚書」時永淑訳、伊藤誠・櫻井毅・山口重克編・監訳『論争・転形問題――価値と生産価格』東京大学出版会
みずほ総合研究所編（二〇〇七）『サブプライム金融危機』日本経済新聞出版社
ミディオ、A（一九七八）「利潤と剰余価値――資本主義的生産における外観と実態」上垣彰訳、伊藤誠・櫻井毅・山口重克編・監訳『欧米マルクス経済学の新展開』東洋経済新報社
ミル、J・S（一九五九―六三）『経済学原理』全五分冊、末永茂喜訳、岩波文庫
モーリ、J・W編（一九七四）『日本近代化のジレンマ――両大戦間の暗い谷間』小平修・岡本幸治監訳、ミネルヴァ書房
森嶋通夫&カテフォレス、G（二〇〇四）『価値・搾取・成長』高須賀義博・池尾和人訳、岩波書店

八尾信光(二〇一二)『二一世紀の世界経済と日本――一九五〇―二〇五〇年の長期展望と課題』晃洋書房
ヤッフェ、D(一九七八)「恐慌・資本・国家に関するマルクス理論」福田豊・茂木信太郎訳、伊藤誠・櫻井毅・山口重克編・監訳『欧米マルクス経済学の新展開』東洋経済新報社
山田鋭夫(一九九四)『レギュラシオン・アプローチ――二一世紀の経済学』増補新版、藤原書店
山田盛太郎(一九二五)「価値論における矛盾と止揚」『経済学論集』四巻二号
山本二三丸(一九六二)『価値論研究』青木書店
横山正彦(一九五五)『経済学の基盤』東京大学出版会
吉冨勝(一九六五)『アメリカの大恐慌』日本評論社
ライブマン、D(一九七八)「価値と生産価格――転形問題の経済学」中村泰治訳、伊藤誠・櫻井毅・山口重克編・監訳『論争・転形問題――価値と生産価格』東京大学出版会
ラパヴィツァス、C(二〇一八)『金融化資本主義――生産なき利潤と金融による搾取』斉藤美彦訳、日本経済評論社
リカード、D(一九八七)『経済学および課税の原理』全二分冊、羽鳥卓也・吉澤芳樹訳、岩波文庫
リスト、F(一九七〇)『経済学の国民的体系』小林昇訳、岩波書店
ルクセンブルグ、R(一九三四)『資本蓄積論』全三分冊、長谷部文雄訳、岩波文庫
ルービン、I(一九九三)『マルクス価値論概説』竹永進訳、法政大学出版局
レーニン、V・I(一九五四)「経済学的ロマン主義の特徴づけによせて」マルクス=レーニン主義研究所訳『レーニン全集』第二巻、大月書店
レーニン、V・I(一九五六)『帝国主義』宇高基輔訳、岩波文庫
ローゼンベルグ、R・I(一九六二―六四)『資本論註解』全五分冊、副島種典・宇高基輔訳、青木書店
ローソン、B(一九八三)「『後期資本主義』」清水敦訳、『現代資本主義の論理』新地書房
ロール、E(一九五二)『経済学説史』下巻、有斐閣
ロスドルスキー、R(一九七三―七四)『資本論成立史――一八五七―五八年の『資本論』草案』全四分冊、時永淑・安田展敏・平林千牧・嶋田力夫・小黒佐和子訳、法政大学出版局
ロビンソン、J(一九五二)『マルクス経済学』再版、戸田武雄・赤谷良雄訳、有斐閣

Albritton, R., Itoh M., Westra, R. and Zuege, A. eds.(2001), *Phases of Capitalist Development*, Houndmills: Palgrave.

Armstrong, P., Glyn, A. and Harrison, J.(1984), *Capitalism since World War II*, London: Fontana.

Bardhan, P. K. and Roemer, J. E. eds.(1993), *Market Socialism*, New York and Oxford: Oxford University Press.

Beckenbach, F. and Krätke, M.(1978), „Zur Kritik der Überakkumulationstheorie", *Prokla*, Bd. 8, Nr. 1.

Beckmann, G. M. and Okubo, G.(1969), *The Japanese Communist Party 1922–1945*, Stanford, CA: Stanford University Press.

Bleaney, M.(1976), *Underconsumption Theories: A History and Critical Analysis*, London: Lawrence and Wishart.

Blundell-Wignall, A.(2007), 'Structured Products: Implications for Financial Markets', *Financial Market Trends*, vol. 2007/2, no. 93.

Boddy, R. and Crotty, J.(1975), 'Class Conflict and Macro-Policy: The Political Business Cycle', *Review of Radical Political Economics*, vo. 7, no. 1.

Bronfenbrenner, M.(1970), 'The Vicissitudes of Marxian Economics', *History of Political Economy*, vol. 2, no. 2.

Brunhoff, S. de(1973), 'Marx as an A-Ricardian: Value, Money and Price at the Beginning of Capital', *Economy and Society*, vol. 2, no. 4.

Bullock, P. and Yaffe, D.(1975), 'Inflation, the Crisis, and the Post-war Boom', *Revolutionary Communist*, vol. 3, no. 4.

Cogoy, M.(1973), 'The Fall of the Rate of Profit and the Theory of Accumulation', *Bulletin of the Conference of Socialist Economists*, Winter.

Crotty, J.(2003), 'Core Industries, Coercive Competition and the Structural Contradictions of Global Neoliberalism', in N. Phelps and P. Raines eds., *The New Competition for Inward Investment*, Cheltenham: Edward Elgar.

Desai, M.(1974), *Marxian Economic Theory*, London: Gray-Mills.

Duménil, G.(1983–84), 'Beyond the Transformation Riddle: A Labor Theory of Value', *Science and Society*, vol. 47, no. 4.

Dymski, G. and Isenberg, D. eds.(2002), *Seeking Shelter on the Pacific Rim*, Armonk, NY: M. E. Sharpe.

Elson, D. ed.(1979), *Value: The Representation of Labour in Capitalism*, London: CSE Books.

Emmanuel A.(1972), *Unequal Exchange*, trans. by B. Pearce, New York: Monthly Review Press.

Foley, D. K.(1982), 'The Value of Money, the Value of Labor-Power, and the Marxian Transformation Problem', *Review of Radical Political Economy*, vol. 14, no. 2.

Goldstein, J. P. and Hillard, M. G. eds.(2009), *Heterodox Macroeconomics*, London and New York: Routledge.

Gordon, D. M.(1978), 'Up and Down the Long Roller Coaster', in Union for Radical Political Economics, *U. S. Capitalism in Crisis*, New

York: URPE.

Harrison, J.(1978), *Marxist Economics for Socialists: A Critique of Reformism*, London: Pluto.

Hunt E. K. and Schwartz, J. G. eds.(1972), *A Critique of Economic Theory*, Harmondsworth: Penguin Books.

ILO(2010), 'ILO Bureau Report', in *The Financial Express*, 2 Februrary.

IMF(2007, 2008), *Global Financial Stability Report*, September, October.

Itoh, M.(1975), 'Book Review: *Marxian Economic Theory* by Meghnad Desai', *Bulletin of the Conference of Socialist Economists*, vol. 4, no. 1, Februrary.

Itoh, M.(1979), 'Review of *Late Capitalism*', *Science and Society*, vol. 43, no. 1, Spring.

Itoh, M.(1980), *Value and Crisis: Essays on Marxian Economics in Japan*, London: Pluto Press and New York: Monthly Review Press.

Itoh, M.(1988), *The Basic Theory of Capitalism*, Basingstoke: Macmillan and Totowa, NJ.: Barnes & Noble.

Itoh, M.(1990), *The World Economic Crisis and Japanese Capitalism*, Basingstoke: Macmillan, and New York: St. Martin's Press.

Itoh, M.(1995), *Political Economy for Socialism*, London: Macmillan, and New York: St. Martin's Press.

Itoh, M.(2000), *The Japanese Economy Reconsidered*, New York: Palgrave.

Itoh, M.(2012), 'The Historical Significance and the Social Costs of the Subprime Crisis: Drawing on the Japanese Experience', in C. Lapavitsas ed., *Financialisation in Crisis*, Leiden and Boston: Brill.

Jacoby, R.(1975), 'The Politics of the Crisis Theory: Towards the Critique of Automatic Marxism II', *Telos*, no. 23, Spring.

Kawamura, T.(2013), 'The Global Financial Crisis: The Instability of the U. S.-Centered Global Capitalism', in K. Yagi, N. Yokokawa, S. Hagiwara and G. A. Dymski eds., *Crises of Global Economies and the Future of Capitalism*, London and New York: Routledge.

Kliman, A.(2007), *Reclaiming Marx's Capital: A Refutation of the Myth of Inconsistency*, Lanham, MD: Lexington Books.

Koshimura, S.(1984), *Capital Reproduction and Economic Crisis in Matrix Form*, Tokyo: Wako University Shakai Keizai Kenkyu-jo.

Kotz, D.(2015), *The Rise and Fall of Neoliberal Capitalism*, Cambridge, Mass. and London: Harvard University Press.

Lapavitsas, C.(2009), 'Financialised Capitalism: Crisis and Financial Expropriation', *Historical Materialism*, vol. 17, no. 2.

Lapavitsas, C. ed.(2012), *Financialisation in Crisis*, Leiden and Boston: Brill.

Lewis, W. A.(1957), 'International Competition in Manufactures', *American Economic Review*, vol. 47, no. 2.

MacEwan, A.(1975), 'Changes in World Capitalism and the Current Crisis of the U. S. Economy', in Union for Radical Political Economics, *Radical Perspectives on the Economic Crisis of Monopoly Capitalism*, New York: URPE.

Meek, R. L.(1976), 'Is There an "Historical Transformation Problem"? A Comment', *The Economic Journal*, no. 86, June.

Moseley, F.(2016), *Money and Totality*, Chicago: Haymarket Books.

Murray, R.(1977), 'Value and Theory of Rent: Part One', *Capital and Class*, vol. 1, no. 3, Autumn.

OECD(2006, 2007, 2008, 2009), *OECD Economic Outlook*, no. 80, 82, 84, 86.

Okishio, N.(1993), *Essays on Political Economy: Collected Papers*, Frankfurt am Main: P. Lang.

Pittman, M. and Ivry, B.(2008), 'U. S. Pledges Top $7.7 Trillion to Ease Frozen Credit', on a website financial information *Bloomsberg.com*, November. 24.

Preiser, E.(1924), „Das Wesen der Marxschen Krisentheorie", *Festschrift für Franz Oppenheimer-Wirtschaft und Gesellschaft*, Frankfurt am Main: Frankfurter Societäts-Druckerei.

Samuelson, P.(1971), 'Understanding the Marxian Notion of Exploitation: A Summary of the So-called Transformation Problem between Marxian Values and Competitive Prices', *Journal of Economic Literature*, vol. 9, no. 2, June.

Schwartz, J. G., ed.(1977), *The Subtle Anatomy of Capitalism*, Santa Monica: Goodyear.

Sekine, T.(1975), 'Uno-Riron: A Japanese Contribution to Marxian Political Economy', *Journal of Economic Literature*, vol. 13, no. 3, September.

Shaikh, A.(1978), 'An Introduction to the History of Crisis Theories', in Union for Radical Political Economics, *U. S. Capitalism in Crisis.*, New York: URPE.

Shaikh, A.(1980), 'The Laws of International Exchange', in E. J. Nell ed., *Growth, Profits and Property*, Cambridge: Cambridge University Press.

Steedman, I.(1977), *Marx after Sraffa*, London: New Left Books.

Tsuru, S.(1958), *Essays on Japanese Economy*, Tokyo: Kinokuniya.

Tsuru, S.(1964), 'Survey of Economic Research in Postwar Japan: Major Issues of Theory and Public Policy Arising out of Postwar Economic Problems', *American Economic Review*, vol. 54, no. 4, Pt. II, June.

Union for Radical Political Economics[URPE](1975), *Radical Perspectives on the Economic Crisis of Monopoly Capitalism*, New York: URPE.

Union for Radical Political Economics[URPE](1978), *U. S. Capitalism in Crisis*, New York: URPE.

U. S. Government(1975), *Economic Report of the President*, Washington, D. C.: United States Government Printing Office.

Walsh, L.(2008), 'A Global Shock to the System', *Socialism Today*, no. 115, January, 'Bear Stearns Bail-out', *Socialism Today*, no. 117, April.

World Bank(2020), *Global Economic Perspective*, Washington: World Bank Group, January.

Yaffe, D.(1975), 'Value and Price in Marx's *Capital*', *Revolutionary Communist*, no. 1, January.

Yasuba, Y.(1975), 'Anatomy of the Debate on Japanese Capitalism', *Journal of Japanese Studies*, vol. 2, no. 1.

解説

江原慶

1　経済学の健忘症治療のために

経済学はしばしば健忘症にかかっているといわれる。二〇〇八年秋、リーマン・ブラザーズ破綻に象徴された世界金融恐慌が発生した。「一〇〇年に一度」の恐慌の発生に、にわかに『資本論』への関心が高まった。マルクス経済学には恐慌論があるのが強みだ、そういう声もしばしば聞かれた。当時私は大学生だった。私にとっては、学び始めたばかりのさまざまな経済学のアプローチのうち、マルクス経済学をより深く学んでいくことは、ごく自然の成り行きであった。

しかし、マルクス経済学への関心はあっという間に廃れた。二〇〇八年の金融恐慌のことは、新聞上などでたまに見かけても、それでマルクスに立ち返るべきだという人はどこにもいなくなっていた。二〇二〇年に斎藤幸平氏の『人新世の「資本論」』(集英社新書)が大ヒットを記録するまでのほぼ一〇年間、日本でマルクスはほとんど顧みられなかった。経済学の健忘症の病状は、過去の経済事象だけでなく、研究蓄積に関しても深刻である。

本書はこの健忘症に対する特効薬である。本書の来歴や、初版と第二版の異同については、著者自身が「序言」や「第二版へのまえがき」で記しているので繰り返さない。この解説では、本書が日本のマルクス経済学、特に「宇野理論」の研究蓄積の一つの到達点を示すことを、まずは強調したい。その中でも本書は、価値論・恐慌論・現代資本主義論の三つの領域について、今後考察を進めていく上で参照されなければならない先行研究である。経済学の健忘症の原因の一つは、過去の研究が膨大で参照されにくいところにある。本書が日本語で読めるようになることで、その症状を緩和させる薬効が期待できる。

本書の主張は明快なので、概略をまとめるだけでは解説の任を果たしたことにならないだろう。ここでは本書の特徴を概説することに加え、その先に考えていくべき論点をあげることで、この特効薬の使い方を示したい。

なお本書の著者であり、訳者でもある伊藤誠氏は、二〇二三年二月に急性心筋梗塞のため亡くなった。その時点で、冒頭から第三章の本文すべてと、第三章の注9までの邦訳原稿が遺されていた。著者は当初、すべての訳文を自身で準備する計画であったが、急逝の報せを受け、残りの訳出を江原が担当することとなった。伊藤氏の遺した訳文に関しても江原がチェックを行い、必要に応じて修正した。英文の原書と対照したとき、大きな修正が伊藤氏によってなされている場合には、凡例にしたがい訳注を付している。また、引用の訳文は、日本語訳がある場合には原則として既訳にしたがっているが、伊藤氏による訳文の改変はそのまま残している。

2　本書の特徴

(1)「宇野理論」について

本書は日本のマルクス経済学の研究蓄積を英文で発信した学術書として、最も広く読まれてきた。日本は世界で最もマルクス経済学の研究蓄積が豊富な国であり、それゆえにひとくちで「マル経」といっても、そのうちに種々の異なるアプローチが存在する。本書が主に扱うのは、そのうち「宇野理論」と呼ばれるものである。

『資本論』の日本への受容は独特であった。マルクスの『資本論』は、直接的には西欧資本主義を対象とした分析の成果であって、そこに日本に関する記述はほとんどない。その内容を日本資本主義の分析に適用するには、方法論的な工夫が必要であった。日本のマルクス経済学が多様に展開した根因はここにある。

宇野弘蔵(一八九七―一九七七年)は、戦後いち早く、『資本論』から経済理論を独自に取り出し、資本主義分析の基礎理論として批判的に再構築する必要性を主張した。それにより、社会主義思想への賛否にかかわらず、認めざるを得ない論理的体系の確立が目指された。さらに、そのように再構築された原理論を基礎として、資本主義の歴史的発展を、三つの段階に分けて考察する領域を、発展段階論として打ち出した。このように理論を二層化し、原理論を抽象理論、段階論を歴史理論とすることで、『資本論』で直接扱われていない現実に、理論的に接近する方法が整備された。

その上で、経済学体系の第三層に、世界経済と日本資本主義分析を含む現状分析を位置づけた。宇野理論の発展段階論には、第一次世界大戦までしか含まれない。その背景には、第一次世界大戦中のソ連の成立でもって、世界史は資本主義の本流を終え、社会主義への過渡期に入るという歴史認識が横たわっていた。その後の資本主義の展開については、段階論(事実上、その最終段階である帝国主義段階)を踏まえ、具体的な分析が進められるべきとされた。『資本論』に端を発し、このような原理論・段階論・現状分析の三層からなる経済学体系をもつマルクス経済学を、宇野理論と呼ぶ。日本以外の地域では、『資本論』の理論が現実への適用に耐えるか否か、という論争が大宗を占めた。それに対して、『資本論』に基づきながら、それを批判し独自の経済学体系を彫琢していった、この宇野理論のアプローチは日本固有の研究潮流であった。

だからこそ、宇野理論の研究成果を英文で利用可能とした本書の初版(一九八〇年)は、英語圏でひろい関心を集めた。本書によって、宇野理論は日本のマルクス経済学の代表的理論の一つとして世界的に認知されるようになった。

(2)「転形問題」に挑む価値論

本書の貢献は、価値論・恐慌論・現代資本主義論の三つの領域に大別できる。そのうち価値論と恐慌論は、主として原理論領域に属し、現代資本主義論は発展段階論と現状分析にかかわる。一つずつ要点をみていきたい。

価値論は本書の最大の貢献である。宇野理論の価値論の特徴は、商品・貨幣・資本という、市場なる経済領域を説明するための諸概念を「流通論」として独立させ論じた点にある。これによって、資本主義経済は、商品流通のシステムとしての市場と、商品生産のシステムとしての社会的再生産の二重構造をもち、前者が後者を包摂することで成立していると把握されることとなった。本書は、この「流通論の独立化」の洞察を、市場が社会的再生産を包摂するにいたった領域の価格理論である、生産価格論にまで拡張適用し、価値論の体系化をさらに推し進めた。

『資本論』第三巻の生産価格論は、ほぼ投下労働価値説によって労働者の搾取や資本蓄積過程を論じている第一巻の価値論との整合性を鋭く問われ続けてきた。これは、労働量としての価値が価格にどのように転じるかという「転形問題」として、現在に至るまで長い論争の種となっている。

この問題に対して本書はまず、流通論の独立化を踏まえれば、価格としての「価値形態」は、投下労働量としての「価値実体」から区別されるとする。したがって、このように次元を異にする二つの要素が、量的に一致することはない。しかしそれだけでは、「実体」による搾取論は、「形態」のレベルに相当する生産価格論と区別されるという次元の相違を、いたずらに強調するだけにとどまる。

そこで本書では、この二つの次元の量的対応関係が、数値例によりさらに追究されている。従来転形問題で論じられてきた、投下労働量としての「実体」と、生産価格としての「形態」の二つの次元に、生産価格を介して「取得される価値実体」を加えた、三つの表がそれである。この「伊藤三表式」によって、社会的再生産を継続していく上で補塡されなければならない生産費用の部分については、価値の「形態」と「実体」は量的に一致し、他方その二つの間のズレは、剰余労働あるいは利潤部分に限られることが明らかにされた。これは転形問題に対する、宇野理論的解決であった。

(3)「労働力不足説」による恐慌論

恐慌論は、著者のアカデミックキャリアの出発地である。著者は、一九六四年というきわめて早い時期に、三つの恐慌論研究を公にしている。大内力ほか『資本論講座7 恐慌・資本論以後』(青木書店)所収の恐慌論史の整理、鈴木鴻一郎編『帝国主義研究』(日本評論社)所収の一九世紀末イギリス大不況研究、そして玉野井芳郎編『大恐慌の研究――一九二〇年代アメリカ経済の繁栄とその崩壊』(東京大学出版会)所収の一九二九年大恐慌研究、である。

これらはいずれも現在でも参照されるべき重要性をもち、本書の礎となっているが、特に注目すべきは一つめの恐慌論史研究であろう。そこでは、マルクス恐慌論が、市場での需給不一致による商品の供給過多を恐慌の原因とする「商品過剰論」と、それに対して資本の過剰蓄積による利潤率の低落に根因を求める「資本過剰論」の二つにまずは大別される。さらに、前者は労働者の消費制限が商品過剰を生むとする「過少消費説」と、生産の無政府性による生産部門間のアンバランスが商品過剰をもたらすとする「不均衡説」に分けられ、後者は労働力商品に対する資本の過剰蓄積によって賃金上昇が発生し、利潤が圧縮されるとする「労働力不足説」と、マルクスの「利潤率の傾向的低下」論を基礎とする「有機的構成高度化説」に分けられる。こうしてマルクス恐慌論は、二系統四類型に整理された。

本書では、『経済学批判要綱』から『資本論』にかけての恐慌論研究の深化は、商品過剰論から資本過剰論、特に労働力不足説へと向かう方向性を有していたとされている。そして、労働力不足説こそが、マルクスも恐慌のイメージとして抱いていた、恐慌の激発性・全面性・周期性を説得的に論証できる唯一の恐慌論であるとされる。

宇野理論の恐慌論は、原理論レベルでの蓄積論と信用論の独自の展開によって、この労働力不足型の恐慌論を早くから志向していた。それによって恐慌は、「労働力商品化の無理」を原理的に表現するものだとされた。本書の恐慌論史整理は、宇野理論の原理的恐慌論を、そのロジックだけでなく研究史の歩みによっても支持するものとなっている。

本書はさらに、宇野が恐慌の原因を隠蔽するとして排した商業資本の運動や投機的活動を、好況末期の市場の動態を説明するものとして積極的に取り入れた。すなわち、労働力不足により賃金上昇が発生すると、労働集約的な部門の生産物価格は相対的に上昇するし、賃金上昇により消費手段への需要が増大すると、やはりその価格も上昇する。これらの価格変動は投機的在庫形成を誘発し、市場の不均衡を増幅させる。このようにして、資本過剰が根本原因でありながら、商品過剰が表面化する事態を原理論次元で説明している。

(4)「逆流仮説」による現代資本主義論

本書の恐慌論は、その現代資本主義論のベースになっている。すでに述べたように、宇野理論では、第一次世界大戦以後の資本主義の展開は、原理論はもとより、段階論の対象にもならない。本書もこの方法に概ねしたがってはいるものの、恐慌論を介して、その理論的成果を現状分析に活かすことが試みられている。

まず一九七〇年代の恐慌の背後には、第二次世界大戦後の高度経済成長の帰結として、労働力および原油などの一次産品に対する資本の過剰蓄積が指摘されねばならないとして、労働力不足型の原理的恐慌が現実の恐慌現象に直接適用されている。しかし現代資本主義の恐慌は、原理論次元で描写される周期的恐慌を示すものにはならない。この一九七〇年代のインフレ恐慌をもたらした資本過剰は、市場原理主義を主軸とする先進国の新自由主義的転換により解消されえぬまま二一世紀に突入し、これが現在も続く長期不況の基調と「金融化」現象をもたらしているとされる。

こうした現代資本主義の局面に関して、本書は帝国主義段階の規定を全般的には維持しながらも、市場での自由競争が徹底されるという点に、それ以前の自由主義段階的な様相を看て取る。さらには、実体経済から遊離し、世界各地でバブルとその崩壊が頻発する事態には、さらに遡って重商主義段階的な側面もみられるとして、こうした現代的展開を「螺旋的逆流」と特徴づけている。

二〇〇八年のサブプライム金融恐慌は、この「逆流仮説」から導かれる構造的問題の発露として位置づけられている。一九七〇年代のインフレ恐慌と異なり、サブプライム恐慌を、労働力不足型の資本過剰論の適用により説明することは難しい。しかし、従来的な意味での労働者に対する搾取に加えて、住宅ローンをつうじて労働者への収奪的な貸付が広がった結果として勃発した二一世紀の恐慌は、歴史的な資本過剰を背景として、原理論次元の労働力の商品化が「労働力の金融化」へと現代的に深化したものと捉えうるという。こうした逆流仮説と労働力の金融化論には、原理論と段階論を現状分析に活用してゆく、宇野理論の一つの到達点が示されている。

3 残されている課題

(1) 転形問題の先へ

本書で転形問題への一つの回答が示されてから四〇年以上が経過しているが、この議論はいまだに収束していない。著者も言及しているように、本書初版出版以後、転形問題に関する「新解釈」が提示され、あらためて生産価格次元での労働時間の量的規定性が強調されるようになり、転形問題の第三期ともいうべき議論状況が現出している。

従来の転形問題が、労働量と価格という二重の体系を論じていたのに対し、新解釈は価格タームに一本化した単一体系で転形問題を処理する。これに関する著者の批判的レビューの詳細は、「貨幣の価値と交換価値を再考する」(『伊藤誠著作集』第一巻、社会評論社、二〇一〇年、所収)を参照されたい。その批判の要点は、新解釈は、伊藤三表式でいうところの表Iにおける「価値実体」と、表Ⅲの生産価格を介して「取得される価値実体」とを区別できておらず、そこで不可避的に生じる労働量のズレの認識に失敗しているというものである。

同論文における著者の書きぶりは、本書と同様に慎重であるが、この批判はすべての単一体系的解決にとってクリティカルである。従来の転形問題が、労働量と価格という二つの次元を論じていた理由の少なくとも一端は、各生産部門の労働時間は技術的に客観性のある量であり、そうした技術的体系が価格に対してもつ規制力を考察するためであった。それに対して、価格次元のみの単一体系で問題を取り扱う新解釈では、価格に応じて変造された労働量しか論じられない。これでは、労働量による価格に対する技術的な規制力を論じることはできない。考察すべき問題自体が消滅していることになる。

新解釈やそれに連なる議論においては、従来の転形問題における労働量の捉え方が、リカード的な素朴な投下労働価値説の域を脱しておらず、マルクスの労働概念を適切に扱うものになっていなかったとしばしば論難される。しかし、価格次元と区別して把握されるべき技術的体系が社会的再生産を構成するという構造的認識は、需給均衡論的な価格理論に対峙し、客観価値説としての価格理論を確立していくために欠かせない(小幡道昭「マルクス経済学を組み立てる」『東京大学経済学論集』八〇巻三・四号、二〇一六年)。さらにそれは、資本主義経済が、市場が社会的再生産を包摂し成り立つという上述の基本認識に根ざしている。これは翻って、資本によって完全には包摂されず、独自の分析枠組みを必要とする広義の再生産や、物質代謝の領域が存在するという認識にもつながる。

こうした見地からすると、技術的に決定される労働時間を、単一体系に合わせて変更してまで価格と労働量の対応関係を追求しようとするのは、ほとんど労働価値説への偏執にみえる。従来の転形問題の二重体系で考えるなら、むろん複雑労働の取り扱いなどの問題は残っているものの、労働価値説の説明しうる範囲は、伊藤三表式で尽くされたとみるべきである。それ以上の量的関係を労働価値説で説明しようとすると、技術的に確定的な労働時間を動かさざるを得なくなる。これでは、角を矯めて牛を殺すことになる(新解釈以後の転形問題に関するより包括的な批判的論評としては、吉村信之「転形問題における単一体系解釈」『信州大学経済学論集』六二号、二〇一一年を参照)。

そうしてまで労働価値説に付き合う必要はないと考えるもう一つの理由は、技術的体系の規定力を重視する客観価値説によって考察すべき問題が、転形問題以外に残されていると考えるからである。それは、市場価格とは区別された生産価格という価格の基準の、理論的な使い方である。

労働量と生産価格の対応を論じる転形問題では、生産価格はゴールに位置する。その後は、市場価格の需給による変動がほとんど暗黙に受容されてきた。そうすると、生産価格が変動の重心として存在する点以外は、市場の捉え方にマルクス経済学の独自性はない。そのために、価値論の態度が後ろ向きとなり、生産価格を労働価値説によって説明するところに、ますますマルクス経済学のアイデンティティが求められることになってしまうのではないか。

マルクス経済学の価値論は、生産価格概念をスタートとして、需給均衡論的な市場像とは異なる市場の構造分析を示す方向にも展開されてよい。いくつかの課題が考えられるが、そのうちの一つが、異なる技術の優劣をどのように評価するか、という問題である。技術の優劣は価格タームでの評価を必要とし、そのときの基準としては、市場価格より、技術的体系に基礎づけられた生産価格がふさわしい（江原慶『資本主義的市場と恐慌の理論』日本経済評論社、二〇一八年、第一部）。

この場合の技術の優劣評価には、生産要素としての土地やその他の自然力もその対象に含まれる。しかし、価格タームでの経済的優等性は、生態学的な意味での持続可能性と両立するとは限らない。市場は自然まで含めた物質代謝の領域を包摂しきれず、一定のラインを超えると、社会的に危機を招来せざるを得なくなる（Kei Ehara, 'Reconstructing Marxian Theory of Ground Rent: Based on Japanese Development of Marxian Political Economy,' *Capitalism Nature Socialism*, vol. 34, no. 4, 2023）。

このような洞察は経験的には知られており、こうした実態を論じられない経済学の狭量さには幻滅が広がっている。だからこそ、市場の構造的問題へのマルクス経済学的なアプローチを厳密化させることには意味がある。

（2）恐慌論における蓄積率の動態

上述の二系統四類型の恐慌論整理は、今でもしばしば参照される古典的分類となっている。しかし半世紀以上前に考案されたこの分類は、それ以後のマルクス経済学の恐慌論研究の意義を十分汲んだものとなっているとは言い難い。その結果として、恐慌の根本原因を一つに絞り込むことに、理論的関心が過度に集中することになっている。

二系統四類型のうち、過少消費説は、マルクス恐慌論の正統の地位にあったが、理論的に考察すれば、労働者の消費制限がただちに供給過剰をもたらすわけではないことはすぐに分かる。労働者の消費が抑え込まれれば、その分利潤は大きくなる。この利潤は、資本主義社会においては大部分が再投資されるから、それが蓄積需要となって商品が需要される。これは、マルクスが『資本論』第二巻で拡大再生産表式をつうじて明らかにしたことでもあり、著者がローザ・ルクセンブルグの帝国主義論を峻拒する理由でもある。

とすると、商品過剰論のうち、部門間不均衡説しか理論的には成立しない。実際その後研究が進んだのは、部門間不均衡の理論的表現に関してであった。一九六〇年代以降には、市場における需給の不均衡と、蓄積過程における蓄積軌道の不均衡とが区別されるようになり、後者が中心トピックとなっていく(富塚良三『増補 恐慌論研究』未來社、一九七五年)。そこでは、「均衡蓄積軌道」といった均整のとれた経済成長過程を基準として不均衡を検出することが試みられ、その際には市場での需給一致が前提される。したがって、市場での需給の不均衡は、資本移動によって不断に解消されるという宇野以来の商品過剰論批判は、この相対的に新しいタイプの部門間不均衡説には妥当しない。

本書では、部門間不均衡説に対して、(一)恐慌の周期性を論証できない、(二)原理的に考慮すべきでない長期資本市場の働きが混入している、という二点の批判が加えられている。しかし、これはいずれも、長期資本市場が未発達だった一九世紀イギリスの周期的恐慌を理論モデルとするという想定に立っている。このこと自体に、次にみるように方法論的な問題があるが、それ以前に、部門間不均衡説に対して内在的な批判になっておらず、説得力に欠ける。ただし、この新しい部門間不均衡説の試みは有力な批判に晒され、論争が発生した。均衡蓄積軌道の有効性は、基準となる蓄積率(利潤のうちに占める蓄積額の割合)を理論的に規定しうるかどうかにかかっている。しかし、蓄積率は資本の無政府的生産に左右される「独立変数」であり、しかも任意の蓄積率に応じて均衡蓄積軌道が設定されうる、との批判がなされた。

久留間鮫造(一八九三―一九八二年)によるこの批判は、本書のそれより内容に則したものになっている。任意の均衡蓄積軌道がありえてしまう以上、恐慌をそこからの乖離によって説明することはできない。それゆえ、恐慌論は利潤率の傾向的低下論を基礎としつつ、賃金上昇や蓄積率の低落といった複数の要因を考慮して説かれるべきとされた

（大谷禎之介・前畑憲子編『マルクスの恐慌論――久留間鮫造編『マルクス経済学レキシコン』を軸に』桜井書店、二〇一九年）。これは本書の分類でいうと、資本過剰論の構成高度化説に近いということになろうが、利潤率の傾向的低下を直接的な恐慌の要因とすべきと主張しているわけではなく、やはり本書の二系統四類型には収まりにくい。

この間の論争は、『資本論』の草稿読解にまで及びつつ、「久留間・富塚論争」そして「nie・nur 論争」として二〇〇〇年代まで続いたが、本書の恐慌論分類には反映されていない（谷村智輝「再生産論と恐慌論」守健二編『恐慌論の論点と分析』創風社、二〇一四年、所収）。しかしここから学び取るべきは、利潤率の動向と区別された、蓄積率の動向を恐慌論にどう組み込むかが、依然として決着していないということである。それを踏まえると、本書の二系統四類型は、いずれも利潤率の動きにフォーカスした恐慌論の分類であったことに気づく。蓄積率の動向を論じる恐慌論を、従来の意味の部門間不均衡説や構成高度化説に還元し、「それでは恐慌の激発性・全面性・周期性を論証できない」という決まり文句で棄却することはできない。蓄積率の動態を利潤率と合わせて考慮しようとする、久留間説のような試みも、一概に多原因説だとして退けることもできないはずである。資本蓄積の過程で、利潤率と蓄積率がそれぞれどのような動きを示すか、原理的に考察する余地がひろく残っている（私自身の試みについては、江原前掲書、第二部参照）。

（3）方法論的再編の必要性

逆流仮説と労働力の金融化論による現代資本主義把握は、宇野理論の一つの到達点であるとともに、その限界も示している。

まず労働力の金融化論は、大衆の過重債務を合理的に説明できているとは思えない。はじめから返済の見込みがない貸付は、そもそもなされないはずである。サブプライムローンのスキームでは、経済成長を基礎とした不動産価格の上昇が期待されていたとみるべきである。その見込みが実現しなくなり、搾取を超える収奪というべき惨状に陥ったわけであるが、これは結果である。

したがってこれは、労働力の商品化の延長線上ではなく、まずは地代と資産市場の問題として扱われるべきである。労働力の金融化論は、原理論次元の労働力の商品化の無理というテーゼにとらわれすぎており、そのために不明瞭さを免れていない。

そもそも労働力の金融化論は、逆流仮説と必ずしも整合的でない。労働者階級におけるここまで巨額の債務形成は、以前の歴史段階への逆流ではなく、現代の特徴である。市場競争の再強化とその結果としての金融バブルという側面だけから、自由主義段階や重商主義段階の再現と概括するのは一面的である(Kei Ehara, 'The Crisis Theory and the Stages Theory in the Uno school', *Marx-Engels-Jahrbuch 2017/18*, 2018, pp. 114-117)。

それ以外にも、逆流仮説には、現状分析の大枠としては取りこぼしが目に余る。一九八〇年代以降、発展途上国の中から新興国が台頭し、世界経済のシェアの約四割を新興国・途上国が占めるにいたっているが、これも逆流ではすまない。人類存亡の危機というべき地球環境問題も、本書で触れられていないわけではないが、どうしてもアド・ホックに付け足されている感が否めないのは、逆流仮説においては、エコロジーが理論に内面化されていないからであろう。

逆流仮説の問題は、原理論・段階論・現状分析の三層のうち、現状分析次元で現代資本主義の諸問題を取り扱うことの限界を露呈している。現状分析を支えてきた、原理論と段階論という、二重の理論を見直すことが避けられない。

原理論次元では、さらなる抽象化が進められ、単一像型のモデルからの脱却に向けた研究が進んでいる。本書では、原理論を一九世紀イギリスモデルとして構成するという認識が随所で表明されているが、『資本論』が一九世紀イギリスをベースとしているというだけで、資本主義経済の一般理論たりうることが保証されるわけではない。原理論は、資本主義の基本動力である、商品経済的論理のみで説明できる範囲を明確化させ、資本主義一般に通用する抽象理論たることを目指すべきである(小幡道昭『経済原論——基礎と演習』東京大学出版会、二〇〇九年の「変容論的アプローチ」は、近年のこうした原理論研究を方向づけている）。

方法論的再編にあたり、段階論研究にはさらに課題が多い。従来段階論は、十七、八世紀から第一次世界大戦までの現実の歴史描写と、ほとんど区別がつけられていなかった。それゆえに、「実在社会主義」の出現により、段階論が区切られるとみられることにもなった。段階論は、その範囲も内容も、現実の引き写しでしかない場合が多々あった。

しかし現状、社会主義経済圏が実質的に消滅した以上は、従来の理屈からしても、段階論は現代資本主義までを覆うものでなければならない。このとき、段階論が現実の歴史過程そのもののままでは、段階論は現状分析のうちに溶けてなくなる。

他方で、抽象化が進む原理論は、ますます現実への直接適用を許さなくなっている。ここに、原理論から排除された非商品経済的要因を理論的に扱う領域が必要となる。非商品経済的要因は歴史的変化を引き起こすから、その理論領域は段階的発展を扱うことにならざるを得ない。商品経済的論理の理論である原理論に対して、段階論は、非商品経済的要因の理論なのである。

非商品経済的要因といっても、なんでも対象に含まれるわけではない。何が段階論の理論対象になるかは、原理論との兼ね合いで決まる。原理論と段階論は一対の理論をなし、この二つの理論を使って現実の分析をするのが、現状分析である。原理論・段階論・現状分析の三層は、このように方法論的に構造化される必要がある。

経済学において、国家やエコロジーを理論的に扱うためには、この段階論の理論的整備が必要であろう。原理論は商品経済的論理のみからなるため、原理論に国家やエコロジーをそのまま入れ込むことはできないし、すべきではない。しかしそれは、資本主義経済にとってそれらが個別具体的にしか扱えないテーマだということを意味するわけではない。資本主義経済のもとでも、市場と社会的再生産は、国家の存在や物質代謝の領域を本源的な前提として成り立っている。とすれば、原理論に照らしつつ、非商品経済的要因としての国家や物質代謝の態様を抽象化し、段階的変化を引き起こす条件として分析する理論が構想されてよい。

段階論の射程を現代まで押し広げる研究としては、本書でも言及のあるパックス・アメリカーナ論がある（河村哲二「グローバル資本主義の段階論的解明――現代資本主義論の理論と方法」『季刊経済理論』五三巻一号、二〇一六年）。これは国家論、特に覇権国家論を中心的に包摂した段階論の試みといってよいであろう。そのほか、「化石資源世界経済」からバイオマス・エネルギーを軸とする世界経済への再編成を示唆する、エコロジー的段階論とも呼ぶべき研究も出てきている（杉原薫『世界史のなかの東アジアの奇跡』名古屋大学出版会、二〇二〇年）。

これらの近年の試みを受け継ぎつつ、宇野理論の方法は抜本的に再編されなければならない。こうした批判的姿勢こそ、経済学の健忘症治療薬としての本書の薬効を最大化する生活習慣であろう。

あとがき

本書は、夫・伊藤誠が亡くなる直前まで手を加え続けていた、文字どおり絶筆である。書斎のパソコン左脇には、訳出箇所が開かれたままの原著、ぼろぼろになってばらけた分厚いペリカン版『資本論』第一巻、国民文庫版『資本論』第一分冊「第二編第四章　貨幣の資本への転化」の二六四―二六五頁、そして伊藤誠・櫻井毅・山口重克編・監訳『欧米マルクス経済学の新展開』(東洋経済新報社、一九七八年)に収められたG・ピリングの「リカードとマルクスの価値法則」の一一三頁などが、ベートーベン弦楽四重奏曲のCDとともにところ狭しと広げられていた。

マルクス生誕二〇〇年にあたる二〇一八年の春、伊藤が *Value and Crisis: Essays on Marxian Economics in Japan* (London: Pluto and New York: Monthly Review Press, 1980)の増補版の出版依頼が来たと私に報告した時の嬉しそうな顔は、今でも鮮明に覚えている。一九八〇年にアメリカとイギリスから初版が出版されて以降、この著作は、海をこえた研究仲間と彼をつなぐ大切なツールのひとつであり続けてきたからだ。私自身、コロナ禍で国際学会への参加がままならなくなる二〇二〇年以前は、欧米やアジアの国々で開催される学会にしばしば伊藤とともに参加をしていたが、伊藤にとっては子どもや孫の世代といってもよい若い研究者たちから、「あなたの *Value and Crisis* を読みました」と話しかけられた場に居合わせたことは一度や二度ではなかった。そんな時の彼は、初めて会った若い仲間をお茶や食事に誘い、価値論や恐慌論、現代資本主義論など、多岐にわたるテーマについて、何時間にもわたって対話を続けていた。

このような、伊藤自身にとって大切な著作をまとまった形で日本語の書籍にしておきたいという意向が、英語での増補版の準備過程で徐々に強くなっていったことは、本書冒頭に伊藤が書いているとおりである。さいわい、岩波書店が日本語版の出版をお引き受け下さる運びとなり、伊藤はその準備のために書斎にこもる日々が続いた。そして、そのさなかに旅立ったのである。

伊藤が亡くなった時、パソコンに残された第三章までの翻訳データを前に、残りの章の翻訳や校正作業などをどなたにお願いすればよいのか皆目見当がつかないまま、この書籍を完成させなければ、という気持ちだけが空回りしていた。そこでまず、岩波書店で編集をご担当下さっていた藤田紀子さんにご相談をしたところ、出版できるよう最大限の努力をするとの力強い励ましのお言葉をいただいた。

そこでつぎに、伊藤の元指導学生で同僚でもあった小幡道昭先生(現・東京大学名誉教授)に、どなたに仕事を引き継いでいただくかご相談をし、恐慌論を専門とする研究者として江原慶先生をご紹介いただいた。江原先生のお名前は、優秀な若手研究者として伊藤自身からも何度か聞いたことがあり、特に、二〇二二年の春、江原先生が大分大学から東京工業大学に移って来られた際には、「これで議論がしやすくなる」とたいへん喜んでいたので、印象に残っていた(余談であるが、理系一家に育った伊藤の親族には東工大出身者が多く、伊藤にとって身近な場に江原先生が来られたことも嬉しかったようだ)。そこで、小幡先生を介して江原先生にご依頼をし、ご快諾をいただいた次第である。

江原先生には、第四章以降の翻訳のみならず、伊藤自身が訳出した箇所との用語の統一を含む校正、索引の作成、解説のご執筆まで、多岐にわたる作業をお引き受けいただいた。その一つひとつの過程は、藤田さんと校正者の方による適切かつ細やかなメモと見事に呼応し、本書は作り上げられていった。本書を世に問うことができたのは、ひとえにこうした関係者の方々のお力によるものである。江原慶先生と岩波書店の藤田紀子さん、江原先生をご紹介下さった小幡道昭先生をはじめ、本書の出版にご尽力いただいたすべてのみなさまに、心よりお礼申し上げます。

伊藤(中馬)祥子

二〇二四年七月七日
八ヶ岳西麓・富士見にて

伊藤 誠
1936年生．経済学者．東京大学名誉教授．東京大学経済学部教授，國學院大學経済学部教授，国士舘大学大学院グローバルアジア研究科教授，日本学士院会員を歴任．2023年2月7日没．日本を代表するマルクス経済学者として大きな功績を遺した．
著書に『資本主義の限界とオルタナティブ』『資本主義の多重危機』(以上，岩波書店)，『経済学からなにを学ぶか』『入門資本主義経済』(以上，平凡社新書)，『マルクス経済学の方法と現代世界』(桜井書店)，『マルクスの思想と理論』『『資本論』と現代世界』(以上，青土社)，『伊藤誠著作集』全6巻(社会評論社)などがある．

江原 慶
1987年生．東京工業大学リベラルアーツ研究教育院准教授．東京大学経済学部卒業，東京大学大学院経済学研究科博士課程修了．東京大学大学院経済学研究科助教，大分大学経済学部准教授などを経て，2022年4月より現職．
著書に『資本主義的市場と恐慌の理論』(日本経済評論社)，『マルクス価値論を編みなおす』(桜井書店)などがある．

価値と恐慌

2024年9月25日 第1刷発行

著 者 伊《い》藤《とう》 誠《まこと》

訳 者 伊《い》藤《とう》 誠《まこと》 江《え》原《はら》 慶《けい》

発行者 坂本政謙

発行所 株式会社 岩波書店
〒101-8002 東京都千代田区一ツ橋 2-5-5
電話案内 03-5210-4000
https://www.iwanami.co.jp/

印刷・精興社 製本・牧製本

ISBN 978-4-00-061658-4 Printed in Japan

人名索引

タ　行

ナ　行

ハ　行

マ　行

事項索引

サ　行

タ　行

ナ　行

ハ　行

マ 行

ヤ 行

ラ 行